Jost Metzler / Otto Mielke

Sehrohr südwärts!

Mit U 69 12.000 Seemeilen bis nach Afrika

Jost Metzler / Otto Mielke

Sehrohr südwärts!

Mit U 69 12.000 Seemeilen bis nach Afrika

ISBN/EAN: 9783954271122
Erscheinungsjahr: 2012
Erscheinungsort: Bremen, Deutschland

© maritimepress in Europäischer Hochschulverlag GmbH & Co. KG, Fahrenheitstr. 1, 28359 Bremen. Alle Rechte beim Verlag und bei den jeweiligen Lizenzgebern.

www.maritimepress.de | office@maritimepress.de

Bei diesem Titel handelt es sich um den Nachdruck eines historischen, lange vergriffenen Buches. Da elektronische Druckvorlagen für diese Titel nicht existieren, musste auf alte Vorlagen zurückgegriffen werden. Hieraus zwangsläufig resultierende Qualitätsverluste bitten wir zu entschuldigen.

Jost Metzler / Otto Mielke

Sehrohr südwärts!

Mit U 69 12.000 Seemeilen bis nach Afrika

Eine gute Nachricht

Oktober 1940. Die bisher größte Operation der deutschen Seestreitkräfte in diesem Kriege in der Nordsee, die Besetzung Dänemarks und Norwegens, ist längst abgeschlossen. Die einstige Westfront, die in dem Westwall und in der Maginot-Linie, den gewaltigsten Bauwerken der modernen Kriegsgeschichte, ihr starres Rückgrat gefunden hatte, existiert nicht mehr. Deutsche Soldaten stehen seit Ausgang dieses Sommers in den Niederlanden, Belgien, Luxemburg und Frankreich bis zur Grenze der Pyrenäen. An sämtlichen Küsten der Nordsee, angefangen vom Nordkap bis hinunter zur Biskaya, halten deutsche Truppen aller drei Wehrmachtsteile die Wacht. Großbritannien, der größte Gegner des deutschen Wiederaufstiegs, ist vom Kontinent vertrieben. Dünkirchen ist ein Begriff geworden. Dort erlebte England seine erste große Niederlage. Dennoch stieß es die abermals ausgestreckte Friedenshand des Führers zurück. Der Brite will keinen Frieden der Vernunft, sondern Deutschlands Untergang. Darum heißt es jetzt: Kampf bis zur völligen Vernichtung des Gegners. –

Noch immer stehen wir Kommandanten-Schüler in der Vorbereitung für unseren künftigen Einsatz. Bei einer Unterseeboots-Lehrabteilung in einem deutschen Ostseehafen erhalten wir die Kenntnisse, die uns dazu befähigen sollen, später einmal als Kommandant eines Unterseebootes am Kampf gegen Großbritannien teilzunehmen.

Später! – Es ist ein Wort, das unsere ständig wachsende Ungeduld auf eine harte Probe stellt. Noch ist der Lehrgang nicht abgeschlossen, noch haben wir das Zeugnis, ein U-Boot führen zu können, nicht in der Tasche. Trotzdem drängen wir schon jetzt danach, ein eigenes Boot zu bekommen. Die Angst, wir könnten zu spät kommen und kein Boot mehr erhalten, läßt uns die Zeit bis zum Abschluß der Ausbildung endlos erscheinen.

Endlich ist die letzte Lehrgangswoche herangebrochen. Nur noch ein paar Tage, dann muß es sich zeigen, wer von uns glückstrahlend seine sieben Sachen packen kann und wer mit betrübtem Gesicht beiseite stehen muß, um vielleicht noch lange auf das ersehnte Kommando als U-Boots-Kommandant zu warten. Einige Kommandierungen stehen schon fest. Die Auserwählten ahnen nur noch nichts von ihrem Glück. Ein jeder von uns versucht daher, wo er nur kann, den Schleier des Geheimnisvollen ein wenig zu lüften. Bisher ist aber niemand mit einer Freudenbotschaft zurückgekommen. Entweder hüllt sich der 2. Admiral der Unterseeboote in Kiel oder der Adjutant der Lehr-Abteilung in Schweigen.

Ob ich dem Adjutanten nicht einmal ein bißchen auf den Zahn fühle? –

Es trifft sich ausgezeichnet, daß er mir, als wir während einer Mittagspause der Messe zustreben, in die Arme läuft. Er kennt mich noch nicht, denn er ist erst neu zur Abteilung kommandiert. Trotzdem halte ich ihn an.

„Sagen Sie mal, mein Lieber, haben Sie eigentlich für mich noch keine angenehme Nachricht?"

Er steht schon zwischen Tür und Angel, als er den Kopf schüttelt. „Leider nicht, Herr Kaleu!" Er weiß, was ich von ihm wissen möchte. Diese Frage hört er ja am Tage unzählige Male,

Ich will mich schon mit einem gemurmelten „Schade!" von ihm abwenden, als er noch hinzusetzt: „Der einzige, der bisher ein Kommando erhalten hat, ist Kapitänleutnant Metzler!"

Metzler? – Ich bleibe wie angewurzelt stehen und traue meinen Ohren nicht. Habe ich nicht soeben ganz deutlich meinen Namen gehört?

„Ach bitte, lieber Adjutant", ich rücke ihm dabei fast auf den Leib, „sagen Sie das doch noch einmal."

Er sieht mich zwar etwas erstaunt an, tut mir aber den Gefallen. „Herr Kapitänleutnant Metzler wird nach Abschluß des Lehrganges als Kommandant auf „U 69" kommandiert."

Also habe ich mich doch nicht verhört. Er hat wahrhaftig Metzler gesagt! – Aber – – !

„Irren Sie sich auch nicht im Namen, mein Lieber?"

Komisch, wie sehr man doch an seinem Glück zweifelt, wenn es ganz plötzlich zu einem kommt! – Diese Zweifel sind aber berechtigt. Gerade bei der Kriegsmarine erlebt man in dieser Hinsicht die herrlichsten Enttäuschungen. Ein falsch verstandener oder ähnlich klingender Name, und schon sieht man den Himmel offen. Hinterher fällt man dann um so tiefer auf die Erde zurück.

„Aber nein, Herr Kaleu! – Kapitänleutnant Jost Metzler! – Das Fernschreiben ist vor einer Stunde angekommen!"

Da umringe ich den Adjutanten fast mit beiden Armen und schiebe ihn in seine Kammer hinein.

„Mann Gottes, das bin ich doch! – Zeigen Sie mir mal das Fernschreiben!"

Ich möchte vor Freude einen Luftsprung machen, halte aber noch an mich. Als ich dann aber das Papier in der Hand halte, wonach ich schon in wenigen Tagen ein nagelneues, eigenes Boot in Dienst zu stellen habe, bin ich restlos von der Wahrheit dieser Meldung überzeugt und grenzenlos begeistert.

In diesem Augenblick bin ich ein Mensch, der mit keinem anderen auf der Welt mehr tauschen möchte. Ich bin am Ziel meines größten Wunsches angelangt. Kommandant eines der neuesten Unterseeboote der deutschen Kriegsmarine! – Herrgott, ist das herrlich! Endlich kann man wieder der die Seele so bedrückenden Enge des Lebens an Land entfliehen. Ich möchte am liebsten noch heute dorthin eilen, wo mein Boot liegt. Es ist mir als Werkzeug im Ringen um Deutschlands Freiheit anvertraut worden.

Seemann bin ich bereits seit meinem fünfzehnten Lebensjahre. Seit einigen Jahren stehe ich als Offizier in der deutschen Kriegsmarine. Ich habe unzählige Fahrten über viele Weltmeere, teils auf Segelschiffen, teils auf modernen Überseedampfern hinter mir. Die alte Frau See hat mich vom ersten Tage an unter ihre Fittiche genommen und mich seither nicht mehr losgelassen. Ob ich als Schiffsjunge, Leichtmatrose oder Offizier bei der Handelsmarine fuhr, immer wieder bin ich mit einer neuen und noch größeren Begeisterung an Bord eines Schiffes gestiegen und elb- und weserabwärts hinaus auf die unendliche Weite des Wassers gefahren. Nie war ich glücklicher, als wenn ich auf der Back oder Brücke' stehen konnte, das Land weit hinter mir wußte und das Meer vor mir sah. Ob ruhig wie ein Kinderspielbassin oder tobend wie von tausend Teufeln gepeitscht, immer wieder ist mir die See zur zweiten Heimat geworden. Auf ihr bin ich zu Hause, auf ihr fühle ich mich erst richtig im Leben stehend. Was gerade mich, der ich in dem kleinen Städtchen Altshausen drunten im Schwabenland geboren wurde, nach dem Meer gezogen hat, ich weiß es nicht. Niemand von uns dort unten ist jemals vorher zur See gefahren.

Nicht einmal ein entfernter Verwandter hat irgendwo und irgendwann einmal als Seemann eines der fünf Weltmeere durchkreuzt und einen Hauch der großen, weiten Welt mit nach Altshausen gebracht. Es gibt in diesem Städtchen nicht einmal einen Mitbürger, der auch nur als Fahrgast eine längere Seereise gemacht hätte. Alle sind sie der Scholle, auf der sie geboren wurden und die sie ernährt, treu geblieben. Nur ich schlage völlig aus dem Rahmen des Herkömmlichen. Mir blieb es vorbehalten, der Außenseiter meiner Heimat zu werden. Kein Abitur und keine Aussicht auf eine geruhsame und lebenssichere Anstellung als Verwaltungsbeamter lockten mich. Ich wollte, vielleicht nur aus Trotz, weil man dort unten in Altshausen meine Wünsche und Pläne für unsinnig und mich gar für einen abenteuerlustigen Gesellen hielt, zur See fahren.

Seither bin ich zur See gefahren. Immer und immer wieder. Und jedesmal mit einer noch größeren Liebe zu diesem Beruf, den ich für den schönsten aller Berufe halte. Ich kenne alle Küsten des Atlantiks vom Ausgang des Kanals bis zum Kap Horn. Den Pazifik habe ich auf Vollmast-Segelschiffen durchkreuzt, das Kap der Guten Hoffnung unzählige Male umrundet. Es gibt keinen Hafen an der westafrikanischen Küste, in dem ich nicht schon gelegen habe. Ich kenne den Wind aus allen Richtungen und die See in allen ihren Variationen, angefangen von der bleischweren Glätte in subtropischen Zonen bis hinauf zum kochenden Brodem eines entfesselten Orkans. Ich kenne den Sternenhimmel der anderen Halbkugel, das Kreuz des Südens und die Mitternachtssonne, die sengende Glut des Äquators und die starre, klingende Kälte Spitzbergens. Aus diesen Gründen müßte ich eigentlich vom Beruf des Seemanns genug und das

Verlangen nach einer ruhigeren Lebensstellung in mir haben.

Aber nichts von alledem. Im Gegenteil! Seit der Krieg hereingebrochen ist und die Entscheidung über Sein oder Nichtsein unseres Vaterlandes vielleicht auf dem Meere fallen wird, möchte ich keinen Tag mehr an Land sein. Ich mußte es dennoch oft sein. Der Dienst eines Offiziers der Kriegsmarine bringt es so mit sich.

Meine Freude, endlich wieder ein Schiff besteigen und wieder Seemann sein zu können, ist daher so groß wie nie zuvor. Noch dazu als Kommandant. Der erste Mann an Bord, derjenige, in dessen Händen das Geschick eines Bootes und seiner vielköpfigen Besatzung liegt. –

Herrlich! – –

Das Hallo im Kameradenkreis, die vielen Glückwünsche und die Ulkereien der scherzhaften Neider gehen an meinen Ohren vorüber. Ich höre kaum, was sie sagen. Meine Gedanken umkreisen fortan nur noch den einen Punkt. Mein U-Boot. Alles andere, was mich sonst bisher noch interessierte, ist vergessen, ist wie ausgelöscht. Selbst ein Brief aus der Heimat – er trägt die Handschrift meiner jungen Frau – der mir von irgendwem in die Hand gedrückt wird, gleitet ungeöffnet in meine Jackettasche. Meine Gedanken sind schon weit ab vom Lehrgang und von den um mich lärmenden Kameraden. Ich stehe längst an Bord, besichtige die Räume, ordne hier und verbessere dort und unterhalte mich mit dem Obersteuermann. Dem Zentralemaaten gebe ich Anweisungen und sehe die fest umrissenen, mir aber noch unbekannten Gesichter um mich. Sie gehören zu den Männern, die mir unterstehen, mir, dem U-Boots-Kommandanten, der aber vorläufig noch immer mitten im Lehrgang und kurz vor der Abschlußprüfung steht.

Abschlußprüfung?! – Daran habe ich überhaupt noch gar nicht gedacht! – Wie, wenn ich dabei gehörig danebenhaue und man mich vom Lehrertisch teils mitleidig, teils spöttisch anzublicken beginnt? – Wohl habe ich bereits ein Boot, das ich befehligen und zum Einsatz hinausführen soll, aber – – das Zeugnis hierzu liegt noch unbeschrieben in einer Schreibtischschublade.

Um Himmelswillen! Alles andere, nur jetzt bei der Prüfung nicht etwa den Kopf oder die Nerven verlieren. – Ach was! – Unsinn! – Das kommt gar nicht in Frage! Man hat ja schließlich nicht durch Tag und Nacht alle gelehrten Theorien aus dem Effeff gelernt und sich außerdem schon in früheren Jahren eine ganze Portion Seefahrerpraxis angeeignet, um dann plötzlich im entscheidenden Augenblick mit lahmer Zunge und völlig leerem Gehirn vor dem Prüfungsausschuß zu stehen. Die Herren reißen einem bestimmt nicht den Kopf ab. Sie wollen nur wissen, ob man die ganzen Monate hindurch geschlafen oder Augen und Ohren ein wenig offengehalten und die komische Masse unter der Schädeldecke, zu der die Mediziner Gehirn sagen, ein wenig angestrengt hat. – Und das hat man wahrhaftig. Schule ist Schule und Dienst ist Dienst. Zusammengenommen sind sie schließlich nur Mittel und Weg zum Ziel.

Also hinweg mit den blödsinnigen Gedanken. Es kommt einfach, gar nicht in Frage, daß man am Tage der Prüfung zum Beispiel die Begriffe in der Ballistik ebenso durcheinanderwirft, wie einst als Primaner unter den gestrengen Augen des ehrenwerten Herrn Professors die griechisch-römischkatholischen Geschichtszahlen. Sie haben einen als Junge nie interessiert. Es wird hier ebenso alles klar gehen wie Gott sei Dank bisher alles klar gegangen ist.

Schwelgen wir also ruhig wieder in dem Gedanken, Unterseeboots-Kommandant zu sein. – Wann ist es eigentlich soweit? – Heute haben wir Freitag, den – – – Hm. – Ausgerechnet Freitag! – Quatsch! Aberglaube ist ein Zeitvertreib für Kinder und Großmütterchen. Also, heute ist Freitag. In sieben Tagen ist der letzte Prüfungstag. Das ist ja schon wieder ein Freitag! – Muß denn bei der Marine immer ausgerechnet all das, was einem schon von vornherein nicht behagt, an einem Freitag passieren? – Mit einem energischen „Hol dich der Teufel!" jage ich den Kobold, der mir immer wieder den Freitag grinsend vor die Nase hält, zum Kuckuck. So ganz nebenbei bemerkt: Zu meiner ersten Feindfahrt werde ich vorsichtshalber lieber doch nicht gerade an einem Freitag auslaufen. – Am nächsten Sonnabend also packe ich die Koffer, steige in die Bahn und sause ab. Richtung U-Boots-Baubelehrung. Dort steht dann schon die gesamte Besatzung vollzählig angetreten.

Ob sich darunter wohl ein bekanntes Gesicht befindet? Es wäre nett. Mit den Männern, die schon jetzt auf dem Boot sind, um es bis ins kleinste kennenzulernen, soll man ja künftig nicht nur zusammen leben, sondern auch zusammen arbeiten. Man soll sich auf jeden einzelnen von ihnen verlassen können, soll und muß zu jedem unbedingtes Vertrauen haben. Genau so, wie jeder einzelne von ihnen zu mir blindes Vertrauen haben muß, wenn es zum Einsatz hinausgeht und der Kampf auf der unendlichen Weite des Meeres mit allen seinen Tücken und Gefahren an uns herangetragen wird. Dann gibt es keine Hilfe mehr von außen, dann gibt es für mich keine Möglichkeit mehr, den einen oder anderen durch einen geeigneteren Mann zu ersetzen. Dann muß zusammenhalten, was zusammengesetzt worden ist. Dann heißt es, miteinander leben und siegen oder – miteinander sterben. Eine Trennung gibt es nicht mehr. Lebt das Boot, dann leben auch wir. Liegt es aber hilflos auf dem Grunde des Meeres, dann werden auch wir aus der Liste der Lebenden gestrichen. Alle, die auf dem Boote atmen! –

Eine solche Unterseeboots-Besatzung so zusammenzuschweißen, daß sie nicht mehr einfach aus soundsoviel Köpfen besteht, von denen ein jeder seinen eigenen Willen, seine eigenen Ideen und Empfindungen hat, sondern einen gesamten, wie in einem einzigen Guß entstandenen Block bildet, ist zwar eine sehr dankbare und – wenn erst einmal erreicht – sehr erfolgreiche, jedoch auch eine sehr schwierige Aufgabe des Kommandanten. Ist er nun, so wie ich, noch nie zuvor auf einem U-Boot gefahren, dann ist diese Arbeit doppelt schwierig. Es gehört hierzu nicht nur sehr viel Menschenkenntnis und Einfühlungsvermögen in die Gedankenwelt und Empfindungskraft der Bordkameraden, sondern auch fachliche Kenntnisse und Erfahrung. Sie bilden ja erst das Fundament des Vertrauens der Besatzung zum Führer des Bootes. Nur ein paar Mal ein unterlaufener kleiner Fehler des Kommandanten, möge er auch bedeutungslos sein, dann hegt die ganze Besatzung im tiefsten Winkel ihrer Seele die ersten stillen Zweifel am künftigen Erfolg des Bootes.

Für einen solchen Kommandanten ist es gut, wenn er einen Menschen an Bord hat, den er bereits kennt, dem er vertrauen und mit dem er sich über Dinge unterhalten kann, die er sonst für sich behalten und mit denen er allein fertig werden muß.

Eine solche, in vielen Fällen nahezu unbezahlbare Seele möchte auch ich bei mir an Bord haben. – Aber wen? –

Plötzlich habe ich einen glücklichen Gedanken! Bade! – Mein lieber, guter, alter Bade! Damals wohlbestallter IV. Offizier bei der Deutschen Ost-Afrika-Linie, genau wie ich.

Wir beide sind jahrelang durch alle afrikanischen Häfen gekrochen. Ich auf der „Wangoni", er auf einem anderen Dampfer. Mal haben wir uns unten im Süden, mal im Norden getroffen. Befand ich mich mit meinem Schiff auf der Heimreise, kam uns bestimmt mein Bade mit seinem Dampfer irgendwo entgegen. Im Hafen gab es dann großes Erzählen und manche leere Flasche.

Und dieser Bade, ein Prachtkerl, wie er im Buche steht, tut jetzt gleichfalls seinen Dienst bei der Kriegsmarine. Erst vor ein paar Wochen habe ich ihn gesehen und gesprochen. Er ist ein noch genau so begeisterter Seefahrer wie damals. Diesen Mann werde ich mir für mein Boot kapern.

Ein sofort geführtes Ferngespräch mit seinem Disziplinarvorgesetzten, einem mir befreundeten Kameraden, und der Fall ist erledigt. Bade wird mein II. Wachoffizier. Daß er dazu nicht nur einfach Ja und Amen sagt, sondern bei dieser Nachricht in ein förmliches Freudengeheul ausbricht, sei nur am Rande vermerkt. Ich wußte, daß er mit Leib und Seele zu mir kommen würde. –

Mit diesem großen Trost steige ich in die Kommandanten-Prüfung und komme heil und munter wieder daraus hervor. Was dann kommt, nachdem es allen Schülern ähnlich ergangen ist, kann sich jeder, der die Marine und seine Männer kennt, von selbst ausmalen. Es wird ganz gehörig einer gepfiffen, wobei die Anzahl der geleerten Gläser nur noch an der Stärke des tags darauf vorhandenen Haarwurzel-Katarrhs geschätzt werden kann.

So ist nun einmal der Seemann. Wochen- und monatelang tut er eisern seine Pflicht, ohne ein einziges Glas an die Lippen zu setzen. Wenn er aber einmal pfeift, dann pfeift er mit voller Kraft.

„Heiß Flagge!"

„Bootsbesatzung – stillgestanden! – Die Augen – links!"
Wie an einer Schnur gezogen fliegen die Köpfe der auf dem Deck unseres neuen U-Bootes angetretenen Besatzung herum. Sie richten sich auf den Chef unserer Flottille, dem ich jetzt die Meldung mache, daß die Besatzung des „U 69" zur Indienststellung vollzählig angetreten ist. Der Flottillenchef dankt, schreitet die Front der Männer ab, die in tadelloser Kleidung und mit heiteren Mienen angetreten stehen, und gibt mir dann den Befehl zur feierlichen Indienststellung.

„Soldaten!" so beginne ich, mit dem Flottillenchef auf der Brücke unseres neuen Bootes stehend, meine Ansprache an meine Männer. „Inmitten großer kriegerischer Geschehnisse stellen wir heute ein neues U-Boot in Dienst. Aus den Händen der besten deutschen U-Boots-Waffenschmiede übernehmen wir dieses stolze Boot. Wir danken in dieser Stunde all den Männern der Werft, die dieses Werk vollenden halfen und zu deren Arbeit wir vollstes Vertrauen haben.

An uns, Kameraden, aber liegt es nun, diesem besten Material auch den besten Geist, die Seele zu geben. Soldatische Haltung, echte Kameradschaft, Einsatzfreudigkeit und stete Einsatzbereitschaft sind die ersten Bedingungen zu dieser Aufgabe. Wir wollen und werden alles daran setzen, um in kürzester Zeit eine echte U-Bootsgemeinschaft zu werden und somit ein brauchbares Schwert im großdeutschen Freiheitskampf zu sein.

In stiller Verehrung gedenken wir in dieser Stunde unserer toten Kameraden und der Männer unseres Traditionsbootes. „U 69" hat im vorigen Kriege unter hervorragender Leistung seines vortrefflichen Kommandanten Ruhmvolles geleistet. Stolzen Herzens gedenken wir dieser glorreichen Taten. Wir ehren die tapfere Besatzung, indem wir geloben, ebenso tapfer und noch tapferer zu sein.

Auf Befehl des Oberbefehlshabers der Kriegsmarine stelle ich „U 69" in Dienst.

Heiß Flagge und Wimpel!"

Zum ersten Male steigen die Reichskriegsflagge und der Kommandantenwimpel am Mast unseres U-Bootes empor. Damit wird es in den Dienst der deutschen Kriegsmarine gestellt.

„In bedingungslosem Gehorsam und steter Pflichterfüllung", so schließe ich meine Ansprache, „grüßen wir unseren Führer und Obersten Befehlshaber der Wehrmacht Adolf Hitler!"

Ein dreifaches „Sieg Heil!" aus allen Männerkehlen hallt über das Wasser. Knatternd weht im frischen Winde die Reichskriegsflagge am Stock. Ihr Rot leuchtet durch die dunstgrauen Qualmwolken der Arbeit, die durch das Hafenbecken ziehen. Es verkündet unseren Willen zum Kampf und zum Sieg.

Wieder steht ein Schiff aus Stahl und Eisen, erdacht und erbaut von deutschen Männern und nun besetzt mit deutschen Seeleuten, zum Kampf gegen Großbritannien bereit. In wenigen Wochen wird es zum letzten Male den Hafen verlassen und jene Reise beginnen, auf der es dem Gegner draußen auf dem Atlantik scharfe Wunden schlagen und für das Wohl des deutschen Volkes und

Reiches bis zum letzten Atemzug kämpfen und – so Gott will – siegreich heimkehren wird.

„U 69" steht im Dienst.

Ein kleiner Festschmaus an Land krönt die Feierlichkeit. Er ist gleichzeitig der Anlaß zu einem ersten gemeinsamen außerdienstlichen Beisammensein. Bisher haben wir einfach keine Zeit zu solchen Mußestunden gefunden. Weder die Männer noch ich haben vom ersten Tage ihrer Kommandierung zu diesem neuen Boot etwas anderes gekannt als Arbeit und immer wieder Arbeit.

Zwei volle Wochen lang haben wir Tag für Tag ununterbrochen regelrecht geschuftet. Es gab nur Pausen zum Essen und Schlafen. Daneben noch etwas anderes zu tun, war einfach ausgeschlossen. Eine Indienststellung und Einrichtung eines Bootes macht eine Riesenarbeit, von der sich niemand ein Bild machen kann, der sie nicht selbst kennt. Aber nicht allein das. Während dieser Zeit wurde auf allen Stationen des Bootes exerziert, geübt und wieder exerziert.

U-Boot-Fahrer, ganz gleich, ob sie an der Maschine oder auf der Brücke, in der Zentrale oder im Torpedoraum stehen, müssen in zäher Kleinarbeit jeden Handgriff so lange üben und jedes Kommando so oft durchexerzieren, bis sie ihre Funktionen im Schlafe verrichten können. Hier gibt es kein „Wenn" und „Aber", hier gibt es kein „Auge zudrücken", hier muß gelernt, geübt und wieder gelernt werden. Dabei wird in jedem einzelnen Mann das Bewußtsein und das Verantwortungsgefühl für die Wichtigkeit seiner Aufgabe geweckt, denn ohne ihn ist das U-Boot im Augenblick des Angriffes und des Kampfes kein voll gefechtsbereites Fahrzeug, keine schlagkräftige Waffe mehr. Nicht eine einzige Seele ist zuviel an Bord. Ein jeder wird dringend dort gebraucht, wo er hingestellt wird. Versagt er, dann ist die ganze Einheit des Bootes zerrissen und ihr Gefechtswert herabgemindert. Unzähligen Gefahren ausgesetzt, steht das Leben der ganzen Bootsbesatzung dabei dann auf dem Spiel. Ein jeder Mann an Bord trägt daher nicht nur die Verantwortung für sich und sein Tun, sondern auch für das Wohlergehen der ganzen Besatzung und für die Gefechtsbereitschaft des Bootes.

Sitzen aber erst einmal die Griffe und ist der tote Punkt im Einerlei des Exerzierens überwunden, hat erst einmal jeder einzelne Mann an Bord sein persönliches Ich gänzlich ausgeschaltet und richtig erkannt und begriffen, daß er zwar nur ein kleines aber ungeheuer wichtiges Rad in der Maschinerie der U-Boots-Waffe ist, fühlt er sich also nur noch als Teil des Ganzen, dann ist er befähigt, U-Boots-Fahrer zu sein. –

Bis dahin aber ist ein weiter und beschwerlicher Weg. Er wird durch die Forderung der völligen Selbstaufgabe im Dienst nicht gerade erleichtert. – – –

Heute nun steht im Dienstplan kein Exerzieren. Heute wollen wir uns einmal menschlich etwas näherkommen. Es kann und darf einem Kommandanten nicht gleichgültig sein, mit was für Männern er künftig, in der räumlichen Enge eines U-Bootes eingeschlossen, zum Einsatz hinausfährt. Die Tatsache allein, daß sie ihren Dienst mustergültig versehen und alle Übungen beherrschen, macht aus den Männern noch lange keine geschlossene Einheit. Solange der persönliche Kontakt von einem zum andern, vom Kommandanten zum Matrosen im Maschinenraum, vom Ausguckposten zum Steuermann fehlt, solange nur der Dienst um des Dienstes willen getan und der Angriff nur aus Gründen der Pflichterfüllung vorgenommen wird, ist und bleibt das U-Boot eine Waffe ohne Seele. Es ist wie eine mit rohen Erbsen gefüllte und verschlossene Flasche. Sie bildet ein geschlossenes

Ganzes und trägt dennoch in ihrem Innern eine Menge kleiner, in sich abgeschlossener Dinge. Erst das hinzugegossene Wasser vermag als belebendes Element den Einzelkörpern jene Weichheit zu geben, die es in die Lage setzt, sich gegenseitig anzupassen und gleichzeitig über sich selbst hinauszuwachsen, bis sie schließlich unter der Kraft der geballten Masse jeden Widerstand zu zersprengen vermögen.

Diesen Weg in die Herzen der aus den verschiedensten Gauen Deutschlands und aus den mannigfachsten Bevölkerungsschichten kommenden Männer zu finden, ist für einen Kommandanten keine leichte, wohl aber eine sehr dankbare Aufgabe.

Ich habe hierbei das Glück, fast nur junge, aktive Soldaten um mich zu haben. Es sind alles Männer, deren Seelen sich noch nicht im jahrelangen, harten Daseinskampf verschlossen haben, sondern noch empfänglich und elastisch sind. Ich habe daher die Hoffnung, daß es mir, der ich schon während meiner langen Zeit als Handelsschiffs-Offizier manchen jungen Menschen zum Seemann herangebildet habe, auch hier gelingen wird, aus diesen Männern, die jetzt am Tisch um mich herumsitzen, nicht nur Seeleute, sondern auch vorbildliche Kameraden zu machen, von denen jeder einzelne bereit sein wird, sein Leben für den andern und für alle in die Schanze zu schlagen.

Der einzige, der nicht zum aktiven Personal zählt, ist Bade, mein II. Wachoffizier, der – wie alle Wachoffiziere an Bord – nur kurz W. O. genannt wird.

Wo steckt der Knabe überhaupt? – Eben hat er doch noch hier am Tisch gesessen und sein Eisbein zersäbelt, als hätte ihn die Marine seit Wochen auf halbe Ration gesetzt gehabt. – Ah, da kommt er ja! –

„Na, mein Lieber, Sie haben sich wohl in der Küche noch zwei Portionen zurückstellen lassen?"

„Nein, Herr Kapitänleutnant. – Ich habe aber eben noch drei Flaschen Weinbrand aufgegabelt. Sogar dreisternig!" Er schnalzt dabei genießerisch mit der Zunge. „Nach einem fetten Essen soll man den Kognak nicht vergessen!" zitiert er hinteran und macht sich über die Reste auf seinem Teller her. Woher er die Flaschen hat, verrät er nicht, auch nicht, auf wessen Kosten sie getrunken werden sollen. Uns Marinern ist das auch schließlich gleichgültig. Hauptsache ist, sie sind da.

„Wer hätte das gedacht", beginne ich von neuem das Gespräch, als wir bei dem von Bade besorgten Weinbrand angelangt sind und dabei auf ein erfolgreiches Zusammenarbeiten und gute Kameradschaft anstoßen, „daß wir beide noch einmal zusammen auf einem U-Boot Dienst tun werden."

„Wohl keiner von uns beiden, Herr Kapitänleutnant!"

Er stellt das leere Glas vor sich hin und blickt versonnen hinein. Minutenlang scheint er uns alle völlig vergessen zu haben. Dann aber hebt er plötzlich wieder den Kopf und blickt mich aus einem Paar träumerischer Augen an. Sie verraten, daß er mit seinen Gedanken eben noch weit in der Vergangenheit weilte.

„Herr Kapitänleutnant! Erinnern Sie sich noch jener jungen, schlanken Dame drunten in Kapstadt, mit der wir zusammen den kleinen Ausflug in die Umgebung machten und abends in solch einer komischen Niggerbar saßen?"

Und ob ich mich erinnere! Sie war ein temperamentvolles Persönchen und anscheinend in den guten Bade bis über beide Ohren verliebt. Nur ihr Deutsch war für sie, die geborene Italienerin, ein Ding, mit dem sie auf ständigem Kriegsfuß stand. Wir haben uns oft halb schief gelacht, wenn sie mit todernster Miene die komischsten Wortzusammensetzungen hervorbrachte.

„Diese junge Dame habe ich auf meiner letzten Reise wiedergetroffen", fährt Bade fort. Er spielt dabei gedankenverloren mit seinem Glase. „Sie fragte mich, was ich tun würde, wenn es einmal Krieg in Europa gäbe. – An diesem Abend dachte ich zum ersten Male darüber nach, denn am politischen Horizont sah es nicht gerade wie heitere Morgenröte aus. Daß ich aber einmal mit Ihnen, Herr Kapitänleutnant, auf der Brücke eines U-Bootes stehen werde, das hätte ich nie geglaubt. Ich beglückwünsche mich, daß mich das Schicksal dazu ausersehen hat und beglückwünsche vor allen Dingen Sie, Herr Kapitänleutnant, zu diesem Kommando. Es ist ja nur wenigen deutschen Seeoffizieren vergönnt, Kommandant eines Unterseebootes zu werden."

Eine Weile herrscht Schweigen zwischen uns. Ein jeder hängt seinen Gedanken nach. Um uns aber lärmen die Männer und leeren die Flaschen und sprechen von den künftigen Fahrten und Erfolgen. Ein jeder wünscht dem anderen nur dicke Dampfer und zwischendurch – gewissermaßen als Sonntagsbraten – einen fetten Brocken aus H. M. Home-Fleet vor die Rohre.

Irgendeine Stimme in unserer Nähe sagt plötzlich vernehmlich: „Wenn das mein Vater wüßte! Er hat selbst siebzehn U-Boot-Fahrten im Weltkriege mitgemacht. Jetzt steht er oben bei der Kirkenes als Flaksoldat!"

Unwillkürlich eilen die Gedanken in die Heimat zurück. Auch mein Vater würde sicherlich stolz auf mich sein. Ihn deckt längst der kühle Hügel. Damals, als ich noch als Leichtmatrose auf einem Viermastsegler fuhr und wir nach einer Reise von 139 Tagen von den Galapagos in London festmachten, erfuhr ich von seinem Tode. Ich konnte nur noch die Mutter trösten und das frische Grab besuchen.

Es gibt aber noch einen anderen Mann in der Heimat, der sich jetzt sicherlich sehr dafür interessiert, was aus einem seiner damaligen Schüler geworden ist. Unser Professor! – Es tut mir leid, aber ich kann auch heute noch nicht seiner in jener Liebe und Verehrung gedenken, wie sie oft von alten Schülern ihren einstigen Lehrern dargebracht wird. Und dennoch müßte ich eigentlich gerade diesem Manne besonders dankbar sein. Er hat mir, dem damals Fünfzehnjährigen, das Leben auf der Schulbank zur Qual gemacht. Meine Zukunft malte er mir in den schwärzesten Farben. Ich war in seinen Augen der Schandfleck der ganzen Unterprima. Und warum? Weil ich den Stoffen und Themen, die er nach einem vor altersgrauer Zeit aufgestellten Plan zu lehren hatte, nicht die Aufmerksamkeit entgegenbrachte, die er von allen Schülern in gleichem Maße verlangte. Mein Interesse galt in immer stärkerem Maße dem Meer und der Seefahrt. Manch böses Wort bekam ich von ihm zu hören. Mehr als einmal drohte er mir, mich nicht zu versetzen.

Ich wußte, daß er diese Drohung wahrmachen würde. Damit aber würde meine mir vom Vater vorgezeichnete Laufbahn schon im Keim zerbrochen werden. Ich besorgte mir daher von einem Mitschüler die Adresse der Seemannsschule in Finkenwärder und schrieb heimlich dorthin. Als dann eines Tages die Antwort eintraf, daß ich angenommen werden könnte, und der Vater seinen Widerstand aufgegeben hatte, trat ich stolz vor unseren Professor hin und erklärte ihm, die Schule verlassen und zur See fahren zu wollen.

Damit aber hatte ich dem Zorn des alten Professors auf mich das Ventil geöffnet. Anstatt froh zu sein, mich loszuwerden, rief er mir zum Abschied höhnisch zu: „Gehen Sie nur zur Marine, dort werden Sie noch ganz verkommen!"

Diese Worte eines Lehrers, der es nicht verstanden hat, sich in die Ideenwelt eines seiner Schüler hineinzudenken, sind mir seither in den Ohren geblieben.

„– – – dort werden Sie noch ganz verkommen!"

Wie armselig ist doch das Wissen der Menschen um Dinge, die außerhalb ihres täglichen Lebens liegen. Gewiß, Würtemberg liegt weitab vom Meer. Niemand dort in Altshausen und seiner Umgebung kennt etwas von der See, von den Schiffen und von den Männern, die auf ihnen fahren. Nur ganz wenige von ihnen haben überhaupt schon einmal ein solches Schiff gesehen. Ihre ganzen Kenntnisse über das Leben und den Kampf auf der See schöpfen sie aus dem Sagenschatz um Claus Störtebecker oder einer schaurigen Erzählung aus einer vergilbten „Gartenlaube", die sie irgendwo einmal entdecken. Sonst weiß niemand dort unten, nicht einmal ein Professor, daß die Seefahrt ein ehrlicher Beruf ist und zwar ein Beruf, der mehr als anderswo einen ganzen Mann und eine ständige Einsatzbereitschaft des Lebens erfordert.

Aber nicht nur in Altshausen ist es so. Selbst in weiten Kreisen des Großdeutschen Reiches grassiert eine geradezu lächerliche Vorstellung von dem Leben auf See und dem, was der Seemann im Hafen treibt. In Schlagermelodien, kitschiger als kitschig, kennt der Seemann nur zwei Dinge: Die Liebe im Hafen und Köm und Bier. In Filmen und Büchern, besonders denen amerikanischer Herkunft, aber auch noch in deutschen, ist der Mann, der an Bord eines Schiffes eisern seinen Beruf ausübt und auf sein Vorwärtskommen bedacht ist, ein recht fragwürdiges Subjekt mit grimmigem Gesicht und lose in den Taschen steckendem Messer. Selbst in Zeitungen und Zeitschriften, die sonst recht ernst zu nehmen sind, findet man Berichte und Erzählungen – oft durch das seriöse Wort „Tatsachenbericht" frisiert –, die einem Seemann die Haare zu Berge stehen lassen, soweit er nach mehrmaligem Lesen solcher Geschichten überhaupt noch Haar auf dem Kopf hat.

Wer also will sich da noch wundern, daß ein Professor in einer kleinen Stadt drunten im Schwäbischen die etwas ausgefallenen Vorstellungen von der Seefahrt hat, die vor einigen hundert Jahren noch zutreffend gewesen sein mögen? –

Ich war, offen gestanden, auch nicht ganz frei von diesen Spukgeschichten, als ich meinen Koffer packte und mit meinem Vater nach Hamburg reiste. Er lieferte mich mit vielen Wünschen für meine Zukunft dort in der Marineschule ab und fuhr schweren Herzens nach der Heimat zurück. Eines aber hatte er in den wenigen Tagen seines Hamburger Aufenthalts bereits erkannt: Eine Seemannsschule ist keine Schinderanstalt und ein deutscher Segler, von denen er einen besichtigte, kein Gespensterschiff. Er hatte mich daher mit ruhigem Gewissen in die Hände meiner dortigen Lehrer gegeben.

Mir aber stand seither das Wort des Professors ständig vor Augen: „Gehen Sie nur zur Marine – – – –" Ich bin gegangen. Alle Stufen eines Seemannsberufes, angefangen vom „Moses", der zugleich kochen muß, ohne davon die geringste Ahnung zu haben, bis hinauf zum Offizier der Handelsmarine, habe ich durchlaufen. Ich bin sowohl auf kleinen, altersschwachen Schonern, als auch auf modernen Frachtern und Fahrgastschiffen gefahren. Aber verkommen? – Nein, das bin ich nicht. Auf deutschen Schiffen verkommt niemand, der nicht auch in der Heimat hinterm Schusterbock oder am Schreibtisch verkommen würde. Im Gegenteil! Hier draußen auf der See werden Weichlinge zu Männern und haltlose Gestalten zu ehrlichen, pflichteifrigen Menschen erzogen. Die See ist ein harter aber prächtiger Lehrmeister.

Das hat wohl nun inzwischen selbst mein alter Professor einsehen müssen. Ein neckischer Zufall führte ihn mir vor Jahren wieder über den Weg. Ich fuhr damals als IV. Offizier auf der „Wangoni". Wir befanden uns auf der Heimreise. In Genua legten wir noch einmal an. Und wer stieg als neuer Fahrgast zu uns an Bord, um bis Hamburg mitzufahren? – Mein Herr Professor!

Es war die Erfüllung eines jahrelang gehegten, heimlichen Wunsches, als er noch am gleichen Abend höflich grüßend mit einer an sich belanglosen Frage auf mich zutrat. Er erkannte mich nicht. Für ihn war ich der Offizier dieses Schiffes, also ein Mann, der eine nicht gerade untergeordnete Stellung innehatte, dem also selbst er, der Professor, mit einem gewissen Respekt entgegentrat.

Ob sich das der Herr Professor hatte träumen lassen, als er mir meinen moralischen Untergang weissagte? – Ich glaube nicht. Als ich mich ihm dann nach ebenso höflich erteilter Auskunft zu erkennen gab und es bei ihm langsam dämmerte, wen er vor sich hatte, ließ er sich jedoch all den Groll, den er damals jahrelang gegen mich hegte, nicht anmerken. Vielleicht hatte er ihn tatsächlich vergessen. Hocherfreut über das Wiedersehen mit einem ehemaligen Schüler, der es nach seiner nunmehrigen Meinung als einer der Wenigen wirklich zu etwas Besonderem gebracht habe, schloß er mich in seine Arme und ließ nicht eher locker, bis ich mit ihm an einem Tisch saß und auf das unverhoffte Wiedersehen anstieß.

So ändern sich die Menschen im Laufe der Zeit! – Mein Wahlspruch aber ist seither der gleiche geblieben: Nicht verkommen, sondern vorwärtskommen! –

Und so, wie es mir bisher in meinem Leben durch eiserne Pflichterfüllung und Selbstdisziplin gelungen ist, mich bis zur Stellung des Kommandanten eines deutschen Unterseebootes emporzuarbeiten, so werde ich auch weiterhin bestrebt sein, das große Ziel aller Deutschen, England in die Knie zu zwingen und Großdeutschlands Freiheit zu erringen helfen, in treuer Pflichterfüllung zu erreichen! –

„Prost, Bade! – Auf gute Fahrt!"

„Leinen los!"

Drei volle Monate sind nun schon seit dem Tage der Indienststellung unseres U-Bootes vergangen. In diesen drei Wintermonaten haben wir mit einem geradezu fanatischen Eifer an unserer Ausbildung zur Einsatzbereitschaft gearbeitet. Es ist nicht ein einziger unter der Besatzung, der dieses alle Kraft erfordernde Tempo der Ausbildung nicht freudig mitgemacht hat. Allen von uns stand vom ersten Tage an das Ziel vor Augen: Wir wollen hinaus an die Front. Ehe ich aber dem Befehlshaber der Unterseeboote die Meldung erstatten konnte, daß die Ausbildung abgeschlossen und Boot und Besatzung bis ins kleinste hinein für den ersten Einsatz bereit seien, mußte noch eine enorme Kleinarbeit geleistet werden.

Schon am ersten Tage nach der Indienststellung begannen wir im Hafen mit Fahrt- und Tauchmanövern. Am zweiten Tage ging es schon hinaus aufs offene Wasser. Tag für Tag und Nacht für Nacht wurde nun in einem Maße exerziert, das die Männer langsam aber sicher den Ernst ihrer Aufgabe erkennen ließ. An die kleinen Übungen schlossen sich große Übungsfahrten, die oftmals viele Tage und Nächte dauerten. Während dieser Zeit kam keiner der Männer aus den Kleidern. Für niemanden an Bord gab es etwas anderes mehr als nur noch das Boot. Jegliche zivilen Begriffe, die so oft ein Eigenleben des Menschen formen und bestimmen, wurden hier, systematisch ausgeschaltet. Hier gab es keinen

Dienstbeginn und keinen Feierabend, kein „Fofftein" und kein „Ausscheiden". Hier wurde exerziert, getaucht, geschossen, aufgetaucht und wieder von vorn begonnen. Alles, was überhaupt nach menschlichem Ermessen einem Boot auf See und im Einsatz passieren kann, wurde hier durchgeübt und durchgearbeitet. Die Männer sollten und mußten mit allen nur erdenklichen Situationen, die einmal auftreten und das Schicksal des Bootes bestimmen können, vertraut und ihnen gewachsen sein.

Kälte, Schneestürme, Eisgang und Nebel, die unerfreulichen Begleiterscheinungen eines Winters, vermischt mit Sturm und Regen, halfen hierbei, die Besatzung sehr bald mit den widerwärtigen Gegnern eines U-Boots-Fahrers vertraut zu machen. Ob das Boot unter Wasser wie ein Brett lag, oder im aufgetauchten Zustande im Novembersturm fast Kopf zu stehen drohte, immer wurde die Seetüchtigkeit des Bootes erprobt, kleine Verbesserungen vorgenommen und kleine sich ergebende Schäden beseitigt. Mein Wille war dabei, so wenig wie möglich fremde Hilfe, also die Werft oder ein Werkstattschiff, in Anspruch zu nehmen. Denn wenn wir erst einmal draußen auf Feindfahrt stehen, kann uns auch niemand mehr helfen. Dann sind wir auf uns selbst angewiesen. Dann müssen wir zeigen, was wir gelernt haben.

Selbst das Weihnachtsfest 1940 verlebten wir draußen in der Ostsee. Ein kleiner Weihnachtsbaum, den wir mitgenommen hatten, brannte am Heiligen Abend und leuchtete zu einer kleinen, kurzen Feier. Dann nahm der Dienst wieder alle Männer voll in Anspruch. Wir mußten, wollten wir bald an den Feind, mit unserer Ausbildung schnellstens fertig werden. Kamen erst die Eisschwierigkeiten, dann konnten wir unter Umständen lange darauf warten, einen Weg aus der Ostsee zu finden, um zur ersten Feindfahrt zu starten.

Nun aber ist alles überstanden. Die Ausbildung ist in großen Zügen abgeschlossen. Das Boot ist einsatzbereit dem B. d. U. gemeldet worden. Jetzt haben wir den Befehl zu unserer ersten Feindfahrt erhalten. Wir stehen nun vor der Erfüllung unserer Wünsche. Wir kommen an die Front! –

Noch einmal gibt es für die ganze Besatzung einen kurzen Urlaub. Auch ich fahre heim zu Frau und Kind. Urlaubstage sind herrliche Tage. Und dennoch! – Schon am dritten Tage packt mich die Unruhe. So kurz vor dem Ziel zu stehen und trotzdem die Hände in den Schoß legen zu müssen, ist eine Nervenprobe, die selbst durch die Gemütlichkeit im eigenen Heim nicht auszulöschen ist. Ich fühle mich wie ein Kind am Weihnachtsabend, das vor der Bescherung noch einmal ins Bett geschickt wird, um nachher munterer zu sein. Das Kind kann und wird nicht schlafen, ebensowenig, wie ich Erholung finde.

Ich bin daher froh, als endlich die Tage des Urlaubs zu Ende gehen und ich wieder dorthin reisen kann, wo mein Boot liegt. Hier nun werden die letzten Vorbereitungen getroffen. Das Boot wird mit Proviant und Brennstoff ausgerüstet. Zum ersten Male übernehmen wir scharfe Torpedos. Behutsam wie die Wickelkinder werden sie an Bord gehievt und auf ihre Plätze gelegt.

Dann bricht der 10. Februar 1941 heran. Es ist unser Tag. Die Stimmung an Bord ist nahezu ausgelassen. Die Männer freuen sich auf das erste große Auslaufen wie die Kinder auf eine Reise. Wir liegen an der Brücke, klar zum Ablegen. Die Besatzung ist an Deck angetreten.

Zusammen mit meinen Offizieren steige ich noch einmal hinüber zum Wohnschiff. In der Messe erwartet uns der Flottillenchef. Der Steward bringt die traditionelle Flasche

Champagner. Der Pfropfen knallt. Mit erhobenem Glas wünscht uns der Flottillenchef eine gute und erfolgreiche Fahrt.

„Hals- und Beinbruch, meine Herren! – und auf ein gesundes Wiedersehen!"

Ein herzlicher Händedruck wird gewechselt. Ich bekomme den Sektpfropfen als Talisman vom Chef überreicht.

Dann steigen wir an Bord. Der Flottillenchef und sein Adjutant begleiten uns. Hier melde ich ihm noch einmal die angetretene Besatzung. Der Chef schreitet die Front ab, drückt jedem einzelnen der Besatzung die Hand, wünscht uns allen noch einmal gute Fahrt und erfolgreiche Wiederkehr und steigt dann von Bord.

Der große Augenblick ist nun gekommen.

„Achtung! – Vorn und achtern – Leinen los! – Beide Maschinen – langsame Fahrt voraus!"

Das Boot beginnt zu vibrieren. Langsam löst es sich von der Brücke. Auf dem Wohnschiff ist die Stammbesatzung angetreten. Drei donnernde Hurras grüßen uns zum Abschied. Tücherschwenken hüben und drüben. Eine Melodie klingt auf.

„– – – denn wir fahren – – gegen Engeland!"

Unter diesen Klängen, die weithin über das Meer schallen, verlassen wir mit wehender Flagge den Hafen.

In der Schleuse, durch die wir noch müssen, ehe wir das freie Wasser erreichen, empfangen wir noch einmal den letzten Gruß unserer zurückbleibenden Lieben. Dort oben auf der Kaimauer haben sich die Angehörigen meiner Besatzung zum Abschied eingefunden. Tücher werden geschwenkt und letzte Worte zugerufen.

Unter den vielen Menschen sehe ich auch meine Frau. Sie trägt unsere kleine Tochter auf dem Arm. Beide lachen, beide winken. Zum letzten Male grüße ich hinüber.

Dann schieben sich die Schleusenwände zurück. Der Weg ist frei. Immer kleiner wird die bunte Reihe der Zurückbleibenden, immer weiter streben wir der offenen See zu. Langsam entgleitet die Ausfahrt unseren Blicken. Nur noch helle, auf- und niederwippende Punkte verraten uns, daß die Tücher in den Händen der Lieben nicht zur Ruhe kommen wollen.

Manch einer an Bord wird in dieser Minute ein wenig stiller. Die Trennung von Frau und Kind, von all den Lieben daheim, deren Segenswünsche uns begleiten und deren Herzen um uns bangen, ist nicht leicht. Der Krieg ist ein grausamer Herr. Mitleid ist ihm ein fremdes Ding. Auf seinem Wege liegen zerrissenes Glück, Blut und Tränen.

„Wer weiß, ob wir uns wiedersehen – – – –"

Dann aber, als das Meer uns umgibt, als die Küste nur noch als ein dunkler Strich am Horizont herüberschimmert, ist auch an Bord unseres Bootes nichts mehr von der Abschiedsstimmung zu spüren. Es herrscht vielmehr eine freudige Ausgelassenheit. Ich habe ganz den Eindruck, als seien alle Männer der Besatzung ohne Ausnahme froh, endlich dem nervenaufreibenden Einerlei des Exerzierens entronnen zu sein. Niemand ist unter ihnen, der zum Hafen zurück möchte. Im Gegenteil. Noch in der Schleuse hatten einige von ihnen Angst, daß wir noch im letzten Augenblick zurückgerufen werden könnten. Nun aber, nachdem auch die letzte Verbindung mit der Heimat abgebrochen ist, wir von dieser Stunde an also ganz allein auf uns gestellt sind und uns niemand mehr die Hoffnung auf eine erfolgreiche Fahrt nehmen kann, bricht die Freude allerorts durch.

„So, Herr Kapitänleutnant", sagt mein I. O. W., Oberleutnant zur See Heydemann, zu mir, „jetzt halten wir es mit Götz von Berlichingen. Alles, was achter uns liegt, kann uns am – Achtersteven gern haben. Jetzt wollen wir nur noch Augen haben für das, was die Zukunft uns bringt."

Damit hat er nun hundertprozentig recht. Für uns gibt es nun kein Zurück mehr, weil wir gar kein Zurück mehr kennen wollen. Vor uns liegt die See und weit hinter dem Horizont steht der Gegner. Ihn wollen wir fassen, und wenn uns der letzte „Aal" ausgegangen und die letzte Brennstoffreserve angebrochen ist, wollen wir den Vorsteven wieder auf Heimatkurs lenken. Hoffentlich flattern dann die ersten Siegeswimpel an unserm Mast.

Es murmeln die Wellen

Unser Ziel ist der Atlantik.

Bis dahin aber ist noch ein weiter Weg. Schon am ersten Tage macht uns die Nordsee gehörig zu schaffen. Zuerst ist es der starke Eisgang. Riesige, meterdicke Schollen schieben sich, vom Gezeitenstrom getrieben, uns in den Weg. Krachend fährt der Steven dagegen, daß es durch das ganze Boot dröhnt. Schurrend und polternd gleiten die Eisklötze an den Bordwänden entlang. Im Boot herrscht dadurch ein Spektakel, als seien außenbords noch die Niethämmer am Werk. Die Besatzung kann sich im Boot nur noch durch Schreien verständigen.

Erst in der Nähe des Feuerschiffs „Elbe 1" läßt der Eisgang nach. Dafür aber macht sich hier der Todfeind aller Seefahrer, der Nebel, dick und breit. In diesem milchigen Brei nun durch die Minensperren zu finden, ist wahrhaftig keine Kleinigkeit mehr.

Seit dem Auslaufen wird Kriegswachtörn gegangen. Ständig stehen seit dieser Stunde ein Wachoffizier, ein Unteroffizier und zwei Ausguckposten auf der Brücke und halten die Augen auf. Jetzt im Nebel aber sind alle Offiziere oben, denn es heißt, höllisch aufpassen. Wir haben weder Lust, mit einem plötzlich aus dem undurchsichtigen Dunst auftauchenden Steven eines entgegenkommenden Fahrzeugen, noch mit eigenen Minen nähere Bekanntschaft zu machen.

Es ist ein ganz ekelhaftes Fahren. Man sieht nichts, man hört nichts, man kommt sich vor, als wenn man mitten durch einen Riesenberg loser Watte fährt. Dabei muß man in jeder Sekunde auf die unangenehmsten Situationen gefaßt sein. Dazu kommt, daß der Nebel einem durch alle Fugen und Knopflöcher der Kleidung kriecht, Kälteschauer verursacht und nicht die geringste Körperwärme fühlbar werden läßt.

Erst, als in der Nähe von Helgoland der Wind auffrischt und die See bockig zu werden beginnt, kommt Licht in die Nebelschwaden. Sie lockern sich, zerreißen, flattern noch einmal wie die wehenden Enden eines Riesengespenstes ziellos umher und sind dann plötzlich verschwunden.

Wir atmen auf. „Gott sei Dank, daß wir endlich durch diesen Dreck hindurch sind!" knurrt mein Obersteuermann. Er wischt sich dabei den zu winzigen weißen Kristallen gefrorenen Nebel aus dem Gesicht.

Die erste heiße Tasse Kaffee wird vom Koch durch das Luk heraufgereicht. Sie tut dem schon reichlich durchgefrorenen Corpus gut. Hastig und schlürfend wird das tiefschwarze, duftende Naß getrunken, wobei man ängstlich darauf bedacht ist, es nicht durch überkommende Spritzer in höchst unwillkommener Weise verdünnen zu lassen.

Dann wird der Wollschal noch fester um den Hals geknotet und mit neuem Mut den Ungezogenheiten des blanken Hans entgegengesehen. Sie lassen auch gar nicht lange auf sich warten. Die Sicht, eben noch sehr gut, verschlechtert sich zusehends. Bald ist vom Horizont überhaupt nichts mehr zu sehen. Dicke, graue Wolkenballen wälzen sich unmittelbar über das Wasser. Sie kommen rasch näher und schicken einen böigen Wind voraus, der heulend um das Boot pfeift.

Zehn Minuten später sitzen wir inmitten des schönsten Schneetreibens, von dem man ruhig sagen kann, daß es – was die Sichtverhältnisse anbetrifft – dem Nebel kaum nachsteht. Wir sind also beinahe wörtlich vom Regen in die Traufe gekommen.

Ein aus den tiefsten Gründen seines Herzens kommender Fluch meines I. O. W., den ich jedoch aus Gründen der Wohlerzogenheit hier lieber nicht wiedergeben will, spricht unser aller Meinung über den Wettergott aus. Er scheint es sich wahrhaftig vorgenommen zu haben, uns unsere erste Ausreise so sauer wie möglich zu machen.

„Es ist zum Auf-die-Wolken-zu-Klettern!"

Das Schimpfen erleichtert zwar die bedrückte Seele, befreit uns aber keineswegs aus unserer Lage. Wir haben uns durch den dicken Nebel gefressen, werden also auch noch mit diesem Sauwetter fertig werden. Das Boot rollt wie ein betrunkenes Schaukelpferd. Mit dem Steven haut es in den „Bach", daß die Brecher am Turm wie Fontänen aus geplatzten Leitungsrohren aufspritzen, und wühlt sich dann schüttelnd durch den nächsten Wasserberg. Daß dabei öfters als einmal ein ordentlicher Guß durch das offene Turmluk in das Innere des Bootes klatscht, ist eine Begleiterscheinung, die von der unten arbeitenden Bootsbesatzung mit wackerem Humor aufgenommen wird.

„Wahr schau!" brüllt jemand und – klatsch! – kommt eine ganze Badewanne voll Seewasser von oben. Gluckernd sucht es sich seinen Weg unter den Bilgen und Flurplatten und wird zum Schluß von der Lenzpumpe, die bei solchem Wetter ständig in Betrieb ist, wieder an die Außenwelt befördert. Das Ganze nennt man den Blutkreislauf eines Unterseebootes.

Es ist ein Glück, daß sich kein Tommy bis in diese Gewässer mehr vorwagt. Bei dem Schneegestöber und dieser Tanzerei würde der erste Aal todsicher in die Binsen gehen.

Überhaupt – der erste Aal! – Er ist seit unserem Auslaufen der Hauptgegenstand aller Gespräche. Noch sind wir keine 24 Stunden unterwegs, noch haben wir einen weiten Ritt vor uns, und schon dreht sich alles, was außerhalb der notwendigen Kommandos und Befehle gesprochen wird, um den ersten Dampfer, der uns in die Quere läuft und der selbstverständlich ein ganz fetter Brocken sein muß, und um den ersten Torpedo, der ihm mitten in den Bauch gehen und ihm das Lebenslicht ausblasen soll.

Noch aber ist es nicht soweit. Vorläufig stehen wir noch in der Deutschen Bucht und schlagen uns eist einmal gehörig mit dem Wettergott herum. Dabei müssen wir mächtig aufpassen, daß wir nicht gegen die englischen Minensperren rennen. Sehnlichst wünschen wir die Stunde herbei, in der die See etwas vernünftiger wird und die endlose Schaukelei ein wenig aufhört.

Vor allen Dingen wünschen wir uns für ein paar. Minuten Sonne oder wenigstens am Abend ein paar Sterne. Es geschieht nicht aus der Sehnsucht nach ihrem Anblick, sondern aus der Notwendigkeit einer anständigen Besteckaufnahme. Zwar wissen wir auch so noch ziemlich genau, auf welchem Punkt der Deutschen Bucht wir augenblicklich stehen. Es ist aber schon besser, wenn man es ganz genau weiß. Minensperren sind nämlich Dinge, die keinen Spaß verstehen, wenn man ihnen zu nahe auf den Leib rückt.

Der Himmel denkt aber nicht daran, uns einen Blick in seine höheren Regionen tun zu lassen. Wir müssen uns daher mit dem begnügen, was unser Obersteuermann nach dreimaligem gewissenhaftem Nachrechnen herausbekommt.

Na schön! – Machen wir also weiter so. Ich gebe Kursverbesserung, wünsche dem Wachhabenden Offizier auf der Brücke eine gute Nacht und steige hinunter in meine Koje.

Die erste Nacht auf Feindfahrt ist vorüber. Ich bin nicht nur hundemüde, sondern habe auch entsetzlichen Hunger. Die frische Seeluft wirkt ungemein appetitanregend. Der gleichzeitig als Steward fungierende Funkgast bringt mir das Frühstück. Eigentlich ist es noch mein Abendbrot. Auf einem U-Boot herrscht aber eine andere Tageseinteilung als an Land. Hier gibt es keinen Morgen und keinen Abend, keine Mittagspause und keine Nachtruhe, sondern Wache und Freiwache.

Auf der Brücke hatte ich schon gehört, daß der Koch diesmal die doppelte Zeit gebraucht hat, um mit der Abendmahlzeit fertig zu werden. Der Seegang hat ihm andauernd die Töpfe und Pfannen vom Herd rutschen und die frischgeschälten Kartoffeln durch den Betriebsgang kollern lassen. Trotzdem ist nicht alles gut Ding, was Weile gehabt hat. Das jetzt vor mir stehende Eisbein verdient seinen Namen im doppelten Sinne. Von Wärme keine Spur. In den Sauerkohl scheint ihm die Essigflasche gefallen zu sein. Und das, was der Koch Erbspüree nennt, kann man besser gequälte Erbsen nennen, wobei sich sicherlich beide, Koch und Erbsen, um eine Formen- und Geschmacksähnlichkeit gequält haben.

Ich lasse mir den Künstler kommen und nehme ihn ins Gebet, „Was ist das?"

„Sauerkraut, Eisbein und Erbspüree, Herr Kapitänleutnant!"

„Sauerkraut und Eisbein stimmt! – Aber – was in Wirklichkeit Püree ist, das wird Ihnen die Besatzung wahrscheinlich sehr schnell beibringen, wenn Sie noch einmal derartige Betonklötze fabrizieren. – Wenn Sie künftig der Besatzung nicht ein anständig gekochtes Essen auf den Tisch stellen, holt Sie der Teufel!"

Damit ist der Mann entlassen. Ich aber lege mich auf die Koje und versuche zu schlafen. Das einzige Kleidungsstück, das ich ablege, ist die Mütze. Sie baumelt am Haken und macht in stoischer Gleichmütigkeit die Bewegungen des Bootes mit. Die Lederjacke aber wird nur aufgeknöpft und der Wollschal ein wenig gelockert. Ausziehen kommt nicht mehr in Frage. Man muß innerhalb weniger Sekunden auf der Brücke sein können, wenn draußen dicke Luft ist – auf einem U-Boot alle Nase lang einmal.

Der Schlaf aber will nicht recht kommen, obgleich man fast zwanzig Stunden auf der Brücke gestanden hat. Teils sind die bei einer solchen ersten Fernfahrt immer etwas aufgeregten Nerven, teils ist aber auch das vom Smutje sogenannte Erbspüree daran schuld. Es liegt mir wie ein Stein im Magen.

So schwer habe ich nicht einmal jene zwei Riesenschüsseln Graupen verdaut, die ich als Schiffsjunge einst kochen und hernach selbst essen mußte.

Das war eine ganz verrückte Zeit damals. Auf der Seemannsschule in Finkenwärder hatte man alles gelernt, was ein Schiffsjunge an Bord können muß. Nur eines nicht: Kochen.

Als ich dann nach dreimonatiger Schulzeit auf dem Dreimastschoner „Hans" als Schiffsjunge angeheuert wurde, mußte ich als meine vernehmlichste Aufgabe für den Kapitän und die Besatzung das Essen bereiten. Ich habe noch nie so hilflos einen Menschen vor einem kalten Herd und ein paar leeren Kochtöpfen stehen sehen, wie damals mich.

Zum Glück befand sich noch ein zweiter Schiffsjunge an Bord. Er hatte bisher dieses Amtes gewaltet und unterrichtete mich nun, zwar mürrisch, aber doch eindeutig darin, wie man Feuer macht und die Töpfe mit Gerichten füllt, die nachher sogar ganz leidlich schmeckten.

Einmal aber war Paul, der andere Schiffsjunge, anderweitig beschäftigt. Diesmal sollte ich Graupen kochen. Ich nahm also einen schönen großen Topf, füllte ihn aus dem Sack mit Graupen, der in einer Ecke der Vorratskammer stand, gut halb voll, tat Wasser hinzu, fachte das Feuer an und überließ das Ganze nun der wohltätigen Macht der Flamme, während ich an die Winsch eilte, die ich an diesem Tage beim Löschen einer Ladung zu bedienen hatte.

Hin und wieder lief ich von der Winsch zu den Graupen und freute mich, daß sie prachtvoll gediehen, immer größer und weicher wurden und ein leckeres Mahl abzugeben versprachen.

Als ich aber nach geraumer Zeit wieder einmal in die Kombüse kam, roch es darin ganz eigenartig, so, als ob das Feuer ein wenig zu stark gewesen sei und den Graupen Schaden zugefügt hätte. Außerdem hatten jetzt die Graupen den Topf inzwischen schon so prachtvoll gefüllt, daß ich gut und gern zwei Mahlzeiten davon machen konnte. Und dabei schien es noch, als wollten sie noch weiter in die Breite und Höhe gehen.

Mit ziemlich betretenem Gesicht stand ich vor der quellenden Pracht, stocherte ratlos im Feuer herum und wußte nicht recht, was ich nun beginnen sollte. Mir wollte weder der stechende Geruch, noch die sich zusehends vermehrende Masse im Topf als richtig am Platze erscheinen.

Da steckte, von dem Brandgeruch angelockt, ein Matrose seine Nase durch die Kombüsentür. Erst blickte er den Topf mit den Graupen, der sich jetzt schon eine dicke Mütze aufsetzte, und dann mich tiefsinnig an. Schweigend verharrten wir beide eine Weile, machtlos den Urgewalten preisgegeben. Bis ihm plötzlich der erlösende Gedanke kam.

„Mensch! Rühren mußte, immer rühren"!

Nach diesem weisen Rat überließ er mich allein den Graupen, die nun über den Topfrand zu rieseln drohten. Flugs zerrte ich einen zweiten, gleichgroßen Topf herbei und füllte ihn nun aus der Masse des ersten halb voll. Jetzt hatte ich schon mindestens drei reichliche Mahlzeiten.

Nun aber begann die schwierigste Übung, die ich je an einem Herd geleistet habe. Mit zwei großen Holzlöffeln versuchte ich gleichzeitig in beiden Töpfen den zähen Graupenbrei ständig rührenderweise in Bewegung zu halten. Das brachte mir nicht nur manchen Schweißtropfen, sondern auch wiederholt einen Anpfiff des Steuermanns ein. Ich hatte nämlich in der Aufregung gänzlich meine Winsch vergessen. Um nun beiden Anforderungen gerecht zu werden, flitzte ich fortan ständig zwischen Winsch und Kombüse hin und her, mal hier drehend, mal dort rührend. Es war wirklich rührend anzusehen.

An diesem Tage verstand ich auch zum ersten Male, warum eine Köchin Muskeln wie ein Preisringer haben muß. Meine Arme waren mir jedenfalls nach Ablauf der ersten Stunde bereits so lahm, als hätte jemand stundenlang darauf herumgetreten.

Daß ich trotz aller meiner Anstrengungen der Stunde des Mittagessens mit sehr gemischten Gefühlen entgegensah, ist dennoch verständlich. Das Ergebnis meiner kunstvollen Rührseligkeit ließ natürlich auch nicht lange auf sich warten. Es war aber nicht, wie ich befürchtet hatte, der Alte, sondern der Steuermann, der mich rufen ließ. Der Blick, mit dem er mich empfing und stumm auf den Teller Graupen vor sich zeigte, sagte mir alles.

„Angebrannt!"

Ich nickte stumm und gottergeben. Dabei dachte ich an den weisen Schiller, der sicherlich, als er seine „Glocke" schrieb, auch einmal Graupen zu kochen versucht hatte. „– – denn die Elemente hassen das Gebild der Menschenhand!"

„Alle Graupen herholen!" befahl der Steuermann mit strenger Stimme. Ich schleppte zwei große Töpfe voll herbei.

„So! – Jetzt wirst du dich von heute ab zu jeder Mahlzeit hier in meiner Kammer einfinden und solange Graupen essen, bis sie alle sind! – Verstanden?!"

Ich nickte wieder stumm und schluckte dreimal trocken herunter! – Alle Tage Graupen! – Angebrannte Graupen! – Mir wurde es erst grün, dann grau und zum Schluß schwarz vor den Augen. – Aber was half es? – Ich mußte essen. – Und ich aß! – Morgens Graupen, angebrannte Graupen! – Mittags Graupen, angebrannte Graupen. Und abends wieder angebrannte Graupen. – Einen Tag lang, zwei Tage lang, drei Tage lang. Die Graupen wurden und wurden nicht weniger. Am vierten Tage standen sie mir schon oben am Halse, als ich nur die Kammer des Steuermanns betrat. Sie roch schon völlig nach angebrannten Graupen. – Ich mußte aber weiter löffeln. Der Steuermann saß stets dabei. Er machte ein unbewegliches Gesicht wie ein Indianerhäuptling beim Kriegsrat und ließ mich schlucken. Unbarmherzig, unnachsichtlich.

Schließlich und endlich, am siebenten Tage, war auch der zweite Graupentopf geleert. Seither bekomme ich, wenn ich nur das Wort Graupen höre, abwechselnd Fieber und Schüttelfrost. – Aber – verdaut habe ich diese angebrannten Graupen trotz allem ausgezeichnet. – – –

Ob ich nun endlich einschlafen kann? – Wie spät ist es eigentlich? – Ich blinzele auf meine Armbanduhr. – Zwei

Minuten nach vier. – Also noch früh am Morgen. – Mal sehen, vielleicht liegt es sich auf der Seite besser. – Die Koje knarrt und ächzt unter der Wucht. Im Magen aber hängt weiterhin der Erbsbrei wie ein Bleiklumpen. Oder ist es der Sauerkohl? Das fehlte noch, daß sich der ganze Verein den Magen am Sauerkohl verkorkst. Bei nur einem in Betrieb befindlichen W. C. und möglicherweise auch noch Unterwasserfahrt kann das eine niedliche Geschichte abgeben. Denn wenn das Boot unter Wasser fährt, dann muß man schwer pumpen. Und je größer die Tiefe ist, um so kräftiger muß des großen Überdrucks wegen, der außerhalb der Bordwände herrscht, gepumpt werden. Da wartet man lieber, bis das Boot oben schwimmt.

Ich glaube, es ist doch der Sauerkohl. So unterhalb der Magengegend wird es mir ganz mulmig zumute. Vorläufig stehe ich aber noch nicht auf. Ich will schlafen. Vor meiner Kammer, die aus der Koje, einem Spind, so groß wie ein Handtuch, und einem Miniaturtisch besteht und nur durch einen Vorhang vom Betriebsgang abgegrenzt wird, läuft erst einer und nach kurzer Zeit noch einer vorbei.

Beide in Richtung W. C. – Ob sie auch – – –?

Selbstverständlich! Auch sie haben Sauerkohl gegessen.

Wütend werfe ich mich auf die andere Seite. Ich will jetzt schlafen und nichts mehr hören und – fühlen. – Wollen und Können ist aber zweierlei. Nach fünf Minuten treibt es mich hoch.

„Himmelherrgottsakrament!" Den Koch möchte ich samt seinem Sauerkohl am liebsten außenbords hängen. Wütend stoße ich aus meiner Kammer hinaus – und um ein Haar mit meinem II. W. O. zusammen.

„Nanu, Bade, wohin so eilig?"

„In die Ecke, Herr Kapitänleutnant! – Ich weiß nicht, ich habe so – – –".

Er umstreicht mit der Rechten seine Magengegend und verkneift das Gesicht.

„Was? – Sie auch?" da mache ich erschüttert kehrt und warte gottergeben, bis die Reihe an mir ist.

Plötzlich wird das gleichmäßige Zittern des Bootes unterbrochen. Es geht in einen anderen Takt über. Unwillkürlich horcht man auf. Irgend etwas scheint mit der Maschinenanlage nicht in Ordnung zu sein.

Da kommt auch schon die Meldung von achtern: „Steuerbord-Diesel ausgefallen! – Eine Ventilfeder ist gebrochen!"

Das kommt diesmal aber nicht vom Sauerkohl. – In ein paar Minuten ist die zerbrochene Feder ausgewechselt und der Schaden behoben. Der „Bock" läuft wieder. –

Endlich kann auch ich einschlafen, nachdem – – und so. Am anderen Morgen – oder, richtiger gesagt, am gleichen Vormittag – ist alles wieder im Lot. Sogar das Wetter ist etwas besser geworden. Wir toben nicht mehr so wild auf und ab. Neptun hat anscheinend eingesehen, daß er uns damit nicht erschüttern kann. Wenn wir fahren wollen, dann fahren wir, auch wenn es diesem etwas sehr alten Herrn nicht paßt. –

Wir nutzen natürlich den Marsch nach dem Atlantik weidlich dazu aus, unterwegs immer wieder an uns und unserm Können zu feilen. Alarm, Tauchen, Fliegeralarm, Feuer im Schiff und ähnliche Dinge wechseln mit dem ständigen Wachdienst auf der Brücke und an den Maschinen ab.

Zur Zeit der Ruhe aber, wenn das Boot mit immer gleichem Kurs durch die Nordsee stampft, wenn die Motoren ihr endloses Lied der Arbeit singen und sich auf der Brücke alle vier Stunden die Posten nach anstrengendem Dienst ablösen, legt sich die Freiwache auf die Kojen und schläft trotz des steten Lärmes den tiefen, traumlosen Schlaf aller Seeleute. Diejenigen Männer aber, die noch nicht müde sind oder schon ihren Törn „Matratzenhorchdienst" hinter sich haben, lesen, spielen Skat oder lauschen den Berichten der Heimat, die uns der Rundfunk übermittelt.

Am nächsten Mittag bekommen wir zum ersten Male die Stimme der Front zu hören. Die See ist ziemlich ruhig, der Wind mäßig, die Sicht nicht allzu groß. Weit und breit ist, wie seit Beginn der Fahrt, nichts weiter zu sehen als Himmel und Wasser.

Ich stehe wieder einmal auf der Brücke und rauche eine Zigarette. Hier oben ist der einzige Ort an Bord, wo man rauchen darf. Das Glas an den Augen, lasse ich den Blick über den Horizont kreisen. Nichts! Keine Rauchfahne, keine Mastspitze, kein heimeilender Fischdampfer, nicht einmal ein lächerlicher Heringslogger ist zu sehen. Die Nordsee ist, seit wir Skandinavien besetzt haben, wie reingefegt. England wagt es nicht mehr, seine Handelsschiffe über die Nordsee zu schicken. Wohin auch? Der ganze europäische Osten ist ihm nunmehr versperrt. Es muß sich jetzt seine lebensnotwendigen Rohstoffe und Kriegsmaterialien auf einem langen Wege über den Atlantik heranholen. Uns aber kann es nur lieb sein, von keinem anderen Fahrzeug gesehen zu werden. Nur so können wir überraschend an Britanniens atlantischer Küste auftauchen und dort den Krieg führen, den England haben wollte und den es noch vor einem Jahre so reizend fand.

Plötzlich hören wir in der Ferne schwere, dumpfe Schläge. Sie scheinen aus dem Wasser zu kommen und werden besonders unten im Boot deutlich vernommen.

Wasserbomben!

Wir stehen ziemlich nördlich und nur noch knapp hundert Meilen unterhalb der britischen Ostküste. Entweder üben die Herren Briten im Schutze ihrer Küstenbatterien mit ihren U-Jagd- und ähnlichen Booten, oder sie glauben, ein deutsches U-Boot gesichtet zu haben, auf das sie nun eine Treibjagd veranstalten. Vielleicht sind es aber auch heimkehrende englische Vorpostenboote, die sich gern ihrer Wasserbomben entledigen wollen, um durch ihr Fehlen zu beweisen, daß sie deutsche U-Boote gesichtet und verfolgt haben. In einem reizenden Krieg ist eben alles möglich.

Trotz angestrengten Suchens ist aber von den Wasserbombenwerfern nichts zu sehen. Wir können also unsere Fahrt ohne Ausweichmanöver und ohne tauchen zu müssen fortsetzen.

Je mehr wir uns nun den Shetland-Inseln nähern, um so gefährlicher wird das Fahren. Wir kommen in den Bereich der englischen Minensperren und – was noch viel unangenehmer ist – sichten jetzt öfter treibende Minen. Diese Biester, die sich von ihrer Verankerung losgerissen haben und nun ziellos auf der See herumschwabbern, haßt der Seemann wie der Teufel die fromme Seele. Immer und überall können sie plötzlich auftauchen und zu einer großen Gefahr für Schiff und Mannschaft werden.

Zwar sollen alle Seeminen, so ist es vor Jahren in einer internationalen Vereinbarung festgelegt worden, eine Vorrichtung besitzen, die die Mine automatisch unscharf und damit unschädlich macht, wenn sie sich von ihrer Verankerung löst. Zum Teil funktioniert aber bei den Engländern diese Sicherheitsvorrichtung nicht, zum Teil ist sie überhaupt gar nicht vorhanden. Man tut also gut, jedem dieser Teufelseier aus dem Wege zu gehen.

Dennoch passiert es uns in der darauffolgenden Nacht, nachdem wir schon dreien dieser schwarzen, runden, hörnerbewehrten Dinger ausgewichen sind, daß wir eine treibende Mine zu spät sichten. Wir brausen mit großer

Fahrt direkt auf diesen Teufelskopf zu. Zwar können wir durch hartes Ruderlegen gerade noch verhindern, daß wir das Ding regelrecht rammen, was unserem Boot natürlich sehr schlecht bekommen wäre, doch müssen wir es uns gefallen lassen, daß die Mine polternd an unserer Bordwand entlangschrabt und dabei heftig auf- und niedertanzt.

Daß uns allen, die wir auf der Brücke stehen, sekundenlang das Herz stehen bleibt, wir mit angehaltenem Atem und aufgerissenen Augen nur das Teufelsei anstarren und jeden Augenblick darauf gefaßt sind, daß eines der Hörner an unserer Bordwand zerbricht, ist wahrlich kein Wunder. Erst als das gefährliche Ding längst in unserer Hecksee schwimmt und keine Gefahr mehr für uns bedeutet, wagen wir es, wieder aufzuatmen.

„Das hätte leicht ins Auge gehen können, Herr Kapitänleutnant!"

Mein I. W. O. schiebt mit einem tiefen Seufzer der Erleichterung seine Mütze in den Nacken und trocknet sich den Schweiß von der Stirn, obgleich es hier oben auf der windumpfiffenen Brücke alles andere als warm ist. –

Unten im Boot war man natürlich auf das Gepolter der an der Bordwand entlangrutschenden Mine ebenfalls aufmerksam geworden. Auch hier verhielten sich die Männer, die sogleich ganz richtig auf eine treibende Mine tippten, mucksmäuschenstill und wagen erst eine Frage auf die Brücke zu richten, als der ganze Spuk vorbei ist.

Solch ein kleiner Zwischenfall gibt den Ausgucksposten eine Lehre, wie sie besser nicht sein kann. Ich brauche fortan nicht mehr zu sagen, daß sie gut aufpassen und besonders auf treibende Minen achten sollen. Von dieser Stunde an werden sämtliche treibenden Minen schon von weitem gesehen und gefahrlos passiert. –

Das mag auch dazu beitragen, daß wir, als wir am nächsten Tage unsere erste Begegnung mit einer feindlichen Vorpostenflottille haben, diese Boote schon sichten, als kaum ihre Mastspitzen über den Horizont hervorsehen. Zum Glück laufen diese Boote ein. Möglicherweise haben sie gerade einen Geleitzug glücklich nach Hause gebracht. Das wäre natürlich sehr ärgerlich. Obgleich wir peinlich darauf bedacht sind, hier in der Nordsee nicht gesehen zu werden, um uns keine Zerstörer auf den Hals zu laden, die wir nicht gebrauchen können, wären wir doch sehr dankbar, wenn uns der Zufall schon hier einen ansehnlichen Handelsdampfer vor die Rohre geschickt hätte. Geknallt wird, wo wir etwas dazu finden.

Wir beschreiben also trotz des großen Abstandes, den die englischen Vorpostenboote von uns haben, einen bildschönen Bogen, um nicht tauchen zu müssen und auch nicht gesichtet zu werden. Von dem täglichen Probetauchen abgesehen, bleiben wir nämlich so lange wie möglich über Wasser. Einmal machen wir hier bedeutend mehr Fahrt und zum anderen hat man von der Brücke aus einen weit besseren Rundblick als durch das Sehrohr. Außerdem ist dem U-Boot-Fahrer frische Luft lieber als der Öldunst im Innern des Bootes.

Überdies warten wir noch immer auf eine Gelegenheit, eine Standortbestimmung vornehmen zu können. Es ist aber wie verhext. Der Himmel bleibt seit unserer Ausreise Tag und Nacht dick grau verhangen. Kein Stern, kein Mond und keine Sonne. Nur Wasser und Wolken. Dabei umrunden wir bereits die Nordspitze Englands und stehen vor der Einfahrt in den Atlantik.

Es hilft aber nichts, wir müssen uns auch so zurechtfinden. In Friedenszeiten kann ein Schiff in solcher Lage eine Funkpeilung machen. Nach ein paar Minuten weiß der Kapitän, wo er mit seinem Fahrzeug steht. Das ist jetzt aber nicht möglich.

Natürlich finden wir auch so unseren Weg. Als abermals der Morgen graut, stehen wir am Ziel unseres Marsches. Der Atlantik, Englands Schlachtfeld, tut sich vor uns auf.

„Hinein!" ist jetzt die Parole! Die Männer im Boot, die in untadeliger Weise ihren nicht leichten Dienst versehen und in stiller Freude auf diesen Tag gewartet haben, werden nun von einem Eifer gepackt, den man in Weidmannskreisen mit Jagdfieber bezeichnet. Ohne, daß ich überhaupt ein Wort sage, werden alle Teile des Bootes noch einmal genauestens kontrolliert. Selbst die Freiwache, die eigentlich die Ruhe und den Schlaf verdient hat, kümmert sich um ihre Gefechtsstation und überprüft noch einmal alle Geräte und Maschinenteile. Es ist ein Leben unten im Boot, als erwarten die Jungens, daß wir mit dem Tage unseres Eintritts in den Atlantik nun auch sogleich den Kampf beginnen werden. Sie haben sich derart in den Gedanken verrannt und sind so felsenfest davon überzeugt, daß wir heute noch einen Dampfer vor die Rohre bekommen, daß ich dagegen einfach machtlos bin.

Gewiß, es wäre herrlich, wenn sich das Vertrauen der Besatzung auf das gütige Geschick erfüllen und es uns einen solchen Frachter in Sicht bringen würde. Aber – der Atlantik ist groß, riesengroß, und Englands Handelsflotte schon erheblich eingeschrumpft. Wir können tatsächlich das Glück haben, in den allernächsten Tagen unseren ersten Dampfer zu knacken. Wir müssen aber auch damit rechnen, daß wir wochenlang hier herumsegeln, ohne auch nur eine einzige Mastspitze vor Augen zu bekommen. Hier nützen keine Kenntnisse, hier hilft nicht einmal mehr uralte Erfahrung. Wenn man das Pech haben soll, dann ist auch der Atlantik wie reingefegt. Und wenn man vor Wut das ganze U-Boot zerhacken möchte. Der Tommy richtet sich nicht im geringsten nach unseren Wünschen. Im Gegenteil, er versucht, so ungeschoren wie nur möglich nach Hause zu kommen. Schließlich schläft auch er nicht, wenn er fährt, sondern hält verdammt scharf die Augen auf. Schon manchem U-Boot, das endlich seine Beute gefunden zu haben glaubte, hat er ein Schnippchen geschlagen. Der Jäger mag noch so gut sein, das Wild wird ihm doch in manchen Dingen überlegen bleiben. –

Was ich tun kann, um meinen Männern die Freude zu bereiten, gleich am ersten Tage den ersten Siegeswimpel zu hissen, das tue ich. Seit dem frühen Morgen stehe ich auf der Brücke und halte Umschau. Der alte Herr Atlantik präsentiert sich uns dabei in seiner ganzen Würde. Mit einem Westwind in Stärke 6–7 und einer langrollenden Dünung, wie sie eben nur ein Atlantik hervorzubringen vermag, empfängt er uns und schaukelt uns nun auf diese Weise im monotonen Rhythmus durch die Stunden. Schwer arbeitet dabei das Boot. Auf und ab, hin und her. Mal ist vorn, dann wieder hinten oben. Es gibt hierbei einfach keine Bewegung, die das Boot nicht macht. Schäumend ergießen sich die Wogen über das Oberdeck. Mit unvorstellbarer Wucht donnern die Wasserberge gegen die Stahlwände des Bootes. Klatschend jagen die Brecher gegen den Turm, um hier mit hohen Fontänen zu zerschellen. Dazwischen heult der Wind, orgelt mit seltsamen Tönen um den Brückenaufbau, macht unvermittelte Pausen, um gleich darauf mit neuer Kraft einzusetzen.

Eine solche Fahrt ist ein grandioses Schauspiel für den, der sie zum ersten Male erlebt. Für den Seemann aber ist das Toben der See und das Heulen des Windes die Musik, die er am meisten liebt. Es ist sein Lied der Arbeit, es ist die Melodie seines Lebens. –

Für den U-Boot-Fahrer aber, der ununterbrochen nur unten an seiner Maschine und vor seinen Handrädern sitzt, bedeutet ein solch aufgewühlter Atlantik gerade das Gegenteil von schön. Er darf nur Auge und Ohr für seinen Posten haben. Er muß sich, wenn das Boot wie toll durcheinander schaukelt, wenn ihm alle paar Sekunden der Boden unter den Füßen wegsackt, um wenige Augenblicke darauf mit allem, was um ihn ist, gewaltsam emporgehoben zu werden, krampfhaft irgendwo festhalten, um nicht dauernd gegen all die unzähligen Ecken und Kanten geschleudert zu werden. Eingepfercht in der Enge zwischen seinen Maschinen und Geräten bleibt ihm kein Spielraum zur Ausbalancierung seines Gleichgewichtes. Unbarmherzig wird er auf- und niedergeschoben, hin- und hergeschleudert. Dabei darf er keinen Augenblick in seiner Aufmerksamkeit ermüden. Er muß, ob es draußen tobt oder sich eine spiegelglatte See im Abendhimmel zeigt, unermüdlich auf dem Posten sein.

Trotz alledem bringt er noch die unendlich große Begeisterung für sein Boot auf. Er wartet genau so gespannt wie der Mann auf der Brücke auf den Augenblick, in dem die erste Rauchfahne am Horizont gesichtet wird. –

Unermüdlich suchen wir alle, die wir auf der Brücke stehen, alle Windrichtungen des Horizontes nach dieser ersten Rauchfahne ab. Stunde um Stunde verrinnt in ergebnislosem Warten. Die erste Wachablösung kommt. Die neuen Männer pressen mit Begeisterung die Gläser an die Augen. – Auch sie sehen nichts. Nur Wellen und Wolken.

Immer wilder wird der Atlantik, immer höher gehen seine Berge. Da – ein Brecher, riesengroß kommt er angerollt Im Nu ist er heran. Wir sehen ihn kommen, aber keiner von uns vermag etwas mehr dagegen zu tun. – Jetzt hat er das

Boot erfaßt. Mit wütender Kraft hebt er den Vorsteven an. In halber Höhe läßt er von ihm ab, rollt weiter, kommt haushoch auf uns zu und überrennt mit donnerndem Getöse den Turm und uns. – Wir sehen nichts mehr. Vor unseren Augen steht eine grüne Gischt. Eine Wasserwand umpackt uns. Ehe wir es uns versehen, werden wir alle, die wir auf der Brücke stehen, von der ungeheuren Gewalt des Brechers erfaßt und der Länge nach auf den Turm hingeschleudert. Niemand vermag dabei die Kraft aufzubringen, sich irgendwo festzuhalten. Rauschend und schäumend ergießt sich die Welle über uns, läuft dann weiter über das Achterschiff, um dann hinter dem Boot mit ungebrochener Kraft weiterzutoben.

Prustend, spuckend und naß wie die Katzen erheben wir uns. Froh, von dieser Welle nicht über Bord gerissen worden zu sein, tapsen wir uns wieder zurecht und lassen uns dieses unfreiwillige Bad eine Lehre dafür sein, daß es besser ist, sich anzuschnallen. Zum Glück ist diesmal alles noch gut gegangen. Es hätte aber auch anders kommen und alles, was hier oben stand, glatt über Bord reißen können.

„Rohr eins – klar!"

„Herr Kapitänleutnant, das Mittagessen ist fertig!"
Aha, endlich ein Lichtblick. Hunger habe ich wie ein Wolf. Also lasse ich auch in unserer kleinen Messe aufdecken. „Messe" ist eigentlich schon zu viel gesagt. Dieser Raum besteht aus dem Betriebsgang, schließt sich unmittelbar an meine „Kammer" an und hat als Inventar einen festgeschraubten Tisch vor einer Kojenbank stehen. Zwei kleine, schmale Schränke, buchstäblich nicht breiter als ein Handtuch, begrenzen ihn nach vorn und achtern.

Trotzdem schmeckt gerade hier das Essen immer ausgezeichnet. Heute gibts zur Abwechselung einmal Dosenspinat mit frischen Eiern. Ich pelle mir gerade mit Andacht meine Eier aus der Schale, als es plötzlich gegen die Bordwand dröhnt, als hätte ein Riesenhammer dagegen geschlagen. Noch einmal – und dann noch einmal und immer noch mehr.

Wasserbomben! –

Spinat und Eier sind plötzlich Nebensache. Ohne erst die dicke Pelzweste anzuziehen, ohne die man es oben keine fünf Minuten lang aushalten kann, rase ich den Niedergang hinauf.

„Etwas zu sehen, Bade?" rufe ich, kaum, daß mein Kopf im Turmluk sichtbar wird.

„Nein, Herr Kapitänleutnant!"

Lange halten wir angestrengten Ausguck nach allen Seiten. Immer noch kracht es in großer Entfernung. –

Anscheinend wieder eine Übung der Engländer. – Wenn die wüßten – – – !

„Gut aufpassen, Bade, und mich bei jeder verdächtigen Sache sofort rufen lassen!" befehle ich. Dann steige ich wieder hinunter zu meinem Spinat, der inzwischen natürlich restlos kalt geworden ist. Er schmeckt trotzdem. Der Smutje hat sich den Rüffel hinter die Ohren geschrieben.

Ich werde nicht mehr gestört und kann sogar nach dem Essen auf meiner Bank ein kleines Nickerchen machen. Zum Zeichen dessen, daß ich nun etwas Ruhe im Schiff haben möchte, ziehe ich die vierte „Wand", die Gardine vor. Trotzdem poltern nach einigen Minuten zwei Männer, die von ihrer Zigarettenpause vom Turm kommen, in Richtung Bugraum an meiner Kammer vorbei, wobei der eine zum anderen sagt: „Dat eene flüster ick dir, wenn der erste Aal daneben haut, dann setz ick mich uff den zweeten und steuern selber hin!"

Dieser erste Aal verfolgt mich nun in der nächsten Stunde durch alle Träume. Ich sehe einen Riesendampfer vor mir, so groß wie ein ganzer Häuserblock. Dennoch geht mein erster Torpedo haargenau daran vorbei. Dabei bin ich ihm so nahe, daß ich das schlecht rasierte Gesicht eines an der Reling stehenden Matrosen erkennen kann. Dann wieder habe ich einen Frachter vor mir, dessen Wände aus dickem Gummi zu bestehen scheinen. Mein Torpedo prallt glatt daran ab und verschwindet dann spurlos. Schließlich schicke ich einen „Aal" auf die Reise, der sich unterwegs glatt selbständig macht. Er beschreibt, anstatt schnurgerade auf sein Ziel loszusteuern, einen großen Bogen und kommt von hinten wieder auf uns zu. Um nun nicht selbst torpediert zu werden, jagen wir mit hoher Fahrt davon. Und zwar im gleichen Kreise, um den kostbaren Aal wieder einzufangen. Dabei werde ich mir jedoch absolut nicht darüber klar, ob ich nun der Jäger oder der Gejagte bin. Plötzlich macht der Torpedo einen Sprung über ein Wellental, kommt auf uns zu und – – ein fürchterlicher Krach läßt mich blitzschnell hochfahren.

Aufatmend wische ich mir den Schweiß von der Stirn. Torpediert sind wir ja gottlob noch nicht. Aber – was war denn da los? Als ich den Kopf durch die Gardine stecke, sehe ich die Bescherung. Der Funker hat das Messegeschirr abgewaschen und auf den Tisch gestellt. Anstatt es gleich im Schrank zu verstauen, war er für einen Augenblick in seine Funkbude gegangen. Dieser Leichtsinn rächte sich sofort. Beim nächsten Überholen des Bootes war das gesamte Geschirr von der Back gerutscht und krachend am Boden zerschellt.

Das braucht nur zweimal geschehen, dann können wir für den Rest der Reise unser Mittagessen aus der Mütze löffeln. –

Mit dem Mittagsschlaf ist es nun vorbei. Ich klettere wieder nach oben. Auf der Brücke empfängt mich der wachhabende Offizier mit einem hilflosen Schulterzucken. „Nichts zu machen, Herr Kapitänleutnant. Kein Fetzen von einer Rauchwolke zu sehen. Und dabei ein Stiem, daß einem ständig die Augen tränen."

Tatsächlich scheint der Wind noch eher aufgefrischt als nachgelassen zu haben. Die Dünung ist noch wuchtiger geworden. Tiefe, langgestreckte Wellentäler folgen den sich schwer heranwuchtenden Wasserbergen. Gewaltig arbeitet das Boot. Die Bordwände dröhnen. Durch die Deckplanken schießen reihenweise Fontänen.

Immer grauer wird der Himmel, immer unklarer der Horizont. Im Osten zieht schon der erste Schatten der Dämmerung herauf. Langsam gebe auch ich die Hoffnung auf, heute noch ein lohnendes Ziel zu finden. Es ist ja auch Unsinn, gleich am ersten Tage im Atlantik einen Dampfer versenken zu wollen. – Wollen schon – aber erst können! – Wir werden uns sowieso noch an den Zustand gewöhnen müssen, daß wir tage- oder wochenlang hier herumkreuzen, ohne auch nur eine Ähnlichkeit von einem Fahrzeug zu finden.

Ich will mir gerade eine Zigarette anzünden, als Bade plötzlich wie besessen schreit: „Mastspitze in Sicht! – Richtung dreißig Grad!"

Wir alle, die wir auf der Brücke stehen, fahren sogleich wie elektrisiert herum und reißen das Glas an die Augen. Zigarette und Streichholz fliegen über Bord. Im Nu habe auch ich das Glas erhoben. Angestrengt blicken wir in die Richtung. Niemand sagt ein Wort. Nur der Sturm heult und die Wellen donnern gegen das Schiff.

Lange Zeit des Schweigens und Suchens vergeht. Nichts ist zu sehen. Nur eine von Seegang unruhig flimmernde Kimm.

„Bade, ich glaube – – –".

Weiter komme ich aber nicht.

„Zwei Masten und ein Schornstein!" schreit jetzt der neben ihm stehende Maat. „Dampfer zackt!"

Noch angestrengter als bisher blicke ich durch das Glas. – Da, jetzt sehe ich sie auch! – Tatsächlich, von Zeit zu Zeit tauchen aus der rollenden Ebene des Atlantiks zwei Mastspitzen eines Schiffes auf, das mit ziemlich querabliegendem Kurs der nahen britischen Insel zusteuert. Diese Insel darf es – das bin ich jetzt meiner ganzen Bootsbesatzung schuldig – nicht mehr erreichen.

Jetzt kommt der Alarmruf, dem meine Männer nun schon den ganzen Tag über entgegengefiebert haben: „Alle Mann auf Gefechtsstation! – Überwasserangriff auf einen feindlichen Handelsdampfer! Kurs 260 Grad! – Beide Maschinen – äußerste Kraft voraus!"

Während der unzähligen Gefechtsübungen in den letzten drei Monaten haben die Männer auf allen Gefechtsstationen vom ersten Tage an ihr Bestes geleistet und sind stets mit der gleichen Begeisterung und Exaktheit bei der Sache gewesen. Jetzt aber, wo es zum ersten Male in unserer Bootsgemeinschaft keine Übung ist, sondern tatsächlich uns ein Gegner vor die Rohre zu kommen verspricht, wird unten im Boot mit einer Fixigkeit und Genauigkeit gearbeitet, die einem das Herz im Leibe lachen lassen.

Das letzte Kommando ist kaum verklungen, als auch schon die ersten Klarmeldungen zum Turm heraufgerufen werden. Sie sind das Zeichen dafür, daß die Gefechtsstationen angriffsbereit besetzt sind. Wie ich später höre, sind die Männer beim ersten Alarmruf förmlich aus ihren Kojen geschossen, wobei sich ein Mann vor Begeisterung beinahe den Kopf an einem der in sinnverwirrender Vielzahl vorhandenen Handräder in der Zentrale eingerannt hätte.

Innerhalb weniger Sekunden ist das ganze Boot gefechtsklar. Ein jeder steht jetzt mit einer Gespanntheit auf seinem Posten, wie er sie kaum je zuvor in seinem Dasein erlebt hat. Besonders natürlich die Männer auf der Brücke, die den Gegner sehen und seine Ausweichmanöver gut verfolgen können.

„Donnerwetter, das ist ja ein dicker, fetter Brocken!" ruft Bade aus, als er den Dampfer zum ersten Male in seiner vollen Größe erkennen kann.

Er ist bis jetzt auf rund dreitausend Meter herangekommen. Wie alle Frachter, die sich auf der Fahrt nach England befinden, hat auch er ständig Angst vor deutschen Unterseebooten. Er zickzackt daher, noch dazu sehr stark. Das ist zwar ein Hilfsmittel, dem U-Boot-Kommandanten das Schießen zu erschweren. Trotzdem soll es ihm wenig nützen. Ich will und muß diesen Burschen fassen. Alles andere ist jetzt bei mir ausgeschaltet.

Mit nur noch kleiner Kursverbesserung jagen wir dem Briten so entgegen, daß sich unsere Kurse in einiger Entfernung kreuzen.

Auf und im Boot herrscht jetzt eine lautlose Stille, obgleich im Heulen des Sturmes auch der größte Lärm niemals über das Wasser gedrungen wäre. Alles wartet mit fieberhafter Spannung auf den Ausgang dieses Angriffs.

Obgleich kein Wort mehr darüber gesprochen wird, weiß ich doch, daß jetzt, während ich hinter dem Zielgerät stehe, die Erwartung aller auf mich gerichtet ist. Solange habe ich den kommenden Dingen mit einer ziemlich stoischen Ruhe entgegengesehen. Wir Schwaben sind ja nicht so leicht aus der Ruhe zu bringen. Jetzt aber habe ich doch das Gefühl, als säßen mir hundert Teufel im Nacken, von denen jeder einzelne einen anderen Spaß mit mir treiben will. In einem aber scheinen sie einig zu sein, mich unter allen Umständen von meiner Aufgabe abzulenken. Als dann tatsächlich noch ein Mann hinter mir einem anderen zuflüstert: „Ich drücke beide Daumen!", habe ich alle Mühe, nicht nervös zu werden.

Inzwischen ist die Dämmerung so weit vorgeschritten, daß wir den Dampfer nur noch als große, dunkelgraue Silhouette ausmachen können. Sie genügt jedoch, um ihn noch gut im Zielgerät zu behalten. Es ist tatsächlich ein ziemlicher Brocken und einen Torpedo wert. Mindestens 8.000 Tonnen.

Die Spannung steigt bis zum Siedepunkt.

Jetzt zackt der Dampfer wieder. Gut so! – Jetzt noch einmal, und dann – – mein Freund – – dann werde auch ich die Daumen steif halten. –

„Rohr eins und zwo – klar!"

Die Entfernung beträgt jetzt nur noch etwa tausend Meter. – Bei achthundert Meter werde ich auf die Tube drücken. –

„Rohr eins und zwo sind klar!" kommt es aus der Tiefe des Bootes.

Die Männer vorn im Bugraum stehen sprungbereit wie die Katzen. In der Zentrale liegen alle Hände an den Ventilrädern. Sie sind in jeder Sekunde bereit, beim Tauchbefehl die Flutventile zu öffnen. Und die Augen der Männer im Maschinenraum sind starr auf den Maschinentelegraph gerichtet. Sowie der Zeiger, der ihnen die Fahrtstufen befiehlt, herumspringt, werden auch schon die Motoren entsprechend gesteuert. Es steht einfach alles an Bord auf dem Sprung. Jeder weiß, daß nicht nur der Erfolg, sondern auch das Leben der ganzen Besatzung von ihm und seiner Fixigkeit abhängt.

Währenddessen rollt der große Frachter, auf dessen Heck wir jetzt den Umriß eines Geschützes ausmachen können, ahnungslos heran. Seine Besatzung wiegt sich angesichts der nahen englischen Küste anscheinend schon in Sicherheit. Es ist jedenfalls nichts davon zu bemerken, daß er uns schon gesichtet hat, obgleich wir in voller Größe über Wasser fahren. Seine Ausguckposten sind wahrscheinlich vom ewigen Suchen ermüdet. Sie werden, wenn sie jetzt nicht fix genug sind, bald zur immerwährenden Ruhe gehen.

Abermals zackt der Dampfer und steht damit nunmehr querab von uns. Er zeigt uns dabei in diesem neuen Kurs derart bildschön seine volle Breitseite, daß es einfach eine Sünde wäre, nicht darauf zu schießen.

„Rohr eins – –!"

Ich habe den Frachter jetzt genau mittschiffs im Zielgerät.

„Rohr eins – – –!" echot es unten durch das Boot.

„Los!!"

Mit einem zischenden Schnaufen schluppt der Torpedo aus dem Rohr und jagt mit unheimlicher Schnelligkeit in die Dunkelheit hinaus. Mit ihm nimmt unser Schicksal nunmehr seinen Lauf.

„Ruder hart Steuerbord! – Backbordmaschine äußerste Kraft voraus!"

Während wir nun aus Sicherheitsgründen in entgegengesetztem Kurse des Frachters davonstieben, eilt unser Aal mit seiner verderbenbringenden Ladung durch den aufgewühlten Atlantik seinem auserkorenen Ziele zu. Hin und wieder können wir ihn kurz sehen, wenn er ein besonders tiefes Wellental überspringt, wobei das Wasser auseinanderspritzt.

Die Minuten werden plötzlich zur Ewigkeit. Die Maschinen laufen mit voller Kraft. Die Zeiger der Stoppuhren kreisen hastig über das Zifferblatt. Unsere Herzen klopfen vor Aufregung in rasendem Tempo. Der Frachter dort drüben jagt mit letzter Kraftanstrengung dem nahen heimatlichen Hafen zu. Nur unser Torpedo scheint durch das Wasser zu schleichen.

Hat er etwa – – – ?

Heiliger Neptun, gerechter Herr und Vater aller Meerjungfrauen und Seeschlangen, tue mit uns künftig was du willst, nur bewahre mich vor diesem Fehlschuß. – Ich steige glatt auf der Stelle aus und gehe zu Fuß heim, wenn – – –

Da – – eine grelle Stichflamme dort, wo der Dampfer steht, eine hohe, dunkle Fontäne – gleich darauf eine ohrenbetäubende Explosion und – ein Schrei: „Treffer!"

„Treffer! – Treffer! – – Hurra! – Treffer!" brüllt es plötzlich von oben nach unten, von hinten nach vorn und von unten wieder nach oben. Ein wahres Freudengeheul dringt aus dem Innern des Bootes wie aus einem tobenden Vulkan zu uns herauf. Die Männer dort unten fallen sich buchstäblich gegenseitig um den Hals, brüllen, lachen, klatschen, rufen, schreien und gebärden sich wie Schiffbrüchige, die nach einem monatelangen Robinsonleben den rettenden Dampfer sichten. Man könnte meinen, jeder von ihnen habe gleichzeitig das große Los gewonnen.

Aber auch hier oben auf der Brücke schreien die Männer sich vor Begeisterung in die Ohren und drücken sich gegenseitig die Hände. Jeder gratuliert jedem. Alle sind rein aus dem Häuschen. Am liebsten hätte man jetzt U-Boot U-Boot und Dampfer Dampfer sein lassen, mich auf die Schultern gehoben, dreimal um das Deck und dann nach unten getragen, um diesen ersten Erfolg gebührend zu feiern.

Ich muß daher erst einmal ganz energisch den Freudensturm dämpfen und für Ruhe sorgen. Wir sitzen schließlich nicht zu Hause am Biertisch, sondern auf einem U-Boot mitten im Atlantik. Vor uns haben wir das torpedierte Schiff und um uns herrscht völlige Dunkelheit. Aus dieser Dunkelheit aber kann jeden Augenblick ein Gegner hervorstoßen, der uns den Angriff heimzahlen will. Von ihm dürfen wir uns aber in keiner Weise überraschen lassen.

Diese Ermahnung bringt die Männer auf der Brücke schnell zur Ruhe und Einsicht. Auch mein Wachoffizier Bade, der mit der Faust auf die Schanzverkleidung geschlagen und ausgerufen hat: „Das ist ja prima! – Die sollen nun endlich merken, daß wir kommen!" ist jetzt wieder ganz bei der Sache.

Anfangs ist der Dampfer noch mit geringer Fahrt weitergelaufen. Jetzt bleibt er gestoppt liegen und läßt in aller Hast seine Boote zu Wasser. Wir gehen nun abermals auf Gegenkurs und steuern den Frachter zum zweiten Male an.

In einiger Entfernung von ihm lasse ich die Maschinen stoppen. Von hier aus beobachten wir, wie das riesige Schiff achtern tiefer geht und Schlagseite bekommt. Nach einer Weile aber bleibt es in dieser Lage liegen. Es sinkt anscheinend nun nicht mehr.

Das gefällt mir gar nicht. Ich habe nicht die Absicht, bei diesem ersten Kasten gleich zwei Torpedos los zu werden. Wir stehen erst am Anfang unserer Feindfahrt und wollen daher soviel Dampfer wie möglich versenken. Wir müssen also mit unseren Torpedos sparsam sein. Andererseits ist es bei diesem Wetter völlig ausgeschlossen, dem dicken Kasten ein paar Granaten in den Bauch zu jagen. Die Sturzseen überspülen ständig das Oberdeck. Kein Mann kann daher an das Geschütz heran, geschweige denn, sich dort festhalten und schießen.

Zu allem Überfluß kommt nun auch noch die Meldung vom Funkraum: „Dampfer funkt SOS, gibt seinen Standort und seinen Namen an!"

Das heißt also, daß in längstens zwanzig Minuten die ersten englischen Zerstörer hier sein werden.

„Wie heißt er?" frage ich zurück.

„Siamese Prince!" kommt es von unten.

„Noch einen zweiten Torpedo, Herr Kapitänleutnant?" fragt mich nun der W. O. Ich überlege. Soll ich – oder soll ich nicht? Viel Zeit zum Warten habe ich nicht. Aber auch keine Torpedos im Überfluß.

Da meldet der Ausguck, der den achterlichen Sektor an Steuerbord überwacht, am Horizont Scheinwerfer. Da haben wir schon die Bescherung. Natürlich sind es die englischen Zerstörer, die nun mit Braßfahrt herankommen, um dem unglücklichen Gefährten zu helfen und uns zu jagen. So aber, wie der Frachter jetzt liegt, könnte ihm bei der großen Nähe der englischen Insel tatsächlich noch geholfen werden. Ich aber will den Dampfer unter Wasser haben. Also muß ich mich schweren Herzens dazu entschließen, noch einen Torpedo zu opfern.

„Rohr zwei – fertig! – Beide Maschinen langsame Fahrt voraus!"

Wieder habe ich den jetzt still liegenden und auf dem Achterschiff brennenden Dampfer im Zielgerät. Diesmal ist das Schießen keine Kunst mehr. Er liegt ja vor uns wie eine verankerte Zielscheibe.

„Rohr zwei – los!"

Der Aal Nummer 2, der auf seinem langen Leib den schwungvoll gemalten Namen „Max" trägt, zischt davon. Mit schnurgeradem Kurs strebt er seinem Ziele zu.

„Achtung – –". Wieder surrt die Stoppuhr. Wieder beobachten wir gespannt das Schiff. – Da – eine haushohe Stichflamme. Sie schleudert einen großen Teil des Dampfers mit in die Luft. Eine Explosion folgt, die Hunderte von Meilen weit zu hören ist. Dann folgt ein abermaliges Treffergeschrei im Boot.

Als die Stichflamme erlischt und die Augen sich wieder an die Dunkelheit gewöhnen, steht der Dampfer mit dem Heck nach oben bereits senkrecht im Wasser. Es sieht aus, als wolle er sich vollends überschlagen. Dann aber rutscht er derart plötzlich nach unten, als ziehe ihn eine Riesenfaust in die Tiefe.

„Beide Ruder hart unten!" sagt Bade lakonisch, als das Heck im Wasser verschwindet und der ganze Spuk vorbei ist.

Als wir anschließend ablaufen, die englischen Zerstörer dabei wieder außer Sicht bekommen und ich nun endlich Zeit finde, nach unten zu steigen, kann ich mich kaum noch vor all den sich mir entgegenstreckenden Händen bergen. Ein jeder will mir in ehrlicher Freude über diesen großen Erfolg, der alle unsere anderen Erfolge bestimmt, die Hand reichen und mir seinen Glückwunsch aussprechen.

Kaum aber bin ich damit fertig, drängt mich mein I. W. O. zu meiner Kammer, wo bereits das Lloyd-Register aufgeschlagen liegt. Lineal und Federhalter liegen griffbereit daneben.

Feierlich wird nun unter respektvollem Schweigen der ganzen Besatzung der Name des Schiffes aus dem Register gestrichen. Großbritannien ist um einen Frachter ärmer. Fast 8.500 Brutto-Registertonnen war er groß. Wirklich ein ansehnlicher Brocken. Für den Anfang ein ganz besonderer Genuß. Der Dampfer hatte Gefrierfleisch geladen, wie wir an Hand vieler im Wasser schwimmenden Rinderviertel feststellten. Leider hatten wir wegen der heranbrausenden englischen Zerstörer keine Zeit, uns ein paar solcher Rinderviertel an Bord zu ziehen. Der Smutje hätte sonst vielsagend gelächelt und uns noch am gleichen Abend jedem ein Filetsteak, so groß wie eine Hutkrempe, gebraten.

Statt dessen bekommt jeder Mann zur Feier des Tages einen Schuß Rum in den Tee. So wird gemeinsam auf das Wohl unseres Bootes und auf weitere erfolgreiche Feindfahrt angestoßen.

Dann nimmt der Dienst wieder seinen gewohnten Lauf. Nur ein kleiner Unterschied herrscht. Es wird jetzt nirgends mehr von dem großen Fragezeichen der nächsten Aale gesprochen. Jetzt gilt bei der Besatzung von vornherein jeder Torpedo als ausgemachter Treffer!

Hoffen wir es!

* * *

Der nächste Tag bringt uns im Hinblick auf Wind und Seegang nicht die geringste Erleichterung. Es herrscht weiterhin ein sehr starker bis steifer Wind. Er schwillt in den Böen bis zur Sturmesstärke an. Eine Mordsdünung läßt das Boot keinen Augenblick zur Ruhe kommen. Schnee- und Hagelschauer vervollständigen das Bild. Es ist ein Wetter, wie man es sich miserabler kaum noch vorstellen kann.

Um die beiden Torpedos nachladen zu können, müssen wir tauchen und dabei auf größere Tiefe gehen. Das Nachladen kann nur dann geschehen, wenn das Boot einigermaßen ruhig liegt. Es ist ja keine Kleinigkeit, einen viele Zentner schweren Aal in der Enge des Burgtorpedoraumes in die schmale Öffnung des Ausstoßrohres zu balancieren und ihn hineinzuschieben. Hierbei fällt mancher Schweißtropfen und auch mancher kräftiger Seemannsfluch, wenn der an starken Flaschenzügen hängende Torpedo bei einer unfreiwilligen Bewegung des Bootes zu schaukeln beginnt und die Männer an die Bordwand zu quetschen droht.

Als diese schwierige Arbeit endlich beendet ist, tauchen wir wieder auf, um unseren Marsch fortzusetzen. Noch sind wir nicht an der Oberfläche, als wir plötzlich starke Detonationen aus weiter Entfernung hören.

„Boot auf Sehrohrtiefe halten!" befehle ich. Vorsichtig lasse ich den „Spargel" herausstecken und halte erst einmal Umschau. Es ist jedoch nichts zu sehen. Wahrscheinlich hat ein anderes U-Boot einen Dampfer geschnappt und ihn nun auf Tiefe geschickt.

Ich lasse auftauchen und springe als erster auf die Brücke. Rasch wird hier noch einmal ein Rundblick getan. Nichts!

„Zweite Seewache aufziehen! – Umschalten auf Diesel! – Beide Maschinen halbe Fahrt voraus!"

Der Marsch zu dem uns befohlenen Planquadrat geht weiter. Hier werden wir auf und ab stehen und weitere Britenfahrer zu krallen versuchen.

Ob uns wohl heute wieder einer vor die Nase kommt? – Unwahrscheinlich! – Bekämen wir jeden Tag einen solchen fetten Bissen wie den gestrigen vor die Rohre, dann würden wir gar bald übermütig werden. Der Tommy und der Wettergott, unsere beiden verschworenen Feinde, sorgen schon dafür, daß unsere Versenkungsziffer nicht in den Himmel wächst. Wir müssen statt dessen Stunde um Stunde durch die Dünung rennen und dabei erfahren, daß ein U-Boot-Krieg nun einmal kein Kinderspiel ist.

Die ganze Erfolgsfrage ist überhaupt – richtig genommen – eine Glücksfrage. Wer Pech hat, läuft wochenlang hier draußen herum, ohne einen einzigen Schuß tun zu können. Wer dagegen vom Glück verfolgt wird, dem fliegen gewissermaßen die fertigen Braten in den Hals hinein. Er braucht nur zur rechten Zeit zuschnappen.

Ebenso ist es mit der Tonnenzahl. Wer fünf dicke Dampfer versenkt, kann mit einer bildschönen Latte nach Hause kommen. Ein anderer muß, um die gleiche Tonnenzahl zu erreichen, zehn und noch mehr Dampfer abschießen. Es gibt nämlich auf den Ozeanen weitaus mehr kleine als große Schiffe. Und Schuß ist Schuß und ein Treffer ein Treffer. Ganz davon zu schweigen, daß ein kleiner Dampfer ungleich schwerer zu treffen ist als ein großer. –

Der Tag vergeht und die Nacht bricht herein, ohne daß wir diesmal ein Fahrzeug sichten. Mittlerweile haben wir das befohlene Quadrat erreicht. Jetzt pendeln wir hierin auf und ab.

Der Sturm heult, die Brecher toben. Die Gefechtsposten sind eingehüllt in Pelzjacken und Lederzeug. Die Ferngläser ruhen fast ununterbrochen an den Augen. Es ist eine sehr anstrengende Tätigkeit, vier Stunden lang durch das Glas das Meer und den Himmel zu beobachten. Wir suchen ja nicht nur feindliche Fahrzeuge aller Art, sondern müssen gleichzeitig scharf Ausschau nach feindlichen Unterseebooten und gegnerischen Flugzeugen halten. Wenn jene erst einmal Wind von uns bekommen haben, werden sie Jagd auf uns machen. Solch ein feindliches U-Boot aber in stockdunkler Nacht bei hohem Seegang zu entdecken und zu erkennen, ist schon höhere Kunst. Sie erfordert lange Übung und eiserne Energie.

Kinderleicht dagegen ist es, in einer solchen finsteren Nacht die Lichter eines plötzlich über den Horizont kommenden Dampfers zu erkennen, der unbekümmert über den Atlantik pendelt. Es ist dies jetzt der Fall. Ein kleiner Frachter – an seinen Positionslaternen ist er bereits schon als solcher zu erkennen – kommt angeschwommen. Er hat alles angesteckt, was er an Lampen überhaupt an Bord zu haben scheint. Er will damit schon von weitem zu erkennen geben, daß er ein friedlicher Neutraler ist, der niemandem etwas zuleide tut und dem auch niemand etwas tun darf.

Hier irrt sich aber der Kapitän. Er scheint vergessen zu haben, daß er sich in dem von Deutschland erklärten Operationsgebiet befindet. Hier werden alle angetroffenen Dampfer als feindlich angesehen, weil sie nach England fahren. Denn wer sich in das Operationsgebiet begibt, tut damit kund, daß er einen englischen Hafen anlaufen will. Und das gerade wollen wir verhindern.

Dagegen nützt auch nicht, daß er sein Hoheitsabzeichen riesengroß an die Bordwand gemalt und hell angestrahlt hat. Sein Kapitän scheint zu glauben, hier vor deutschen U-Booten sicher zu sein und jetzt voll und ganz unter Britanniens Schutz zu stehen.

Wir lassen den Burschen ruhig herankommen. Leider ist er, als wir seine Umrisse deutlich erkennen können, noch viel kleiner, als wir zuerst angenommen haben. Er hat kaum 1.500 Tonnen. Für solch einen murkeligen Dampfer, der auf dem Heck allerlei Tonnen gestapelt hat und damit den Verdacht einer U-Boot-Falle erweckt, ist uns nun doch ein Torpedo weiß Gott zu schade. Die einzige Möglichkeit wäre, ihn mit Artillerie zu versenken. Aber das ist wiederum nicht möglich, denn der Seegang ist noch zu stark. Meine Männer kommen einfach nicht an die Kanonen heran.

Ich muß mich also zum Leidwesen meiner Besatzung dazu entschließen, diesen Burschen ungeschoren laufen zu lassen.

Dabei kommt mir ein ähnlicher Fall in Erinnerung, den ich kurz nach Ausbruch des Krieges als Prisen-Offizier der „Grille" erlebte. Wir machten damals Handelskrieg in der Ostsee. Dabei griffen wir auch einen Letten auf, der nicht viel größer war als dieser Kahn. Ich erhielt den Befehl, den Dampfer zu untersuchen, nachdem er durch einen Schuß vorm Bug zum Stoppen gezwungen worden war.

Mit einem Untersuchungskommando setzte ich zu dem Frachter über, um die Papiere und die Ladung zu prüfen. Das Schiff machte schon von weitem einen ziemlich verwahrlosten Eindruck. Als ich aber an Bord stieg, hätte ich am liebsten gleich wieder kehrt gemacht. So etwas von einem verdreckten und verlausten Dampfer habe ich überhaupt noch nicht gesehen. Farbe und Ordnung waren anscheinend Dinge, die der Besatzung völlig fremd waren. Die Burschen sahen ebenso schmierig aus wie ihr Schiff.

Aber gerade dieser unglaubliche Zustand machte das Schiff besonders verdächtig. Mit starkem inneren Widerwillen ging ich daran, das Schiff zu untersuchen, wobei mich seine offen zu Tage liegende Harmlosigkeit immer stutziger machte. Es wollte mir einfach nicht in den Kopf, daß es einen Kapitän und eine Reederei gab, die einen Dampfer in einem derart unglaublichen Zustand fahren ließen. Das mußte meines Erachtens einen besonderen Grund haben. Jedes Kanakerschiff sah sauberer aus als dieser Dreckkasten.

Ich gab daher nicht eher Ruhe, bis ich auch die Kohlenbunker gesehen hatte. Und was fanden wir dort? – Sechs über und über verdreckte, zerlumpte Juden. Sie fuhren hier als „blinde Passagiere" von Lettland nach Schweden. Diese Burschen trieben wir erst einmal an die frische Luft und ließen an Oberdeck ihre Koffer öffnen und ihre Sachen auspacken.

Heiliges Jerusalem! – Soviel Dreck und Lumpen habe ich noch nicht einmal auf einem Müllhaufen gesehen wie in diesen Koffern. Meine ursprüngliche Absicht, die Juden mit auf die „Grille" zu nehmen, ließ ich angesichts dieses Schmutzes schnell wieder fallen. Solch Dreckzeug wollen wir nicht an Bord haben.

Die Mannschaft, die ich mir wegen der blinden Passagiere vorknöpfte, schien von deren Vorhandensein wirklich keine Ahnung zu haben. Auch der Kapitän stritt anfangs alles ab. Als ich ihm aber drohte, ihn mit nach Deutschland zu nehmen, wurde er doch weich und gestand, sich ein kleines Taschengeld verdienen zu wollen. Er habe die Juden selbst im Kohlenbunker versteckt, um sie in Schweden an Land zu setzen.

Angewidert von so viel Schmutz verließ ich mit dem Untersuchungskommando den Dampfer und ließ ihn laufen. Mögen die Herren in Schweden ihre Freude daran haben. Wir verzichten darauf. –

Solch ein ähnlicher Kasten scheint auch der „Neutrale" zu sein. Die Briten sollten mit ihm selig werden.

Nummer zwei geht auf Tiefe

Über Nacht verschlechtert sich das Wetter abermals. Ein steifer Nordostwind pfeift über die See. Eine himmelhohe Dünung läßt unser Boot zu einem wilden Wallach und uns Seeleute zu Akrobaten werden. Es schaukelt, stampft, pfeift, orgelt um und mit uns, als haben uns sämtliche guten Geister verlassen. Anscheinend sollen wir einen kleinen Vorgeschmack vom ewigen Höllenwetter bekommen. Jetzt zeigt es sich, wie gut es war, die Ausbildung in den ausgesprochenen Schlechtwettermonaten durchgeführt zu haben. In dieser Zeit sind alle Männer der Besatzung so seefest geworden, daß nur noch selten einer mit grünlichem Gesicht umherläuft, sich ergebungsvoll nach vorn neigt und am liebsten sterben möchte.

Die Seekrankheit ist überhaupt eine ganz ekelhafte Angelegenheit. Gegen sie ist noch immer kein Kraut gewachsen. Wahrscheinlich wird auch keines wachsen. Sie wirkt sich ganz besonders in der Enge der Unterseeboote aus. Dort riecht es ständig nach Ölen, Fetten und Motordünsten. Als erste Erscheinung der beginnenden Seekrankheit wird einem so komisch um die Magengegend zumute. Man hat das Gefühl, als sei der Magen entweder zu leer oder zu voll. Mal glaubt man, einen schweren Stein im Bauch zu haben, dann wieder meint man, es sei alles nur Luft und die Magen wände klappen jeden Augenblick nach innen zusammen. Nach einer Weile fängt der Magen an, auf Wanderschaft zu gehen. Einmal scheint er an der Speiseröhre emporklettern zu wollen, dann wieder an ihr bis ins Grundlose abwärts zu rutschen. Dazwischen hat man das Gefühl, als drehe er sich auch noch einige Male um seine Längsachse. Auf diese Weise wird auch noch der letzte Rest von Ordnung und Wohlbefinden beseitigt. Wenn dann einem noch die Knie zittern und der Kopf zu schaukeln beginnt, dann begibt man sich zweckmäßig schleunigst an die Reling. Hier läßt man sich, wenn es allzusehr schaukelt, am besten festbinden und mit dem letzten Anfall von Gleichmut das Schicksal über sich ergehen.

Sich etwa dagegen auflehnen zu wollen, wäre unnütze Kraftvergeudung. Man muß doch schließlich den Kopf hängen und den Magen nach oben kommen lassen. Ob Männlein oder Weiblein, ob Zwerg oder Riese, ob Lord Dudeldey oder kleiner Mann ohne Schlips und Kragen, vor Neptun müssen sich alle beugen. Er ist der Mann, der sie alle ohne Ansehen der Person klein und häßlich macht.

Wir haben, wie gesagt, Glück. Obgleich der größte Teil der Besatzung aus noch jungen Seeleuten besteht, bleibt das Essen binnenbords und alles beim alten.

Aber mit der guten Seefahrt allein wird noch kein Krieg gewonnen. Wir wollen nicht nur tüchtig fahren, sondern auch gut zum Schuß kommen können. Dabei ist es angesichts dieser Tanzerei schon höhere Kunst, einen Torpedo richtig anzubringen. Man möchte fast wünschen, daß uns lieber heute kein Tommy in die Quere kommt. Jeder Fehlschuß wäre eine ärgerliche Sache. Entschieden angenehmer wäre es uns, wenn der olle Neptun endlich seine Quertreibereien aufgeben würde.

Natürlich kommt es aber im Leben immer anders, als man es sich wünscht. Schon beim ersten schwachen Versuch der Morgendämmerung wird vom Ausguck ein Schatten erspäht. Er entpuppt sich sehr bald als ein dicker

Dampfer. Beim Näherkommen sind im Schattenriß seine Aufbauten deutlich zu erkennen. Zwei Masten, drei Pfahlmasten und sechs Luken. Alles in allem ein ansehnlicher Brocken. Der lohnt sich.

Mein Leitender Ingenieur, Oberleutnant (Ing.) Rohweder, blättert bereits in einem Buche. Er ist der einzige Offizier, der bei jedem Angriff unter Deck sitzt und dort die Aufsicht über alle Maschinen und Geräte hat. Nach den ihm zugerufenen charakteristischen Merkmalen der Silhouette versucht er nun, den Namen und die Größe des Dampfers festzustellen.

Nach wenigen Minuten hat er ihn gefunden. „Es ist ein Dampfer der Tairoa-Klasse! – Engländer! – Rund achttausend Bruttoregistertons!"

Gut so! – Den Burschen werden wir uns greifen. – Alarm ist natürlich längst gegeben. Auf allen Gefechtsstationen herrscht wieder die gleiche fieberhafte Spannung wie am Vortage beim ersten Schuß. Ein kleiner Unterschied ist aber doch dabei. Heute fragt niemand mehr danach, ob wir ihn treffen werden. Jedermann ist heute felsenfest davon überzeugt, daß der Frachter auf Tiefe gehen wird. Nur einer zweifelt. Und das bin ich! – Wenn ich auf die Dünung blicke und immer neue und noch größere Wasserberge auf mich zukommen sehe, dann komme ich in die Versuchung, lieber auf den fragwürdigen Erfolg zu verzichten. Ich halte es für sinnlos, einen oder gar mehrere Aale in die Weltgeschichte zu pusten, denn dieser Seegang muß selbst dem stärksten Torpedo zum Verhängnis werden.

Als ich dann aber in die Gesichter meiner beiden Wachoffiziere blicke, die zwar wegen des Wetters ebenso grimmig dreinschauen, mich aber gleichzeitig aufmunternd ansehen und nicht den geringsten Zweifel zu haben scheinen, werfe auch ich sämtliche Sparsamkeitsbedenken über Bord und befehle den Angriff.

Über Wasser natürlich, obgleich der Brite am Heck ein Geschütz stehen hat. Solange er uns aber nicht sieht, kann uns dieses Geschütz gestohlen bleiben. Schließlich sind wir ja auf Draht und lassen uns nicht durch solch eine Kanone sogleich ins Bockshorn jagen. Außerdem steht sie noch unter einem dicken Persenning. Ehe dieser Vogel herunter und das Geschütz ausgeschwenkt und geladen ist, haben wir ihm längst das Ding verpaßt, das er braucht, um mit Kurs Meeresgrund abzudampfen.

Um einen Fehlschuß so weit wie möglich auszuschalten, gehen wir diesmal ganz nahe heran. Es bedeutet zwar bei der immer heller werdenden Morgendämmerung ein ziemliches Wagnis. Wir wollen aber den Dampfer knacken. Da heißt es eben, alles einsetzen. Wer nicht wagt, der nicht gewinnt, und wer nicht heiratet, der – zahlt Ledigensteuer.

Uns trennen jetzt etwa nur noch achthundert Meter von dem Dampfer. Aber noch immer laufen wir gegenan. Während ich ihn ins Zielgerät nehme, beobachten meine beiden Wachoffiziere aufmerksam das Deck des Frachters. Solange sie dort keine verdächtigen Bewegungen bemerken, können wir ruhig weiter herangehen. Anscheinend sitzt drüben der ganze Verein gerade beim ersten Frühstück. – Wohl bekommt's, meine Herren! –

„Rohr eins und zwo – fertig!"

Ich habe keineswegs die Absicht, zwei Aale zu opfern. Dennoch lasse ich sicherheitshalber auch den zweiten Torpedo schußklar machen. Man kann nie wissen. Ich habe noch immer das merkwürdige Gefühl, daß wir diesmal danebenhauen.

Aus dem Innern des Bootes kommt die Klarmeldung: „Rohr eins und zwo sind fertig!"

Inzwischen hat sich die Entfernung auf sechshundert Meter verringert. – Während unser Boot gerade wieder einen besonders hohen Wellengang erklimmt, habe ich den Dampfer bildschön im Zielgerät. Er zeigt mir wunschgemäß seine ganze Breitseite. – Jetzt – oder nie. „Rohr eins – los!"

Mit weit stärkerem, aber dumpferem Knall eines Sektkorkens jagt der Aal davon und läßt uns spannungsgeladen zurück.

32 – 33 – 34 – 35 – – –

Die Blicke durch die Gläser versuchen, der Torpedolaufbahn zu folgen. Es ist jedoch bei dieser krausen See und den dauernd überkommenden Brechern unmöglich.

39 – 40 – 41 – –

Die Zeiger der Stoppuhren laufen ruhelos weiter. Mit jeder Sekunde rückt der Augenblick der Explosion näher. Wird der Aal treffen? Niemand läßt diese Frage laut werden, aber alle denken das gleiche.

53 – 54 – 55 – – –

„Achtung – stopp!" Jetzt müßte der Aal sitzen. Aber nichts geschieht. – Nanu? – Haben wir uns so in der Entfernung verschätzt? Obgleich sehr wahrscheinlich, will jetzt niemand an einen Fehlschuß glauben.

Wir halten alle vielmehr den Atem an, als befürchten wir, die Detonation des Torpedos zu überhören. Es geschieht jedoch nichts.

68 – 69 – 70 – – –

„Herr Kapitänleutnant, ich glaube – – –!" wagt nun mein I. W. O. zu sagen. Ich winke resigniert ab. „Ich schon längst!"

So eine verdammte Schweinerei. Der erste Fehlschuß! Ein teurer Aal ist glatt in die Binsen gegangen. – Geahnt hatte ich es ja. Bei dieser aufgewühlten See mußte der Aal, der durch die Wellenberge stieß und über die Täler sprang, aus seiner Laufbahn gerissen werden.

Nun ist auch der letzte Hoffnungsfunken erloschen. Der erste Fehlschuß! Mich packt die Wut. Ich schlage mit der Faust auf die Schanzverkleidung, daß die Knochen schmerzen. – Jetzt erst recht! Ich werde auch noch den zweiten Aal opfern. Der aber muß und wird sitzen. Und wenn ich dabei auf Kartoffelschmeißentfernung herangehen soll.

„Beide Maschinen halbe Fahrt voraus!"

Mit einem neuen Kurs laufen wir zum zweiten Angriff an. Obgleich die Gefahr besteht, daß der Torpedo diesmal unter dem Dampfer hindurchrutscht, befehle ich eine größere Tiefeneinstellung. Diesmal wird er wesentlich ruhiger durch die See laufen. Außerdem werden wir jetzt so nahe herangehen, wie es überhaupt nur noch zu verantworten ist. Wir dürfen dabei ja nie außer acht lassen, daß solch ein Frachter Munition oder andere hochexplosive Stoffe geladen haben kann. Geht eine solche Munitionskiste in die Luft, dann bekommt man, wenn man nur ein paar hundert Meter von ihm ab steht, einen derart glühenden Eisenhagel aufs Haupt, daß einem Hören und Sehen vergeht. Dabei wollen wir von der Erschütterung des Bootes durch diese Explosion, die sich ja bekanntlich gerade im Wasser besonders stark fortpflanzt, ganz und gar schweigen.

Zu unserem Glück scheinen die Ausguckposten des Frachters vollkommen zu schlafen. Sie haben bisher weder uns noch unseren ersten Torpedo bemerkt. Ein Kapitän, der solche „Wachposten" an Bord hat, ist wahrlich zu bedauern. Er verläßt sich auf sie und ist gänzlich verlassen. Wenn sie tatsächlich jetzt wirklich Alarm schlagen sollten, wäre es nun doch zu spät. Das Schicksal in Gestalt unseres zweiten Torpedos können sie doch nicht mehr aufhalten.

„Rohr zwo – Achtung!"

Sogleich kommt die Klarmeldung herauf. Mein Leitender Ingenieur hat seine Leute mächtig am Band. Es klappt wie bei einer Rekrutenbesichtigung. Von irgend welcher Aufregung ist bei den Männern nichts zu spüren. Selbst der erste Fehlschuß hat ihrer Begeisterung noch nicht den geringsten Abbruch getan. Sie bedauern zwar den kostbaren Aal, aber futsch ist futsch und hin ist hin. Schon in einem alten Liede heißt es: Jede Kugel trifft ja nicht. Sie finden es also ganz in der Ordnung, daß ihr „Kaleunt" auch einmal danebenhaut. Schließlich gibt es bisher noch keinen U-Boot-Kommandanten und wird auch keinen geben, der von sich behaupten kann, immer nur Treffer gehabt zu haben. So etwas gibt es – leider – einfach nicht. Es liegt längst nicht immer an ihm. Oftmals haben auch die Aale mit ihrem recht komplizierten Mechanismus ihre Mucken. Wenn da drinnen irgend etwas nicht richtig funktioniert, dann ist man machtlos und aufgeschmissen. Man kann ja dem Biest nicht ansehen, ob alles in Ordnung ist.

Alle diese Gedanken gehen mir blitzschnell durch den Kopf, während wir auf den Frachter erneut zusteuern.

So – jetzt sind wir nahe genug heran.

„Bade! – Treffen wir – – oder nicht?"

Mein Zweiter Wachoffizier ist natürlich felsenfest davon überzeugt. Er besitzt überhaupt einen prächtigen Optimismus. Bei ihm geht eben immer alles klar.

„Jawohl, Herr Kapitänleutnant! – Den treffen wir!"

„Na, dann in Gottes Namen! – Rohr zwo – los!"

Zum zweiten Male zischt ein Aal davon, während wir aus Sicherheitsgründen mit hart Ruder und großer Fahrt abdrehen. Es scheint eben das Schicksal unseres Bootes zu sein, bei jedem Dampfer, den wir angreifen, zwei Torpedos loszuwerden. Diesmal habe aber auch ich das Gefühl, daß der Aal seine Schuldigkeit tun wird. Der Dampfer hat immerhin seine achttausend Bruttoregistertonnen, somit also auch einen ganz ansehnlichen Tiefgang. Der Torpedo wird daher diesmal kaum ohne weiteres unter ihm hindurchrutschen..

Diesmal brauchen wir nicht mit immer größer werdenden Augen dem kreisenden Zeiger der Stoppuhr zu folgen. Ehe wir überhaupt richtig mit dem Zählen beginnen können, gibt es dort drüben, wo der Frachter noch immer ahnungslos seinen Kurs zieht, eine für den Briten völlig unerwartete Katastrophe.

Mit einem mächtigen Knall und einer himmelhohen Feuersäule zerreißt unser Torpedo den Dampfer unterhalb der Kommandobrücke in zwei Teile. Im nächsten Augenblick gibt es auf ihm noch drei weitere, äußerst heftige Explosionen. Ein geradezu irrsinniges Toben der Elemente entsteht dort drüben. Es knallt, kracht und splittert mit ohrenbetäubendem Lärm. Der ganze Dampfer fliegt buchstäblich in die Luft und wird dabei in hunderttausend Teile zerrissen. Ein wahrer Glutregen steigt zum Himmel empor. Blutrot ist die ganze Umgebung erleuchtet. Ein riesiger, weißglühender Feuerkern, greller noch als das Sonnenlicht um die Mittagszeit, umsprüht die Stelle, auf der eben noch der Dampfer stand. Dann sinkt das Ganze auffallend schnell in sich zusammen. Sprengstücke fliegen durch die Luft und prasseln um uns hernieder. Sie zeugen davon, daß wir diesmal einen Dampfer getroffen haben, der bis zur Halskrause mit Munition beladen war. Jetzt hat ihn die ungeheure Gewalt dieser Explosivstoffe buchstäblich in Atome zerrissen.

Wenige Sekunden später ist von alledem nichts mehr zu sehen. Der Dampfer ist verschwunden, ausgelöscht, als sei er nie dagewesen. Nicht einmal Wrackstücke sind zu finden, obgleich wir sofort eifrig danach suchen. Erst recht ist nichts von Überlebenden zu sehen Niemand der Männer an Bord hat diese Gewalten überstanden, Sie müssen sämtlich im Augenblick der Explosionen schon tot gewesen sein.

Das einzige, was wir nach einiger Zeit von dem Dampfer noch sichten, ist ein schwimmender Rettungsring. Wir möchten ihn gar zu gern haben, um den Namen des Schiffes festzustellen. Die See ist jedoch so grob und wild, daß unsere mehrmaligen Versuche, den Ring aufzufischen, mißlingen. Ich gebe sie daher auf, denn ich will deswegen keinen einzigen der auf Oberdeck stehenden Männer in Gefahr bringen. Wir wissen, daß das versenkte Schiff zur Tairoa-Klasse gehört. Wir haben genügend Einzelheiten seiner Decksaufbauten gesehen und können vielleicht später einmal den Namen dieses britischen Frachters feststellen.

Die Freude an Bord ist natürlich grenzenlos. Wir stehen erst seit zwei Tagen im Atlantik und haben schon über 16.000 BRT versenkt. Dieser Erfolg ist für den Anfang schon fast zu groß. Es melden sich nämlich schon jetzt Optimisten, die nach der Anzahl der noch an Bord vorhandenen Torpedos die Gesamtsumme der versenkten Tonnenzahl errechnen. Hierbei versteigt sich einer von ihnen sogar dazu, jedem einzelnen Aal einen 8.000 BRT-Erfolg auf den Leib zu schreiben. Er meint, daß wir, durch die Erfahrungen dieser beiden Angriffe gewitzt, künftig einfach keine Fehlschüsse mehr haben werden.

So viel Zuversicht ist schon nicht mehr gut, sie ist geradezu gefährlich, denn erstens kommt es anders, zweitens als man denkt. Nichts ist aber niederschmetternder, als große Anfangserfolge zu haben, darauf zu bauen und statt dessen eine ganze Serie von

Fehlschlägen einstecken zu müssen. Dann schon lieber umgekehrt. Man kommt sonst zu leicht in den Verdacht, größenwahnsinnig zu sein, wenn man bei jeder Gelegenheit auf gut Glück auf die Tube und dabei immer kräftig daneben haut. –

Die zweimal reichlich 8.000 Bruttoregistertönnchen haben wir aber erst einmal in der Tasche. Davon beißt keine Maus einen Faden mehr ab. Und im Bauch unseres Bootes ruht noch immer eine stattliche Anzahl Torpedos. Sie warten noch auf ihre Verwendung. Weiterhin haben wir noch reichlich Treibstoff und Proviant an Bord. Es kann uns eigentlich nichts passieren. Nur der Wettergott könnte endlich einmal etwas vernünftiger werden. Wir sind zwar Seeleute, wollen es auch bleiben, lieben den Sturm um seiner selbst willen, haben aber zwischendurch auch ganz gerne einmal einen weniger aufregenden Seegang unter den Füßen. Ich bin bei dieser ewigen Schaukelei einfach nicht mehr in der Lage, wenigstens die notwendigen Eintragungen ins Kriegstagebuch zu machen. Der Federhalter rutscht einem dabei glatt unter der Hand weg.

Natürlich kommt es nun so, wie es kommen muß. Wir werden übermütig und sind schon nicht mehr mit dem zufrieden, was wir haben. Wir wollen höher hinaus und mit Gewalt reich an versenkten Tonnenzahlen werden. Es genügt uns nicht mehr, daß uns jeden Tag ein ansehnlicher Dampfer vor das Pusterohr kommt. Wir wünschen uns nun schon einen großen Geleitzug herbei. Er muß natürlich nur aus lauter dicken, fetten Brocken bestehen, zwischen denen wir nach Herzenslust herumraken können.

Dieses Traumbild ist natürlich viel zu schön, um wahr zu werden. Man stelle sich vor, wir geraten in der kommenden Nacht so ganz ohne unser Zutun mitten in einen solchen Geleitzug hinein. Wir würden uns inmitten dieser Schafsherde in eine gut gewählte Position setzen und in aller Seelenruhe so drei bis fünf Dampferchen herauspusten. Ich glaube, nicht nur die ganze Bootsbesatzung, sondern auch ich würde vor Begeisterung und Stolz überschnappen und dabei bestimmt irgend etwas ganz Saudummes anstellen, was uns zu guter Letzt das Genick brechen würde. Die britischen Zerstörer sind nämlich auch nicht aus Pappe. Besonders ihre Wasserbomben haben es in sich.

Es ist daher schon richtiger, unsere Wünsche nicht allzu hoch zu schrauben, sondern mit beiden Beinen fest auf unserem prächtigen Boot zu bleiben und in jeder Lebenslage die Vernunft den besseren Teil der Tapferkeit bleiben zu lassen. Daß wir rangehen, wenn es etwas zum Rangehen gibt, ist klar. Aber, wie gesagt, mit Verstand. Fürs Vaterland zu sterben, ist schön und ehrenvoll. Noch schöner, ehrenvoller und vor allen Dingen wichtiger ist es aber, fürs Vaterland zu kämpfen und zu siegen. Der Sieg ist es, den wir brauchen. Der Brite wird und muß in die Knie gehen. Und wenn wir zehn Jahre lang alle Weltmeere mit unseren U-Booten durchkreuzen und nach dem allerletzten Britenfrachter Jagd machen sollten! Einmal wird der Tag kommen, an dem den Herren auf Albions Insel die Puste ausgeht und ihr Geldsack aus Mangel an Masse in sich zusammenfällt. Dann werden sie von selbst zu Kreuze kriechen.

Geleitzug in Sicht

Nachdem wir das übliche tägliche Prüfungstauchen durchgeführt und unter Wasser die beiden Torpedos nachgeladen haben, setzen wir unsere Fahrt innerhalb des befohlenen Quadrates fort. Solange wir keinen anderen Befehl erhalten, haben wir innerhalb eines bestimmten Vierecks auf und ab zu kreuzen. Nur durch eine von oben her geleitete Gesamtoperation ist es möglich, eine wirksame U-Boot-Sperre um die britische Insel zu legen.

Um den Feind angreifen zu können, muß man ihn vorher entdeckt und erkannt haben. Dies zu tun, ist Aufgabe unserer Fernaufklärer. Sie kreuzen daher bei jedem Wetter über dem Atlantik und halten Ausschau nach feindlichen Rauchfahnen und Geleitzügen.

Ein solcher Aufklärer scheint diesmal einmal einen besonderen Erfolg gehabt zu haben. Wir sitzen gerade in der Messe gemütlich beim Abendbrot, soweit man an Bord eines U-Bootes überhaupt noch von Gemütlichkeit reden kann, als mir der Funker einen soeben eingegangenen Funkspruch vorlegt. Hiernach ist gegen Mittag in einem bestimmten, näher bezeichneten Quadrat ein aus 45 Dampfern aller Größen bestehender Geleitzug gesichtet worden. Er hält Kurs auf England. Der Auftrag des B. d. U. lautet, dem Geleitzug entgegenzufahren und ihn in einem bestimmten Quadrat in „Empfang" zu nehmen.

Daß wir das, und zwar mit sehr großer Freude tun werden, dessen kann der Befehlshaber der Unterseeboote versichert sein. Im Boot wird diese Nachricht mit Hallo aufgenommen und mit Begeisterung der Befehl zur Kursänderung und großer Fahrtstufe ausgeführt.

Es ist schon fast unheimlich, mit welcher Präzision sich unsere geheimen Wünsche erfüllen. Erst haben wir bescheiden von einem einzigen Dampfer geträumt, den wir torpedieren wollten. Er kam auch prompt daher. Dann wünschten wir uns einen fetten Brocken vor das Rohr, der ebenfalls gehorsam in tausend Fetzen zersprang. Nun träumen wir von einem riesigen Geleitzug, der unserem Glück die Krone aufsetzen soll, und schon kommt die Meldung, daß eine solche Schiffskorona auf dem Anmarsch sei. Wer jetzt noch behauptet, wir ständen unter keinem Glücksstern, dem ist einfach nicht mehr zu helfen. –

Aber ganz so bequem, wie wir es uns dachten, wird uns nun die Geschichte doch nicht gemacht. Was wir in den nun folgenden Stunden und Tagen erleben, kann man ruhig die große Prüfung der U-Boot-Fahrer nennen. Vom Augenblick der ersten Meldung über die Sichtung des Geleitzuges bis zum Augenblick des ersten Torpedoschusses ist ein langer, nervenzehrender Weg. Er verlangt Zähigkeit und Ausdauer in einem Maße, wie es bisher niemand von uns für möglich gehalten hat.

An Hand der Seekarte läßt sich nun sehr leicht der augenblickliche Standort des gesichteten Geleitzuges feststellen. Damit können wir auch die Entfernung messen, die uns noch von ihm trennt. Wenn nun der beobachtete Generalkurs des Geleitzuges einigermaßen stimmt, so ist es verhältnismäßig einfach, den eigenen Kurs zu bestimmen, um nach einem gewissen Zeitraum an einem bestimmten Punkt mit dem Gegner zusammenzutreffen.

Theoretisch gesehen ist das also kinderleicht. In der Praxis sieht die Geschichte aber leider oftmals ganz anders aus. Da erhebt sich zuerst die Frage, ob wir nun wirklich auch dort stehen, wo wir zu stehen meinen. Seit dem Auslaufen aus unserem Heimathafen haben wir keine astronomische Besteckaufnahme mehr machen können. Weder Sonne noch Mond noch Sterne haben sich bisher blicken lassen. Unsere Standortberechnungen fußen nur auf unseren bisherigen Kursen und Geschwindigkeiten. Sogenannte Versetzungen durch Strom und Wind, also das unbemerkte Abtreiben über den Grund, sind zwar berücksichtigt, sie bleiben aber immer ein unsicherer Faktor.

Setzen wir also unseren Kurs nach diesen uns nur bekannten Tatsachen fest und stehen wir dabei in Wahrheit ganz woanders, dann können wir tagelang auf dem Atlantik umherkreuzen, ohne jemals den Geleitzug zu finden. Wir haben ja dann das Quadrat, in dem wir den Gegner anzutreffen hoffen, auf Grund unserer uns nur bekannten, aber falschen Vorraussetzungen in eine ganz andere Gegend verlegt, wohin er niemals kommt.

Leider stehen wir heute vor der gleichen Notwendigkeit, das gesuchte Quadrat nach theoretischen Errechnungen finden zu müssen. Ein astronomisches Besteck ist weder in dieser Nacht noch am kommenden Tage zu bekommen. Der Himmel bleibt starrsinnig bedeckt.

Das ist schon der mögliche Fehler Numero eins. Numero zwei liegt oftmals bei der Schätzung des feindlichen Kurses. Ein solch gesichteter Geleitzug fährt dauernd im Zickzack. Dabei liegen die gezackten Kursänderungen oft um 45 Grad und noch mehr außerhalb des Generalkurses. Hat also ein Flugzeugführer bei der Beobachtung nicht Zeit genug gehabt, aus den Zick-Zack-Bewegungen des gesamten Geleitzuges den Generalkurs zu beobachten, dann kommt er nicht selten zu einem falschen Rückschluß. Der Schnittpunkt unserer beiden Kurse liegt dann an einer ganz anderen als der von uns vermuteten Stelle. Das

Ergebnis ist, daß wir uns stundenlang die Augen aus dem Kopf suchen, ohne auch nur den Fetzen einer Rauchfahne zu finden.

Als dritter Nenner in der Rechnung muß berücksichtigt werden, daß der feindliche Geleitzug in jeder Stunde seinen Generalkurs ändern kann und es auch oftmals tut, so daß selbst bei Ausschaltung der beiden ersten Fehlberechnungen der Geleitzug oft nicht dort angetroffen wird, wo er gesichtet werden soll.

Natürlich hat solch ein Geleitzug, von unserem Standpunkt aus gesehen, auch seine guten Seiten. Diese 45 Fahrzeuge, die wahrscheinlich ebenso wie alle anderen Geleitzüge dieser Art in einer stark aufgelockerten Herde fahren, nehmen einen verhältnismäßig großen Platz im Atlantik ein. Die Rauchfahnen aus diesen 45 Schornsteinen bilden allein schon eine ganze Wolke, die bei einigermaßen guter Sicht viele Meilen weit zu sehen ist. Befindet man sich also erst einmal in wirklicher Nähe des Geleitzuges, dann ist es meistens nur noch eine Frage der Zeit und der Geduld, ihn auch zu sichten.

Damit ist man schon ein gutes Stück vorangekommen. Die größte Arbeit kommt aber noch. Man soll sich ja solch einem Geleitzug so weit nähern, daß man zum Schuß kommen kann. Das aber ist ein ganzes Kapitel für sich. Davon jedoch später.

Wir zerpflügen erst einmal mit großer Fahrt den Atlantik und nehmen Kurs auf das befohlene und errechnete Quadrat. Wenn diese Rechnung stimmt, müssen wir in einigen Stunden die Stelle erreichen, die der Geleitzug einige Stunden später passieren soll.

Aus einer etwas später eingehenden Meldung des B d. U. geht hervor, daß wir nicht allein dazu auserkoren sind, den Geleitzug anzugreifen. Es wird ihm vielmehr eine ganze Anzahl von U-Booten entgegengeschickt, die ihm nach Möglichkeit den Garaus machen soll. Darunter befinden sich auch zwei Kameraden der Achse, die gemeinsam mit uns für ein neues Europa kämpfen.

Während des Marsches zur befohlenen Ausgangsposition haben wir nun genügend Muße, uns auf das bevorstehende große Zusammentreffen mit den Briten vorzubereiten. Hierbei gibt sich besonders mein Leitender Ingenieur, der – wie überall bei der Kriegsmarine – kurz L. I. genannt wird, die größte Mühe. Durch gewissenhafte Überprüfung aller Geräte und Maschinen versucht er, jeglichen Versager von vornherein auszuschalten. Er weiß, wie wichtig er an Bord ist. Er kennt daher die Größe seiner Verantwortung. Ohne einen tüchtigen L. I. ist ein U-Boot eine lahme Ente.

Außerdem ist er, was seine menschlichen und kameradschaftlichen Qualitäten anbetrifft, ein Prachtkerl. Mit ihm kann man getrost Pferde stehlen. Er tut nicht nur seine Pflicht, sondern ist darüber hinaus ein begeisterter U-Boot-Fahrer. Er hat nicht nur das Herz auf dem rechten Fleck, sondern auch eine gehörige Portion Haare auf den Zähnen. Daneben versteht er – der gebürtige Kieler Junge – es ausgezeichnet, zur rechten Zeit mit Würde und Haltung einer guten alten Flasche den Hals zu brechen und ihren Inhalt genießerisch zu schlürfen.

Zusammen mit meinen beiden Wachoffizieren bilden wir vier ein wahrhaft glückliches Kleeblatt. Was machen nun vier Männer, wenn sie Langeweile haben? Sie fangen an, Pläne zu schmieden, Ideen zu entwickeln und Dinge auszuhecken, die alle den gleichen Gedanken tragen, den Briten einmal ganz gehörig „einen beizupuhlen". Natürlich wird über das, was wir ersinnen, tiefstes Stillschweigen bewahrt.

Währenddessen eilt unser Boot durch Tag und Nacht und durch die noch immer schwere Atlantikdünung jenem

Geleitzug entgegen, den zu treffen und zu vernichten unser Befehl und unser Wille ist.

Im Laufe des folgenden Tages klärt sich der Himmel endlich einmal auf. Die Sonne scheint wieder. Sie gibt uns die langersehnte Gelegenheit, ein astronomisches Besteck zu nehmen. Nunmehr können wir feststellen, auf welchem Punkt des weiten Ozeans wir nun wirklich sind.

Siehe da, wir stehen ziemlich dort, wo wir zu stehen glauben. Mein Obersteuermann beweist damit wieder einmal, daß er etwas kann. Seine bisherigen Berechnungen stimmen mit nur ganz geringen Abweichungen, die sich schnell verbessern lassen.

Froh, nun auf dem richtigen Wege zu sein, setzen wir unsere Marschfahrt fort. Angesichts des nachlassenden Windes und des sich auch weiterhin aufklärenden Himmels steigt die Stimmung an Bord um etliche Grade. Besonders auf der Brücke. Wir werden fast ausgelassen. Die Vorfreude auf die kommenden Dinge läßt sich einfach nicht mehr bändigen.

„Na, Bade, nun geht's aber ran an den Speck. Wir müssen mindestens drei Dampfer knacken, wenn wir uns nicht blamieren wollen!" sage ich und reibe mir vergnügt die Hände.

Auch mein II. W. O. grinst und nickt dazu. Er ist restlos damit einverstanden.

„Meinetwegen können es auch sechs Frachter sein, Herr Kapitänleutnant. – Ich bin nicht stolz!"

Man soll jedoch den Tag nicht vor dem Abend loben. Das Sprichwort bewahrheitet sich hier sogar in zweifacher Form. Gegen Abend steigt, von Norden kommend, eine dicke, gewaltige Wolkenwand am Horizont empor. Sie scheint nicht nur den Himmel überdecken zu wollen, sondern erneut schlechtes Wetter zu bringen.

Diese Wolkenwand wird nun von uns dauernd mißbilligend beobachtet. Aber nicht nur des schlechten Wetters wegen. Sie kann nämlich auch Dinge in sich bergen, die uns noch viel unangenehmer sind als Sturm, Schnee und Hagel. Nämlich feindliche Flieger. Sie können sich darin prachtvoll verstecken und in ihrem Schutz ungesehen bis zu uns herankommen.

Ein Kampf zwischen einem U-Boot und einem Flugzeug ist aber eine sehr fragwürdige Angelegenheit. Jedes U-Boot tut dabei gut, so schnell wie möglich von der Bildfläche zu verschwinden. Es wäre grundverkehrt, ausprobieren zu wollen, wer von beiden besser schießen kann und wessen Bordwände länger standhalten. Löcher im Bauch eines Flugzeugs sind noch lange nicht lebensgefährlich. Die hereinströmende Luft tut keinen Schaden. Wasser ist aber ein anderes Ding. Es ist dem Menschen weit gefährlicher, obgleich er ohne Wasser ebensowenig leben kann wie ohne Luft.

Ich halte es jedenfalls mit der Vorsicht. Auf keinen Fall wollen wir mit einem feindlichen Flugzeug in ein Handgemenge kommen. Ich spitze daher meine Wachposten besonders an und zeige auf die Wolkenbank, die sich wie ein riesiger Berg auftürmt und unaufhörlich näher rückt.

„Paß mir auf, daß uns von dort keine Biene überrascht!"

Die Jungens passen tatsächlich gut auf. Als sich nach etwa zehn Minuten ein Tommy aus der Waschküche hervorwagt, um auf uns niederzustoßen, wird er sogleich entdeckt.

„Alarm!!!"

Mit Geschrei geht es herunter von der Brücke und durchs Luk in den Turm. – Deckel dicht! – Jetzt ist unser Leitender Ingenieur der Mann, der uns aus der Klemme ziehen und rechtzeitig unter Wasser drücken muß. Wenn erst die Bomben kleckern, dann ist es sowieso zu spät.

Gehorsam neigt sich das Boot nach vorn. Durch die Flutventile zischt das in die Tanks einströmende Wasser. Das Dröhnen der Diesel ist verstummt. Jetzt klingt nur noch das leichte Summen der E-Maschinen. Sonst herrscht tiefe Stille im Boot. Schweigend arbeiten die Männer am Tiefenruder. Mit den Augen verfolgen sie ständig die Zeiger an den verschiedenen Tiefenmessern. Nur die Kommandos des L. I. und die Antworten der einzelnen Stationen unterbrechen die Ruhe. Draußen rauscht noch immer das Wasser. Alles hält den Atem an. Mit leise klopfendem Herzen warten wir auf die Dinge, die sich nun in den nächsten Minuten entwickeln werden.

Gelingt es noch, das Boot rechtzeitig so tief unter Wasser zu drücken, daß uns der Brite nicht mehr sieht und seine Bomben wirkungslos verpuffen?

20 – – 25 – – 30 Meter. Der Zeiger des Tiefenmanometers steigt weiter. Noch ist das Vorschiff nach unten geneigt. Wir sinken immer tiefer.

Da – – knallt da nicht etwas ins Wasser? Und – – Da geht auch schon das Theater los! – Einmal – zweimal – dreimal – viermal! –

Bomben! –

Es kracht um und über uns, als schlügen Riesenhämmer mit furchtbarer Gewalt gegen unsere Stahlplatten. Das ganze Boot bockt und schüttelt sich. Wir werden dabei ganz gehörig durcheinandergeworfen. Es klirrt und klappert in allen Ecken. Man hat das Gefühl, als breche das Boot in tausend Teile auseinander.

Das ist unsere Atlantik-Feuertaufe. – Ob wir sie gut überstehen? –

Von allen Stationen kommen die Klarmeldungen. Es ist nichts passiert. Nur in der Zentrale ist das Glas eines

Manometers gesprungen. Das ist alles – „Da haben wir mal wieder Glück gehabt!" sagt einer der Männer in der Zentrale. Er lacht dabei über das ganze Gesicht. Anscheinend hat er überhaupt nichts anderes erwartet. Das Glück gehört nun einmal zum U-Boot-Krieg.

Eine Zeitlang bleiben wir noch unter Wasser und lauschen Es ist nichts mehr zu hören. Der Tommy hat seine Eier gelegt, nun wird er von dannen ziehen.

Hoffentlich! – Wir haben nämlich nicht die geringste Lust, lange unter Wasser zu bleiben. Wir wollen ja „unseren" Geleitzug suchen und finden. Das geht aber nur bei Überwasserfahrt.

Langsam wagen wir uns wieder an die Oberfläche.

Wir haben jedoch kaum das Turmluk aufgerissen und einen Rundblick getan, als wir auch schon den Britenflieger sichten. Er scheint uns im selben Augenblick auch gesehen zu haben, denn er setzt zum Sturzfluge an.

„Runter in den Keller!"

Hart schlägt das Turmluk zu. Ebenso hart stoßen wir zum zweiten Male in die rettende Tiefe. Diesmal scheint uns der Tommy noch gefährlicher werden zu wollen, denn er hat sichtlich auf uns gewartet. – Hat er etwa noch mehr Bomben an Bord? –

Die Antwort läßt nicht lange auf sich warten. Wir haben diesmal noch nicht die schützende Tiefe erreicht, als es abermals in sehr großer Nähe um uns knallt und kracht. Wir haben dabei das Empfinden, als würden sämtliche Bordwände mit einem Schlage zusammengehauen. Es sind aber nur die Detonationen der krepierenden Bomben. Ihr gewaltiger Druck setzt sich gerade unter Wasser besonders stark fort. Unser Boot bekommt dabei einen derartigen Stoß, daß wir glauben, auf den Kopf gestellt zu werden. Aber unser Leitender ist auf dem Posten. Er fängt zusammen mit seinen Männern in der Zentrale und am

Tiefenruder das Boot so geschickt auf und bringt es sicher in die Tiefe, daß wir beruhigt aufatmen können. Jetzt kann uns keine Britenbombe etwas mehr anhaben.

Nunmehr halten wir es für ratsamer, diesmal etwas länger unter Wasser zu bleiben, obgleich wir annehmen können, daß sich der Tommy endgültig verausgabt hat. Er hat aber nicht nur Bomben, sondern auch Maschinenkanonen und schwere Maschinengewehre an Bord, auf deren nähere Bekanntschaft wir verzichten.

Zum Glück muß bald die Dämmerung hereinbrechen, so daß wir in längstens einer halben Stunde wieder auftauchen können.

Als wir endlich wieder frische Seeluft um unsere Nasen spüren, ist vom Tommy nichts mehr zu sehen. Dafür ist es inzwischen so dunkel geworden, daß wir nun auch den Geleitzug an diesem Tage noch schwerlich finden werden.

Wir wollen und dürfen ihn uns aber unter keinen Umständen aus der Nase gehen lassen. Eine Gelegenheit, einen Geleitzug vor die Rohre zu bekommen, gibt es nicht alle Tage. Es gibt Boote, die vier Wochen und noch länger hier draußen herumkreuzen, ohne auch nur den Schwanz eines solches Konvois zu sichten.

Die pechschwarze Nacht und eine äußerst schlechte Sicht, hervorgerufen durch wechselnde Schnee- und Hagelschauer, machen uns aber einen Strich durch die Rechnung. Wir können nichts sehen und müssen uns gedulden, bis der Morgen graut und die Sicht besser wird.

Als es endlich soweit ist und wir erneut auf die Suche gehen können, taucht in einiger Entfernung ein anderes Unterseeboot im Zwielicht auf. An seinem Umriß erkennen wir, daß es ein deutsches ist. Vorsichtshalber wird jedoch das Erkennungssignal angefordert und abgegeben. Es ist eines der unseren, das sogar von einem mir befreundeten Kommandanten geführt wird.

Sogleich gehen wir in geringem Abstand längsseit. Im Nu entspinnt sich eine lebhafte Unterhaltung durch die „Flüstertüte". Nach den allgemeinen Fragen über das persönliche Wohlergehen und die bisherigen Ergebnisse der Fahrt verabreden wir ein gemeinsames Vorgehen. Der eine soll den Geleitzug von Steuerbord, der andere von Backbord angreifen. Jeder aber will sich die schönsten Brocken herausfischen.

Mit den besten Wünschen für ein gutes Gelingen des gemeinsamen Angriffs trennen wir uns wieder Ein jeder setzt die Suche nach dem Geleitzug fort, dessen neue Position wir inzwischen durch FT erhalten haben.

Es vergehen aber noch viele Stunden, in denen weder wir noch das andere Boot den Geleitzug sichten. Wir befürchten schon, daß er Wind von uns bekommen und sich aus dem Staube gemacht hat.

Endlich, es ist inzwischen schon Spätnachmittag geworden, wird am Horizont eine Qualmwolke ausgemacht, die infolge ihrer Struktur nur die eines Geleitzuges sein kann.

Mit hoher Fahrt geht es jetzt darauf. Gleichzeitig geben wir eine entsprechende Meldung an alle Boote ab. Jetzt heißt es, nichts wie ran an den Speck.

Zum Glück sind wir inzwischen durch unsere längere Marschfahrt, in eine wesentlich bessere Wetterzone gekommen. Zwar herrscht auch hier noch eine ziemlich hohe Dünung vor, doch ist der Wind längst nicht mehr so heftig. Selbst die Sicht, die während des Anmarsches teilweise äußerst schlecht war bessert sich hier, so daß wir den Geleitzug bald ausmachen und gut im Auge behalten können.

Es trifft sich gut, daß die Dämmerung schnell hereinbricht. Auf diese Weise können wir über Wasser bleiben. Der Vorteil liegt nicht nur in einer wesentlich schnelleren Fahrt und damit besseren Manövrierfähigkeit, sondern auch in dem ungleich besseren Überblick über die „Qualität" des Geleitzuges. Uns liegt ja nicht daran, einfach die ersten besten Dampfer abzuknallen, sondern die größten Brocken aus seiner Mitte herauszuschießen.

Zu diesem Zweck lassen wir, als wir seine Spitze erreicht haben, den ganzen Geleitzug erst einmal in gewisser Entfernung an uns vorbeiziehen. Wir tun dabei so, als nehmen wir seine Parade ab. Es fehlt bloß noch die Musik. Natürlich beachten wir dabei auch die sichernden Zerstörer, die ständig wie die Hunde die Hammelherde umkreisen. Dabei halten die Ausschau nach den bösen deutschen U-Booten, ohne uns allerdings bisher gesehen zu haben. Daß es auch weiterhin nicht der Fall sein wird, dafür passen wir schon auf.

Sobald in der Entfernung ein „Schnurrbart" gesichtet wird, den einer der heranbrausenden Zerstörer vor sich herschiebt, machen wir ihm artig Platz. Auf diese Weise bleiben sowohl er wie wir ungeschoren.

Die Aufregung im Boot ist natürlich nicht gering. Wir stehen ja in unserem kriegerischen Leben allesamt zum ersten Male vor einem Geleitzug. Es ist ein prächtiges Schauspiel, einen ganzen Mastenwald vor sich zu sehen. Man möchte jetzt hundert Hände und fünfzig Torpedos haben, um all die Schiffchen der Reihe nach zu knacken. Ich schätze, daß dieser Geleitzug mit seinen vierzig Frachtern und seinen mindestens fünf bis sechs Zerstörern insgesamt etwa zweihunderttausend Bruttoregistertonnen wert ist. Unser Trost dabei ist, daß wir nicht allein vor dieser Pracht stehen. Es kreuzen ja noch andere Kameraden auf der Suche nach fetten Brocken hier herum. Wir müssen nur aufpassen, daß wir uns dabei nicht gegenseitig die Vögel vor der Nase wegschnappen.

Ich suche mir nun den schönsten und größten Dampfer heraus. Es ist ein modernes Schiff. Auf diesen kostbaren Frachter werden wir unseren ersten Torpedo loslassen. Inzwischen ist es schon fast Mitternacht geworden, als wir zum ersten Angriff ansetzen. So lange hat es gedauert, bis wir uns in die richtige Schußposition gebracht haben.

Wieder erleben wir die aufregenden Minuten, in denen sich der Dampfer in das Zielgerät schiebt. Diesmal haben wir aber nicht nur einen Dampfer, sondern eine ganze Handelsflotte vor uns. Außerdem jagen die britischen Zerstörer aufgeregt durch die See. Man sieht es ihnen förmlich an, welche Angst sie vor deutschen U-Booten haben.

Damit soll keineswegs gesagt sein, daß sie nun feige sind. Im Gegenteil. Wenn sie erst einmal ein deutsches U-Boot gesichtet haben, dann stürzen sie mit Berserkerwut darüber her und beharken es so lange mit Wasserbomben, bis nach ihrer Meinung kein Haar mehr ungekrümmt geblieben ist.

Von unserer Anwesenheit haben sie allerdings noch keine Ahnung. Das ist gut so, denn wir brauchen Ruhe, wenn wir gut zum Schuß kommen wollen.

Wieder einmal herrscht lautlose Stille auf unserem Boot. Alles hält den Atem an und wartet voller Spannung auf das Kommando zum Schuß.

Endlich ist es soweit. –

„Rohr eins – los!"

Gehorsam zischt unser Aal aus dem Rohr und jagt davon. – Doch – was ist das? – Anstatt lautlos und unsichtbar seine Bahn zu ziehen, springt er an die Oberfläche, zackt wild herum und schnurrt als elender Oberflächenläufer von dannen.

Ein kräftiger Fluch aus aller Mund folgt diesem ungetreuen Ekkehard. Man möchte am liebsten eine

Handgranate nehmen und sie hinter dem Burschen herfeuern. Daß er jetzt noch sein auserkorenes Ziel erreicht, ist einfach ein Ding der Unmöglichkeit.

Wir müssen uns daher gefallen lassen, daß der Aal in die Wicken geht. Natürlich haben wir alle eine Stinkwut im Leibe, denn mindestens 10.000 BRT gehen uns damit durch die Binsen.

Zu allem Überfluß scheint uns der Frachter auch noch entdeckt zu haben. Er nimmt plötzlich hohe Fahrt auf und versucht zu entkommen. Gleichzeitig dreht der ganze Geleitzug in seinem ständigen Zick-Zack nach Süden ab. Um nun einen zweiten Angriff ansetzen zu können, müssen wir erst erneut auf Position gehen.

Dadurch geht natürlich kostbare Zeit verloren. Aber schließlich gelingt es uns doch, den Dampfer zum zweiten Male ins Zielgerät zu nehmen. Wieder lassen wir einen Torpedo auf ihn los. Daß dieser zweite Aal treffen wird, ist uns allen klar. Wir haben ja nun einmal das Pech, auf jeden Dampfer zwei Torpedos loszuwerden.

Dieser zweite Schuß ist sogar ein Volltreffer, wie er nicht besser zu wünschen ist. Er sitzt genau mittschiffs. Eine hohe Fontäne kennzeichnet die Wirkung. Eine ungeheure Gewalt steckt in einem solchen Torpedo. Die gesamten Brückenaufbauten einschließlich des Schornsteines fliegen über Bord. Dann bricht der Dampfer in der Mitte auseinander und versinkt vor unseren Augen innerhalb weniger Sekunden.

Das ist der erste Hieb. 9.500 BRT können im Lloyd-Register gestrichen werden. Der zweite folgt sogleich. – Das heißt, er soll folgen.

Angefeuert durch diesen Erfolg, setze ich sofort auf den nächsten Dampfer an. Er soll seinen Aal aus der gleichen geringen Entfernung verpaßt bekommen. Der Frachter dreht jedoch eine Sekunde vor dem Abschuß hart ab, zeigt uns sein Heck und stiebt mit hoher Fahrt davon.

Das ist eine Gemeinheit, die uns mächtig ärgert Es hat aber keinen Zweck, ihm nachzusetzen. Er hat uns gesehen und wird uns also mit seinem Geschütz beharken, wenn wir näherkommen. Außerdem wird er uns die Zerstörer auf den Hals hetzen.

Dafür aber schiebt sich ein dicker Norweger, der sich gleichfalls unter britischen Schutz gestellt hat, in unser Zielgerät. Er ist ein Spezialschiff, also ein besonders wertvoller Brocken. Auf ihn haben wir es nun abgesehen. Er muß daran glauben.

Wir haben die Rechnung aber ohne den Wettergott gemacht. Während wir zum Angriff anlaufen und uns vor den Frachter setzen, reißt plötzlich die Wolkendecke auf. Mit erschreckender Schnelligkeit wird die ganze Meeresoberfläche hell erleuchtet. Wütend blicken wir uns nach der Ursache dieser seltsamen Erscheinung um. Da entdecken wir zu unserem großen Erstaunen ein sehr helles Nordlicht, das bislang über der Wolkendecke gelegen hat. Jetzt aber strahlt es ungehindert über das Wasser. Es ist ein seltsames Schauspiel. Wir haben den Eindruck, als greifen über hundert sehr lichtstarke Scheinwerfer aus höheren Regionen auf das Meer herab, das sie damit taghell erleuchten. Eine geisterhafte Unrast liegt dabei in den Strahlenbündeln, die sich ständig bewegen und wie die Fühler eines riesigen Polypen zuckend umhertasten und nach Beute zu suchen scheinen.

Es ist ein einmaliger, fast grausig-schöner Anblick, der sich hier uns bietet. Nur wenige von uns haben bisher ein solches Nordlicht gesehen. Es richtig zu beschreiben, ist einfach ein Ding der Unmöglichkeit. Man muß es selbst miterlebt haben, um sich von diesem gewaltigen, gespensterhaften Lichtgeflimmer eine richtige Vorstellung machen zu können.

Wir haben aber jetzt keinen Sinn für dieses seltene Naturschauspiel und seine eisige Schönheit. Statt dessen fluchen wir in allen Seemannssprachen über diesen hinterhältigen Feind. Denn so klar, wie wir jetzt jede Einzelheit auf dem an uns vorbeipirschenden Norweger erkennen können, so deutlich muß er auch uns sehen und wissen, was die Glocke für ihn geschlagen hat.

Daß er uns tatsächlich gesehen hat, darüber läßt er uns auch keinen Augenblick mehr im Zweifel. Noch ehe wir den Angriff durchführen können, dreht der Bursche auf uns zu, nimmt höchste Fahrt auf und versucht, uns zu rammen. Das ist die unangenehmste Situation, in die ein U-Boot geraten kann. Eben noch selbst Angreifer, wird es nun gezwungen, die Rollen schleunigst zu tauschen und so schnell wie möglich in die Tiefe zu gehen.

Aber nicht nur die Gefahr des Gerammtwerdens läßt uns Hals über Kopf ins Boot purzeln und das Luk schließen, sondern auch die zwingende Notwendigkeit, vor den Granateinschlägen zu verschwinden. Der Norweger eröffnet nämlich aus sehr kurzer Entfernung ein Schnellfeuer aus seiner Flugabwehr-Kanone auf uns, deren Einschläge in sehr ekliger Nähe um unser Boot ins Wasser spritzen.

Jetzt heißt es, kopfüber hinunter in den „Keller" gehen oder sein Testament machen. Es ist der brenzligste Augenblick, den wir bisher mit unserem Boot durchleben. Zwar gelingt es uns noch verhältnismäßig rasch, den Einschlägen der leichten Granaten zu entgehen; damit sind wir aber noch längst nicht aus aller Gefahr. Denn wir müssen auch genügend Tiefe erreichen, ehe der große und daher sehr tiefgehende Norweger heran ist. Ein halber Meter zu geringe Tiefe genügt bereits, um unseren Turm abzurasieren und unsere Bordwand aufzuschlitzen. Dann haben wir die Sonne zum letzten Male gesehen.

Unheimlich schnell, für unsere spannungsgeladenen Nerven aber noch viel zu langsam, steigt der Zeiger des Tiefenmessers. Jetzt muß der Norweger heran sein.

Da – da ist er schon!

Entweder – – oder! –

Uns bleibt buchstäblich das Herz stehen. Wir hören die Schraube des dicken Frachters mahlen. Immer näher kommt sie und – geht über uns hinweg.

Da geht ein Aufatmen durch die Gemeinde. Das ist noch einmal gut gegangen. Nur wenige Sekunden später tauchen, und um uns wäre es geschehen. Wir erleben damit wieder einmal den Beweis dafür, daß es bei einem U-Boot tatsächlich oftmals um Sekunden geht.

Einer aber flucht ganz fürchterlich: Bade. Er ist beim Alarmtauchen mehr durch das Luk gefallen als geklettert. Nun macht er seiner Wut auf den Norweger gehörig Luft, denn er hat sich ein paar ansehnliche Schrammen geholt.

„So eine Gemeinheit", brummt er mißgelaunt und reibt sich die lädierten Knochen, „uns friedliche U-Boot-Fahrer einfach zu beschießen!"

Das hätte nun nicht kommen dürfen. Ein schallendes Gelächter der um ihn Stehenden, das sich bis in die äußersten Winkel des Bootes fortpflanzt, belohnt ihn für diesen ungewollten Witz. Damit schnellt die Stimmung im Boot, die wegen des gefahrvollen Augenblickes etwas niedergedrückt war, wieder zur alten Höhe empor. Die Männer sind wieder guter Dinge und haben ihr altes, unerschütterliches Vertrauen zurückgewonnen.

Daran vermag selbst unser Ärger, daß dort oben für uns das Spiel vorläufig vorbei ist, nichts mehr zu ändern. Bei diesem hellen Nordlicht kann sich kein U-Boot mehr an die Oberfläche wagen. Außerdem müssen wir erst einmal eine gewisse Zeit verstreichen lassen, bis sich die Briten dort oben etwas beruhigt haben.

Wir laufen währenddessen unter Wasser ab und nehmen das Abendbrot zu uns.

„Koch! – Zwei Spiegeleier!" sage ich, worauf in der Miniaturkombüse des Smutjes ein eifriges Gebrutzel beginnt. Wenige Minuten später serviert uns der Funker Hinzpeter, der an Bord die Rolle eines Stewards versieht, die leckere Delikatesse, über die wir uns sogleich hermachen.

Während des Essens meldet der Mann am Horchgerät näherkommende Zerstörergeräusche. Aha! – Darauf haben wir eigentlich schon lange gewartet.

Ob der Brite uns wohl findet?

Natürlich hat auch er ein Horchgerät an Bord. Zum Glück laufen wir noch immer mitten im Geleitzug, so daß er uns daher nicht klar genug herausfinden kann.

Man soll den Gegner aber niemals unterschätzen. Wir glauben, es wird ihm schwerfallen, uns zu finden. Er aber glaubt, daß es uns schwerfallen wird, ihm noch zu entwischen. Was dabei herauskommt, ist ein Katze- und Mausspiel, wie wir es weder bisher erlebt noch überhaupt für möglich gehalten haben.

Kaum steht der Zerstörer, dem Geräusch nach zu urteilen, über uns, als auch schon der Tanz beginnt. Mit einem ungeheuren Getöse krachen seine ersten Wasserbomben in unserer Nähe.

Rumms – rumms – rumms – !

Sie liegen verdammt gut gezielt. Das Boot bockt dabei wie ein störrischer Esel. Klirren, Poltern und laute Rufe des Erschreckens folgen. Einige Männer glauben bereits, daß die Bordwände zerkrachen und unser letztes Stündlein gekommen ist.

„Ruhe im Boot!" befehle ich, denn der Brite vermag mit seinem Horchgerät jedes Geräusch im Boot zu erkennen.

Die moralische Wirkung seiner Wasserbomben ist dabei weitaus größer. Wir haben zwar auf dem Übungsgebiet in der Ostsee auch schon Wasserbomben fallen hören. Damals wußte jeder, daß sie in gefahrloser Entfernung krepierten. Jetzt aber kracht und dröhnt es ohrenbetäubend an allen Ecken. Einmal in größerer Entfernung, dann wieder in nächster Nähe, mal über uns, mal unter uns. Jeden Augenblick müssen wir damit rechnen, daß die nächste Wasserbombe genau unser Boot treffen wird. Dann ist es mit der Seefahrt endgültig vorbei. Dann gehen wir schlafen am Grunde des Meeres, wie es so schön in dem Liede heißt.

Die Gesichter der Männer werden immer länger. Manch einer zieht unwillkürlich den Kopf ein, wenn es wieder einmal in unserer Nähe kracht. Es ist tatsächlich ein scheußliches Gefühl, gewissermaßen lebend in einem Sarg zu sitzen und nun auf den Hammerschlag zu warten, der diesen Sarg endgültig zunagelt. Dennoch ist die Haltung der Mannschaft mustergültig. Niemand rührt sich, kein lautes Wort wird gesprochen. Grabesstille herrscht in allen Räumen. Ein jeder wartet in disziplinierter Ruhe auf das Ende dieses Höllenspektakels.

Es scheint aber kein Ende nehmen zu wollen. Mit großer Zähigkeit und Ausdauer bekleckert der Zerstörer uns, die wir längst still liegen, in systematischer Zeitfolge mit seinen Wasserbomben. Er scheint es sich vorgenommen zu haben, nicht eher zu ruhen, bis jener große Ölfleck an der Oberfläche erscheint, der ihm zusammen mit auftreibenden Wrackstücken eindeutig beweist, daß er uns getroffen und damit vernichtet hat.

Es ist eine Nervenprobe schlimmster Art, die wir durchzumachen haben. Mit der Stoppuhr in der Hand können wir genau vorausbestimmen, wann die nächsten „Eier" auf uns herabknallen.

Rumms – rumms – rumms – !

Nach jeder Serie atmen wir ein ganz klein wenig auf. Diesmal ist es noch gut gegangen. – Wo werden die nächsten Wasserbomben liegen? – Weiter weg oder näher heran? – Werden überhaupt noch welche fallen oder wird der Brite einsehen, daß es zwecklos ist? –

Mit vor Anspannung schmerzenden Ohren erwarten wir das nächste Gedröhn. Sobald der Sekundenzeiger die Pausenzeit überschreitet, ohne daß die nächsten Detonationen erfolgen, wagen wir den ersten Hoffnungsfunken in uns aufglimmen zu lassen. Ist der nervenzerreißende Höllentanz zu Ende? Aber gleich darauf werden wir um so bitterer enttäuscht.

Rumms – rumms – rumms –!

Harte Explosionsschläge treffen das Boot und hallen in seinem Innern dröhnend wider. Man meint, der ganze Schiffskörper zerreiße in Atome. Selbst die größten Optimisten unter der Besatzung werden dabei ziemlich kleinlaut. Wenn wir uns wenigstens eine Zigarette anzünden und damit sowohl die Zeit etwas vertreiben als auch die Nerven etwas beruhigen könnten. Leider aber ist das Rauchen im Boot strengstens verboten. Der Sauerstoff in dem kleinen Bootskörper ist unter Wasser so kostbar, daß mit ihm sehr haushälterisch umgegangen werden muß.

Immer und immer wieder krepiert es um, über und neben uns. Der Brite scheint eine Unmenge Wasserbomben an Bord zu haben. Einige Gleichmütige beginnen die Wasserbomben zu zählen.

28 – – 29 – –30 – –!

Wie lange das wohl noch so weitergeht. Jeder beobachtet mit größter Anspannung seine Gefechtsstation.

Sobald irgendein Schaden eintritt muß er sofort behoben werden. Ich habe längst Befehl gegeben, daß sich alles, was auf den Gefechtsstationen entbehrlich ist, in die Kojen legen und jede Bewegung im Boot vermieden werden soll. Bis auf ein paar Birnen sind alle Lampen im Boot gelöscht. Wir müssen jetzt sowohl mit der Luft als auch mit dem Strom sehr sparsam umgehen. Zwar besteht im Augenblick hierin noch keinerlei Gefahr, doch müssen wir damit rechnen, noch stundenlang unter Wasser gehalten zu werden. Frischluftmangel und leere Batterien aber sind zwei Faktoren, die jedem getauchten U-Boot gefährlich werden können, wenn es nicht rechtzeitig wieder an die Oberfläche kommen kann. Das weiß der Brite, darum liegt er oben oft stundenlang auf der Lauer. Einmal müssen ja die Hilfs-E-Maschinen wieder angeworfen werden, um aufzutauchen. In seinem Horchgerät kann er alles hören. Wehe dem U-Boot, das dann im guten Glauben, oben sei die „Luft rein", auftaucht.

Hier scheint jedoch diese Gefahr des Aufgelauertwerdens nicht so groß zu sein, denn die Zerstörer haben ja die Aufgabe, den Geleitzug vor weiteren Angriffen deutscher U-Boote zu schützen. Daß diese weiteren deutschen U-Boote an der Arbeit sind, wissen wir. Wir können sogar hin und wieder ihre Erfolge hören, wenn aus der Ferne der dumpfe Knall einer Torpedoexplosion zu uns herüberdringt. Wir möchten dann am liebsten immer Hurra schreien.

Trotzdem bleibt der Brite sehr hartnäckig über uns liegen. Hin und wieder brummen im Horchgerät seine Schrauben auf, wenn er seine Position wechselt. Dann aber schweigen sie wieder und neue Wasserbomben fallen auf uns herab. Er kämmt die ganze Umgebung systematisch nach uns ab. Wir scheinen ihm sehr viel wert zu sein, daß er sich solche Mühe mit uns gibt.

Ob wir überhaupt noch einmal das Ende dieses die Nerven zermürbenden Bombenregens erleben? Es kommen Augenblicke, wo man sich ein solches Ding mitten auf den Kopf wünscht, um nicht länger dieses irrsinnige Krachen und Dröhnen in den Ohren haben zu müssen. Die Resonanz der Stahlwände ist zu stark. Sie verwandelt den Kopf zu einer hohlen Trommel, deren Felle bei jedem Schlage vibrieren.

Wenn wir uns bei dieser Geschichte wenigstens noch wehren und dem Briten dort oben so von unten herauf einen Aal in den Bauch pusten könnten. Leider aber können wir weder senkrecht stehen, noch einen Torpedo nach oben abschießen. Es würde sonst manchem britischen Zerstörer schwerfallen, uns stundenlang mit seinen ekelhaften Eiern zu bepflastern.

Sobald aber eine längere Pause im Bombardement entsteht, erwacht der Lebensmut der ganzen Besatzung von neuem Die Hoffnung, daß es nun endlich mit diesem quälenden Toben zu Ende sei, gewinnt neuen Raum. Aber nur, um noch mehr als einmal erneut zerschlagen zu werden. Der Brite dort oben scheint sich einen Spaß daraus zu machen, recht lange und kräftig auf unseren Nerven herumzutrampeln.

So geht das nun schon durch viele Stunden. Niemand weiß mehr richtig, wie lange schon. Die einen meinen seit zwei, die anderen seit vier Stunden. Einer bekommt es sogar fertig, dabei einzuschlafen. Es ist Bade, mein II. W. O. Er hört und sieht nichts mehr und ist um seiner starken Nerven willen zu beneiden. Es kann ihn einfach nichts erschüttern. Dabei handelt er am klügsten. Ob man nun, wenn man doch nichts zu tun hat, wach liegt und mit immer neuer banger Hoffnung die Sekundenlänge der Pausen zählt und sich dabei langsam, aber sicher aufreibt, oder man den lieben Gott einen guten Mann sein läßt und sich mit einem phlegmatischen „Dat geiht mi gor nix an!" auf die Matratze packt und die Augen schließt, bleibt im Enderfolg dasselbe. Man kann dadurch weder eine Katastrophe aufhalten noch abwenden. Wenn es uns trifft, dann ist es schließlich egal, ob es einen im Schlaf oder im Wachen trifft. Aus ist es dann sowieso. Hat man aber Glück und kommt mit heiler Haut davon, dann hat der Schläfer ausgeruhte Nerven.

Leider ist es den wenigsten gegeben, eine solche Bärenruhe an den Tag zu legen. Wenn wir erst einmal unseren fünfzigsten Wasserbombenangriff hinter uns haben, dann wird kaum noch einer unter uns sein, der sich sonderlich darüber aufregt. Dann sind wir den Spektakel gewohnt. Dann werden wahrscheinlich mehrere Seelords tief und kräftig schnarchen, wenn wir keine Möglichkeit haben, unter Wasser abzulaufen.

Aber auch der längste Bombenregen hat einmal ein Ende, und zwar dann, wenn der Brite dort oben den letzten „Koffer" in den Bach geschmissen hat. Dann kann man sich wirklich aufatmend langstrecken und erst einmal ein paar Stunden schlafen.

So ist es auch jetzt. In den letzten zehn Minuten sind die Pausen zwischen den einzelnen Bombenwürfen immer länger geworden. Immer entfernter dröhnen die Explosionen auf. Schließlich schweigt das Meer um uns gänzlich. Der Mann am Horchgerät meldet, daß sich der Zerstörer entferne. Damit ist dieser recht einseitige und daher so unsympathische Kampf zu Ende.

Als wir dann nach einiger Zeit uns vorsichtig wieder an die Wasseroberfläche wagen, liegt das ganze Meer still und verlassen da. Es ist weder etwas von dem Geleitzug noch von den Zerstörern zu sehen. Alles ist verschwunden. Nur wir stehen da, freuen uns, daß wir noch einmal so gut davongekommen sind, und atmen mit tiefen Zügen die frische Seeluft ein, die unsere Lungen nach der verbrauchten Luft unten im Boot wundervoll belebt.

Geradezu herrlich aber schmeckt die erste Zigarette. Sie beseitigt auch den letzten Rest von Kummer. Wir leben noch und werden weiterkämpfen, trotz Britenzerstörer und Wasserbombengedröhn.

Kurs Heimat

Natürlich wollen wir uns schleunigst wieder auf die Socken machen und dem entschwundenen Geleitzug nacheilen. So billig soll er nicht davonkommen. Wir haben uns nicht umsonst die Wasserbomben stundenlang um die Ohren knallen lassen. Er wird zwar infolge der mehrseitigen Angriffe so ziemlich versprengt sein, dennoch ist es möglich, ein paar der wild drauflosdampfenden Schäfchen einzuholen und ihnen das Bein zu stellen.

„Beide Maschinen – große Fahrt voraus!" lautet das Kommando.

Wir haben aber die Rechnung ohne unseren L. I. gemacht. Als der gute Mann hört, welches Maschinenkommando wir geben, kommt er auf die Brücke gewetzt.

„Herr Kapitänleutnant, melde gehorsamst, daß wir diese Fahrstufe nicht mehr laufen dürfen. Unser Brennstoffvorrat reicht nur noch für die Heimreise!"

Da haben wir den Salat! An alles habe ich gedacht, aber nicht daran, daß uns der „Sprit", wie wir grundsätzlich den Treibstoff nennen, ausgehen könnte. Obgleich der Leitende wirklich nichts dafür kann, möchte ich ihn wegen dieser Meldung am liebsten außenbords hängen. Er schmeißt mir meine ganzen Hoffnungen auf ein paar weitere versenkte Dampfer über den Haufen. Nun haben wir noch ein paar Aale im Bauch, können also noch einigen Britenfrachtern den Garaus machen und müssen trotzdem auf Heimatkurs gehen.

„Das schlägt dem Faß die Krone ins Gesicht!" brüllt Bade, als er das hört.

„Können wir nicht wenigstens noch einen halben Tag hinter dem Geleitzug herlaufen? Wir wollen doch mindestens noch zwei Dampfer auf Tiefe schicken!"

Aber Rohweder bleibt halsstarrig.

„Es geht leider nicht mehr, Herr Kapitänleutnant! Wir kommen sogar schon in Schwierigkeit, wenn wir unterwegs wieder schlechtes Wetter bekommen."

Da müssen wir uns resigniert der höheren Gewalt beugen. Ich kann es nicht verantworten, möglicher weise etliche hundert Meilen vor dem Hafen ohne Brennstoff liegenzubleiben. Das außerordentlich schlechte Wetter während der ganzen Fahrt hat unsere Maschinen besonders beansprucht und damit einen weit größeren Ölverbrauch verursacht, als normalerweise notwendig gewesen wäre. Es bleibt uns also nichts anders übrig, als die Jagd nach dem Geleitzug abzubrechen und den Rückmarsch zu unserem neuen Atlantikstützpunkt anzutreten.

Wir haben dabei die eine, allerdings sehr schwache Hoffnung, daß wir auf dem Marsch dorthin noch einen Frachter treffen, den wir so im Vorbeigehen „mitnehmen" können.

Leider aber ist uns das Jagdglück hierbei nicht mehr hold. Außer der noch immer ständig hochlaufenden Dünung bekommen wir bis zum Einlaufhafen einfach nichts mehr zu sehen. Das erste Fahrzeug, das wir dann endlich sichten, ist ein gleichfalls von erfolgreicher Feindfahrt zurückkehrendes deutsches U-Boot. Durch FT melden wir dem Befehlshaber unsere Ankunft und laufen dann gemeinsam ein.

Während des Rückmarsches haben sich die Matrosen mit Geduld und Eifer darangemacht, aus weißem und schwarzem Tuch die Siegeswimpel zu nähen. Jeder einzelne Wimpel zeigt auf weißem Grund die in schwarzen Buchstaben aufgenähten Namen und die Tonnenzahl der versenkten Dampfer.

Es sind zwar nur drei Wimpel, die beim Einlaufen in den Hafen am ausgefahrenen Sehrohr wehen, sie melden aber, daß wir über 26.000 BRT auf den Grund des Meeres geschickt haben. Es wären sicherlich noch bedeutend mehr geworden, wenn die Torpedos folgsamer gewesen wären und der Brennstoff länger ausgereicht hätte.

Als wir an der uns zugewiesenen Brücke festmachen, ist die Besatzung auf dem Oberdeck des Bootes angetreten. An Land stehen frohbewegte Menschen, die uns fröhlich zuwinken. Marschmusik klingt auf. Der Befehlshaber der Unterseeboote erwartet uns. Er zeigt ein heiteres Gesicht, als ich nach dem Festmachen die ganze Besatzung auf der Pier antreten lasse und ihm unser ,,U 69" nach erfolgreicher Feindfahrt zurückgekehrt melde.

Aus den einst frischen, blutjungen Gesichtern sind jetzt bärtige Gestalten geworden, die der Befehlshaber nun begrüßt. Er drückt jedem einzelnen von uns herzlich die Hand. Dann spricht er einige Begrüßungsworte, dankt uns für unseren pflichttreuen Einsatz, ist stolz auf uns, daß wir trotz der mannigfachen Schwierigkeiten und Widerwärtigkeiten noch solche Erfolge mit nach Hause bringen, und ist der festen Zuversicht, daß unser Boot noch weit mehr leisten wird als bisher.

Dann kommt ein großer Augenblick, den alle erfolgreichen U-Boot-Besatzungen vor uns schon einmal erlebt haben. Aus der Hand des Befehlshabers empfangen die Tüchtigsten unter den Männern das Eiserne Kreuz II.

Klasse. Für die Gesamtleistung des Bootes aber wird mir vom Befehlshaber das E. K. I. überreicht.

Auf großer Fahrt

Seit jenem Tage, an dem wir nach erfolgreicher Feindfahrt zum ersten Male in unserem Stützpunkthafen einliefen und aus der Hand des Befehlshabers die ersten Kriegsauszeichnungen empfingen, sind inzwischen viele Wochen ins Land gegangen. Eine zweite Feindfahrt liegt bereits hinter uns. Auch auf ihr haben wir manche harte Nuß zu knacken gehabt und manche Enttäuschung einstecken müssen.

Vierzehntausendfünfhundert Bruttoregistertonnen haben wir mit nach Hause gebracht. Es ist weniger als auf der ersten Reise. Sie sind aber viel härter erkämpft worden. Der größte Widersacher auf dieser Fahrt war der Atlantik. Er zeigte sich uns diesmal von seiner allerschlechtesten Seite. Es gab auf der lange Zeit dauernden Fahrt auch nicht einen einzigen Tag, an dem wir ein einigermaßen gutes Wetter hatten. Tag für Tag tobte die See. Der Wind schwankte ständig zwischen steifer Brise und Sturmesstärke. Unzählige Brecher sind auf dieser Fahrt über unser Boot hinweggerollt. Die Sichtverhältnisse waren im Durchschnitt mehr als schlecht. Schneeschauer und Hagelböen sorgten dafür, daß wir niemals einen klaren Horizont zu sehen bekamen. Es war einfach ein Wetter, das selbst den dickfelligsten Seefahrer aus seinem Gleichmut reißen konnte.

Dazu kam, daß uns diesmal die Zerstörer ganz besonders hartnäckig zusetzten. Sobald wir uns einem Geleitzug näherten und zum Angriff übergehen wollten, wurden wir entweder von den britischen Bewachern abgedrängt oder unter Wasser gedrückt. Besonders unangenehm wirkte sich hierbei die Tatsache aus, daß ein außerhalb des Geleitzuges, aber mit gleichem Kurs fahrender, als „Schwede" getarnter Frachter zu besonderen Verhaltungsmaßregeln zwang, wodurch wir nicht nur von dem Geleitzug abgelenkt, sondern auch abgedrängt wurden.

Daß es uns trotzdem gelungen ist, mehrere Frachter mit insgesamt 14.500 BRT zu versenken, ist nicht zuletzt der entschlossenen Einsatzbereitschaft der gesamten Bootsbesatzung zu verdanken. Ihre Begeisterung hat trotz der mannigfachen Fehlschläge, die wir durch fehlgegangene Torpedos und Zerstörerangriffe haben in Kauf nehmen müssen, nicht im geringsten gelitten. Man kann eher sagen, daß sie dadurch nur gehärtet und die Mannschaft von einer gewissen blinden Wut gepackt wurde, die ihrem Willen, den Briten zu zeigen, daß wir uns nicht von ihm unterkriegen lassen, nur noch größere Kraft gab.

Ob Wasserbomben um uns hagelten, feindliche Flugzeuge uns schleunigst unter Wasser drückten, die Zerstörer auf uns Jagd machten, oder selbst die angegriffenen Handelsdampfer auf uns zudrehten und uns zu rammen versuchten oder uns mit ihrer Artillerie in den Grund zu schicken beabsichtigten, immer waren die Männer im Boot von dem Willen besessen, den Angriff voranzutragen und die britische Handelsschiffstonnage durch ein paar gutliegende Treffer zu verkleinern.

Essen, Trinken und Schlafen waren auf dieser Fahrt nebensächliche Dinge geworden. Es wurde nicht mehr nach den Mahlzeiten und nach der Freiwache gefragt, sondern immer und überall daran gearbeitet, die Kampfbereitschaft des Bootes zu erhalten. Besonders anerkennenswert war dabei die Arbeit einiger Männer, die ununterbrochen bei Tag und Nacht sowohl auf als auch unter Deck nach dem undichten Verschluß suchten, aus dem ständig Öl sickerte, das uns als lange, buntschillernde Fahne folgte. Erst nach tagelangen Bemühungen gelang es, den Verschluß zu finden, der sich unter den Detonationseinwirkungen von Wasserbomben gelockert hatte.

Ebenso eifrig waren die Männer in den Torpedoräumen ständig am Werk. Ihre nie ermüdende Aufmerksamkeit galt den hochempfindlichen „Aalen", damit sie bei den wilden Bewegungen des Bootes keinen Schaden erlitten. Die kleinste Störung in ihrem komplizierten Mechanismus konnte einen Fehlschuß hervorrufen.

Die größte Enttäuschung aber erlebten wir, als wir einen großen Dampfer der Canadian Pazific-Linie verfolgten. Vierzehn Stunden lang jagten wir diesen Burschen, der uns infolge seiner sehr großen Schnelligkeit wirklich viel zu schaffen machte. Ein paarmal setzten wir zum Angriff an, doch jedesmal drehte er ab. Endlich hatten wir ihn so weit. Ich hatte gerade „Feuererlaubnis" gegeben, als er von einem anderen U-Boot torpediert wurde und versank. Das ist für ein U-Boot, das ihn stundenlang verfolgt hat und sich nun um die Früchte seiner Bemühungen betrogen sieht, ein sehr harter Schlag.

Aber auch jetzt verzagten wir nicht. Wir suchten weiter und wühlten so lange im Atlantik herum, bis wir die Dampfer versenkten, die uns wenigstens 14.500 BRT einbrachten. Dann zwang uns abermals die Brennstoffknappheit, kehrtzumachen und zur neuen Ergänzung zum Stützpunkthafen zurückzukehren.

Auf diesem Rückmarsch lebten wir nun in der Hoffnung, daß uns die nächste Feindfahrt einen ganz großen Auftrag einbringen wird. Wir wünschen uns alle vom B. d. U. eine

Sonderaufgabe, bei der wir einmal etwas anderes zu tun bekommen.

Nun liegen wir wieder im Hafen, haben fast ein halbes Hunderttausend BRT versenkt und warten nun auf die Dinge, die sich entwickeln. Während unser Boot von Grund auf überholt wird, sämtliche Maschinenteile auseinandergenommen und überprüft werden, stecken wir Offiziere immer wieder die Köpfe zusammen und raten daran herum, ob uns der B. d. U. den erwünschten Sonderauftrag erteilen wird.

Wir vier haben uns derart gut aneinander gewöhnt und aufeinander eingespielt, daß wir es außerordentlich bedauern, als an einem der nächsten Tage ein Kommandierungsbefehl kommt. Hiernach ist mein I. W. O., Oberleutnant zur See Heydemann, sofort in Richtung Heimat in Marsch zu setzen. Er wird Kommandant eines eigenen Bootes, das er sofort übernehmen soll. So sehr wir ihm diese Ehre gönnen und ihm unsere von Herzen kommenden Glückwünsche aussprechen, so bedauern wir es doch außerordentlich, ihn ziehen lassen zu müssen. Denn – was wir mit ihm verlieren, wissen wir. Wie der Mann aber sein wird, der nun an seiner Stelle zu uns kommen soll, das wissen wir nicht. Außerdem haben wir das unbestimmte Gefühl, daß sich mein I. W. O. zwar sehr auf das Kommando als U-Boot-Kommandant freut, er aber doch gar nicht böse gewesen wäre, wenn er noch die kommende Feindfahrt mit uns hätte machen können. Wir haben schon zu oft und zu eingehend zusammen über unsere Pläne und Absichten gesprochen, als daß er sich nun so ohne weiteres davon lossagen könnte.

Befehl ist aber Befehl. Und so steigt denn unser alter braver I. W. O., von uns mit Hallo zum Zuge begleitet, in die Bahn, um daheim als Kommandant ein eigenes Boot zu besteigen.

Zwei Tage später aber steht ein neuer Offizier vor mir, dessen Brust mit dem höchsten spanischen Orden verziert ist.

„Oberleutnant zur See Auffermann meldet sich als I. W. O. auf U 69 kommandiert!"

Ich sehe mir den jungen Offizier ein wenig näher an, unterhalte mich mit ihm, frage ihn nach diesem und jenem und muß sagen, er gefällt mir.

„Also, Auffermann, dann auf gute Zusammenarbeit!"

Ein kräftiger Handschlag, ein kurzer, militärischer Gruß, und mein neuer I. Wachoffizier tritt seinen Dienst an. Es ist gut, daß wir noch immer im Hafen liegen. Er hat hier die beste Gelegenheit, Boot und Besatzung kennenzulernen und sich besonders mit den beiden übrigen Offizieren, mit denen er ja künftig zusammenarbeiten muß, anzufreunden. Für einen reibungslosen Ablauf der Dienstverrichtungen ist und bleibt die kameradschaftliche Herzlichkeit eine erste Voraussetzung.

Im Laufe der nächsten Tage zeigt es sich dann auch schon, daß ich mich nicht getäuscht habe. Unser neuer I. W. O. ist ein Prachtmensch, der nicht nur seinen Dienst in jeder Hinsicht ausgezeichnet versieht, sondern auch zu unserem Kleeblatt paßt wie der von uns gegangene alte Wachoffizier. Nach wenigen Tagen schon besteht eine solche herzliche Gemeinschaft, als sei er von Anfang an unter uns gewesen. Auch die Besatzung ist von ihm ebenso begeistert. Und das ist viel wert. Denn es ist doch ein weit besseres Gefühl, zu wissen, daß zwischen Offizieren und Männern ein gutes Einvernehmen herrscht, als wenn ein W. O. wohl im Dienst ein tüchtiger Kerl ist, er mit den Männern im Boot aber beim besten Willen keinen Kontakt finden kann. Auf einem U-Boot ist aber dieser Kontakt eine Lebensnotwendigkeit. Hier gibt es nicht auf der einen Seite die Offiziere und auf der anderen die

Mannschaft, sondern hier muß alles aus einem einzigen Guß bestehen, ganz gleich, ob der Mann eine Goldborte auf dem Mützenrand oder nur ein einfaches Käppi trägt.

Das hat natürlich weder etwas mit Disziplinlosigkeit noch mit irgendeiner Disziplinwurstigkeit zu tun. Im Gegenteil. Gerade bei einer solch kleinen, stets in vorderster Linie stehenden Einheit, bei der es auf die Tüchtigkeit und Gewissenhaftigkeit jedes einzelnen Mannes unbedingt ankommt, ist eine scharf gehandhabte Disziplin und Manneszucht oberstes Gebot. Wer es nicht glaubt, der möge einmal mit uns zu einem Einsatz hinausfahren. Er wird dort erleben, daß es an Bord eines U-Bootes keinen einzigen Mann gibt, der auch nur im geringsten seine Pflicht verletzt oder sich irgendwelche Dinge seinen Vorgesetzten gegenüber herausnimmt, die deren Ansehen gefährden könnten. Nicht nur der Vorgesetzte, schon seine Kameraden würden ihm ganz gehörig aufs teure Haupt kommen, denn alle an Bord wissen, daß sie bei ihrem schweren Dienst nur dann jene kleinen, aber notwendigen Erleichterungen erhalten, wenn sie in ihrer Gesamtheit makellos ihren Dienst verrichten. –

So und nicht anders sieht es auf einem deutschen U-Boot aus. Wären sonst die großen Erfolge denkbar, die Männer wie Prien, Schepke, Kretschmer und alle anderen in eiserner Entschlossenheit und blindem Gehorsam errungen haben? –

Wieder vergehen einige Tage, in denen unermüdlich an den Vorbereitungen für den neuen Einsatz gearbeitet wird. Unser Boot hat, aus nächster Nähe betrachtet, im Augenblick kaum noch eine Ähnlichkeit mit einem im Dienst befindlichen Kriegsfahrzeug. Ihm sind die halben Eingeweide herausgerissen worden, die nun auf Deck und auf der Pier scheinbar achtlos verstreut liegen und an denen emsige Hände herumhantieren. Obgleich die

Maschinenanlage und auch alle übrigen Geräte bis zum letzten Augenblick tadellos funktioniert haben, ist es notwendig, sie gründlich zu reinigen und zu überholen. Fehler in diesen Anlagen sollen ja nicht erst beseitigt werden, wenn sie da sind, sondern es soll vorgebeugt werden. Es dürfen eben in keinem Augenblick irgendwelche Versager vorkommen, die den ganzen Erfolg des Unternehmens in Frage stellen und gar das Boot gefährden können.

Abends aber steigen die Männer an Land, vertreten sich dort nicht nur ein bißchen die Beine, sondern vertreiben sich auch in den Kinos und Cafes die Zeit oder suchen in den Geschäften nach Artikeln, die bereits in der Heimat rar sind. Schon am nächsten Tage gehen diese Errungenschaften als Päckchen zur Feldpost, die sie dann den Lieben daheim als willkommene Überraschung überbringt.

Wenn aber umgekehrt die Feldpost bei uns ankommt und die langersehnten Nachrichten gleich säckeweise bei uns ablädt, dann gibt es ein mächtiges Hallo. Das ist unser Feiertag. Dann bleibt selbst die Arbeit für kurze Zeit liegen, dann wird gelesen, ausgepackt, probiert, gelobt und meistenteils gleich wieder geschrieben. Denn es kann sein, daß wir morgen schon keine Zeit mehr haben. Ein Auslaufbefehl kommt oft sehr überraschend. Dann gibt es keine Pausen mehr, dann heißt es: fertigmachen, und zwar mit Hochdruck.

Vorerst wissen wir allerdings noch nicht, wann unsere Stunde des Scheidens wieder schlagen wird. Der B. d. U. hüllt sich noch immer in Schweigen. Ob er uns nur die Ruhe zur Vorbereitung lassen will? Oder ob er uns tatsächlich vergessen hat? Das letztere glauben wir aber nicht. Die Dinge werden nur noch nicht spruchreif sein.

Es kommt aber vieles oftmals schneller, als man ahnt. Eines Vormittags klingelt das Telefon.

„Hier Adjutant B. d. U. – Herr Kapitänleutnant, bitte heute nachmittag fünfzehn Uhr beim Befehlshaber melden!"

Bautz! – Jetzt ist's passiert! – Obgleich ich ein reines Gewissen wie ein neugeborenes Kind habe und mir eigentlich auch denken kann, warum mich der Befehlshaber zu sich beordert, krame ich doch in meinem Erinnerungsschatz nach eventuellen Vorfällen, die vielleicht der Anlaß zu dem „Diner" sein können.

Es kann natürlich auch einmal eine angenehme Nachricht sein. Solch ein Befehlshaber ist gar nicht so bärbeißig, wie man gemeinhin annimmt. Unser B d. U. schon gar nicht! Er verteilt nicht nur „Zigarren", sondern oftmals auch ganz freudige Überraschungen.

Punkt 15 Uhr melde ich mich also zur Stelle. Auf einem in einer Ecke seines geräumigen Arbeitszimmers stehenden Tisch entrollt sein Adjutant gerade eine Seekarte. Ich schiele einmal kurz hinüber. – Westafrika! – Aha, nun weiß ich Bescheid! – Mit heimlichem Aufatmen warte ich nun darauf, was mir der Befehlshaber sagen wird.

„Wann sind Sie seeklar, Metzler?"

„In längstens vier Tagen, Herr Admiral!"

„Gut! – Ich habe nämlich diesmal einen besonderen Auftrag für Sie – Sie sind ja ein alter Afrikafahrer und kennen die westafrikanische Küste aus ihren früheren Fahrten!?"

„Jawohl, Herr Admiral!"

„Dann hören Sie einmal her!"

Und nun bekomme ich an Hand der Seekarte einen Marschweg vorgezeichnet und einen Auftrag erteilt, wie ich ihn mir besser gar nicht wünschen kann.

Als ich dann einige Zeit später spornstreichs an Bord zurückeile, werde ich dort schon von meinen Offizieren mit

Ungeduld erwartet. Als sie mein Gesicht sehen, wissen sie, daß wir in den Glückstopf gegriffen haben. Wir werden auf ganz große Feindfahrt gehen.

In den nun folgenden vier Tagen wird mit einer wütenden Begeisterung an den Vorbereitungen für den großen Einsatz gearbeitet. Natürlich erfährt niemand etwas, wohin es diesmal geht. Sämtliche Befehle und Pläne werden strengstens geheimgehalten.

Die Besatzung denkt sich auch nichts Besonderes, als wir in aller Eile das Boot seeklar machen. Erst als wir neben den Torpedos noch eine Anzahl Minen an Bord nehmen, reißen die Männer die Augen auf und blicken sich verwundert an. Sie tippen aber alle einstimmig auf einen der englischen Inselhäfen, den wir abriegeln sollen.

Als ich jedoch am zweitletzten Tage durch den Leitenden für jeden Mann der Besatzung einen schönen, echten Panama-Strohhut kaufen lasse, ist das Rätselraten um unser Fahrtziel groß. Wir haben zwar herrliches Frühlingswetter, das uns schon an hochsommerliche Tage in der Heimat erinnert, aber für eine Reise nordwärts sind Strohhüte dennoch überflüssig. Also geht es nicht nach dem Norden, sondern nach südlichen Gegenden. Das ist aber auch alles, was die Besatzung, solange wir noch im Hafen liegen, errät.

Ganz besondere Sorgfalt wird nun auf die Ausrüstung unseres Bootes mit Lebensmitteln und Brennstoff gelegt. Wir haben nicht nur eine Fahrt in die heiße Zone, sondern auch einen sehr langen Marschweg vor uns, auf den wir mindestens das Doppelte an normalen Vorräten mitnehmen müssen.

Das ist aber einfacher gesagt als getan. Ein U-Boot ist kein Frachter, der – wenn es sein muß – Deckladung mitnehmen kann. Was wir benötigen, muß alles unter Deck verstaut werden. Angesichts der sowieso schon bis ins kleinste ausgenutzten Räume ist das wahrhaft ein Problem. Aber, wo ein Wille ist, gibt es auch einen Weg. Und wir haben den Willen, die Fahrt zu unternehmen. Also wird in das Boot hineingepackt, was mit aller Gewalt hineingeht. Dafür wird alles, was an Bord nicht unbedingt gebraucht wird, hinausgeworfen.

Sämtliche Privatsachen aller Besatzungsmitglieder werden an Land gebracht. Alle Schränkchen und Ecken, die bisher mit Briefsachen, Büchern und sonstigen Utensilien ausgefüllt waren, werden jetzt zum Verstauen des Proviants und der Kanister mit Brennstoff gebraucht.

Der „Schmutt", der Koch unseres Bootes, hat dabei seinen größten Kummer. Eigentlich hat er überhaupt keinen Platz für die Unterbringung des Proviants. Wohin aber mit all den Trockenkartoffeln, Fisch- und Fleischkonserven, Knäckebrot, Obst- und Gemüsekonserven, der Frischwurst, dem Frischbrot, dem Kaffee, Tee, Kakao, Butter, Frischobst, Zucker, Mehl, Rosinen, Salz, Schokolade, Zitronen, Käse und all den hundert anderen Dingen, die er für das leibliche Wohl seiner Bordkameraden unbedingt gebrauchen muß? Er fängt an zu verstauen, wo es überhaupt etwas zu verstauen gibt. Sei es hinter den Kojen oder zwischen den Wandverschalungen, in der Bilge oder hinter den Torpedorohren, hinter den Dieselmotoren oder im Unteroffiziersraum, überall türmen sich die Dosen, Kisten und Kanister, über die der Schmutt nun ständig mit Argusaugen wacht. In der Zentrale baumeln friedlich neben dem Sehrohr einige prachtvolle Dauerwürste und ein paar Schinken westfälischer Herkunft.

Es gibt, als alles an Bord geschafft ist, buchstäblich kein einziges Fleckchen mehr, an dem nicht irgendein Kanister, eine Dose oder ein Fäßchen steht oder sonst irgendein notwendiger Gegenstand untergebracht ist. Selbst die

Hosentaschen der Männer sind voller Zigaretten und Schokolade, die für die erste Woche schon im Hafen verteilt wurden.

Endlich rückt der Tag der Ausreise heran. Er zeigt sich in einem herrlichen, sommerlichen Wetter. Strahlendblauer Himmel, leichte Brise, klare Sicht, ruhige See und warme Luft wetteifern miteinander. Es sind dies alles Dinge, die wir uns früher wünschten, wenn wir mit Vati und Mutti, Schwester Grete und Tante Marie an einem Sonntagnachmittag eine Dampferfahrt auf dem Bodensee beabsichtigten, bei der neben dem Bewußtsein, auf dem Wasser zu fahren, die Kuchenpakete und die Blechbordkapelle die Hauptrollen spielten. Trug man schon lange Hosen und Vaters abgelegten Schlips, dann wurden die Kuchenpakete durch halblange Röcke und niedergeschlagene Mädchenaugen abgelöst, die gleichfalls zum Naschen verführten. –

Noch einmal wird eine Generalmusterung des ganzen Bootes und seiner Männer vorgenommen, noch einmal wird der Lauf der Maschinen und die Arbeitsweise aller Geräte an Bord überprüft. Die letzten Handgriffe werden getan, die letzten Vorbereitungen für eine lange Fahrt getroffen.

Noch einmal bringt uns die Feldpost die letzten Grüße der Heimat. Briefe, Zeitungen und Pakete wandern über den Laufsteg an Bord. Hier und da schreibt ein Seemann noch rasch ein paar, Zeilen, die letzten für lange Zeit, an seine Lieben daheim.

Dann ertönen die bekannten Pfiffe über das Deck.

Wieder steht die Besatzung auf dem Oberdeck angetreten, als die Leinen zur neuen, großen Feindfahrt losgeworfen werden. Diesmal prangt auf jedem Haupt statt der blauen Bordmütze ein schneeweißer Panamahut, der den Männern ein besonders abenteuerliches Aussehen verleiht. Wieder werden Abschiedsworte hinüber und herüber geworfen, Tücher geschwenkt und uns von den zurückbleibenden Kameraden der Stammbesatzungen drei kräftige „Hurras" nachgedonnert. Und wieder spielt die Kapelle das Englandlied. –

Als dann der Sonnenball hinter dem Meer versinkt, sind wir bereits weit draußen auf See. Unsere größte und auch waghalsigste Feindfahrt beginnt.

Wie wird der Erfolg sein? – Wie wird sie enden? – Kehren wir erfolgreich zu unserem Heimathafen zurück oder wird uns draußen das Schicksal ereilen? –

Niemand von uns weiß es und niemand von uns denkt daran. Wir U-Boot-Fahrer stehen vom ersten bis zum letzten Tage einer jeden Fahrt inmitten einer feindlich gesonnenen See und im harten Kampf mit dem Weltfeind Nr. 1. Wir denken nicht an Untergang und Tod, sondern nur immer daran, Britannien niederzuzwingen. Wir müssen es besiegen, wenn wir in Europa endlich einen dauerhaften Frieden haben wollen.

England hat uns leichtsinnigerweise den Krieg erklärt. Wir werden ihn jetzt führen. Der Brite soll spüren, gegen wen er kämpft. Wir auf unserem „U 69" werden unser Teil dazu beitragen, daß er es sehr empfindlich zu spüren bekommt.

Wir fahren diesmal südwärts gegen England. – –

Eine „diplomatische" Versenkung

Wie jedesmal, wenn wir den Golf von Biskaya durchkreuzen, gibt es gleich am ersten Tage Fliegeralarm. Die britischen „Aufklärer vom Dienst" kreuzen ständig über diesem Meerbusen. Sie scheinen dabei ihr Augenmerk hauptsächlich auf deutsche U-Boote zu richten, denen sie dann ihre eigenen U-Boote auf den Hals zu schicken versuchen.

Solch ein Kampf, U-Boot gegen U-Boot, ist eine ganz kitzlige Angelegenheit. Von einem Kampf kann man hierbei eigentlich überhaupt nicht sprechen, sondern nur von einem Überraschungsmoment. Wer den anderen zuerst sieht und auf ihn zum Schuß zudreht, geht meistens als Sieger hervor, während sich der andere zur Ruhe setzt.

Da wir nicht die geringste Lust verspüren, schon jetzt den Dauerschlaf auf dem Grunde des Meeres anzutreten, halten wir gehörig die Augen auf. Unermüdlich wird die See um uns nicht nur nach Rauchfahnen, sondern vor allen Dingen auch nach feindlichen Sehrohren abgesucht. Drei doppelte Kognaks dem Ausguck, der zuerst ein solches Sehrohr entdeckt. Ein versenktes feindliches U-Boot wäre eine ganz nette „Nebeneinnahme".

Diesmal ist der Wettergott entschieden friedlicher, was aber wohl weniger an uns als an der Jahreszeit liegt. Wir selbst scheinen bei ihm jedenfalls keinen besonderen Stein im Brett zu haben. Leichter Wind, leichte Dünung, teilweise sehr gute Sicht und immer herrlichster Sonnenschein. Wäre nicht gerade Krieg und hätten wir nicht ernste Dinge in den Kopf zu nehmen, würden wir uns wie die Weltenbummler vorkommen und am liebsten einen Liegestuhl an Deck ziehen, wenn wir einen an Bord hätten.

Außer dem einen Britenflieger „vom Dienst", vor dem wir gehorsam tauchen, bekommen wir in den nächsten Tagen nichts zu sehen, was unsere Aufmerksamkeit in Anspruch nimmt. Wolkenloser Himmel und ein blaues Meer, leichte Brise und strahlende Laune. Mehr kann man sich wahrhaftig nicht wünschen. Kein Störenfried weit und breit. Gleichmäßig läuft das Boot mit ständigem Südkurs. Es ist wirklich die bisher angenehmste Fahrt, die wir auf unserem U-Boot machen.

Wer Erlaubnis bekommt, klettert an Deck und läßt sich von der lieben, langentbehrten Sonne bescheinen. Das Lederzeug ist längst ausgezogen. Langsam fallen auch die übrigen Hüllen. Nur die Badehose bleibt als einziges Kennzeichen der Zivilisation am Körper hängen.

Schade eigentlich, daß wir in jeder Minute tauchklar sein müssen, auch wenn weit und breit kein Rauchfetzen den Frieden trübt. Die Männer würden sich sonst bestimmt auf dem Oberdeck zu einem zünftigen Dauerskat niedergelassen haben. So schön dies auch wäre, es geht aber nicht.

Dafür schmettert ununterbrochen aus den Lautsprechern heitere Musik, die der fleißige Funkgast unten in seiner „Bude" den Schallplatten entlockt. Märsche, Tänze, Schlager, Potpourris, immer laut und kräftig.

Nach jeder vierten Platte aber kräht eine vom vielen Gebrauch schon reichlich heiser gewordene Männerstimme einen uralten Schlager in alle Ohren.

„Der Onkel Eduard aus Bentschen – – er ist der beste aller Menschen! – – –"

Dieses Lied ist das blödeste, das wir in unserem Leben bisher gehört haben. So blöd, daß es schon beinahe wieder schön ist. Woher diese Platte eigentlich stammt, weiß niemand mehr. Ehe wir damals zu unserer ersten Feindfahrt ausliefen, hatte die Besatzung bei ihren Onkeln und Tanten eine Sammlung alter Platten veranstaltet, damit wir uns gegen Eintausch dieser alten Dinger neue Platten kaufen konnten. Unter diesen befand sich auch der „Onkel Eduard aus Bentschen", der, einmal probeweise aufgelegt, fortan zum Nationalsong unseres Bootes wurde.

Seither plärrt uns der Onkel Eduard aus Bentschen Tag und Nacht vor, daß er der beste aller Menschen sei. Ob wir uns im Hafen oder draußen auf Fahrt befinden, ob wir über oder unter Wasser liegen, ob wir uns vor Langeweile gegenseitig k. o. boxen möchten oder gerade eben einen dicken Dampfer versenkt haben und nun ein Freudengeheul anstimmen, immer und überall brüllt der Onkel Eduard dazwischen. Es ist zum Verrücktwerden. Sobald aber einmal eine Stunde lang etwas anderes aus dem Lautsprecher dringt, fragt bestimmt schon einer an, ob der gute Onkel Eduard aus Bentschen krank geworden sei. Wir verwünschen diese Platte in eine siebenmal überhitzte Hölle und können doch ohne sie nicht mehr leben. Ihr Gekrächze gehört schon genau so zum Boot wie das ständige Brummen der Diesel. Mit dem Onkel Eduard stehen wir auf, und mit dem Onkel Eduard gehen wir in die Koje.

Auf die Dauer hält natürlich keine Schallplatte diese Beanspruchung aus. Es kommt der Zeitpunkt, wo ihre Rillen so ausgeschliffen sind und der Gesang so miserabel wird, daß man mit Wilhelm Busch sagen kann: Musik wird störend oft empfunden, weil sie mit Geräusch verbunden. Wir hätten eigentlich der weisen Vorsehung, die den ewigen Kreislauf vom Werden und Vergehen vorzeichnet, dafür dankbar sein sollen. Auf diese einfache Weise hätten wir von unserem Onkel Eduard eines Tages pietätlos

Abschied nehmen und uns eine neue Hymne suchen können. Statt dessen aber sind wir händeringend zur Marine-Propagandakompanie gerannt, haben ihr das Leid von unserem immer heiserer werdenden Onkel Eduard geklagt und bei ihr nicht nur volles Verständnis für unsere Sorge um den lieben Onkel, sondern auch volle Unterstützung gefunden. Nach kaum drei Tagen waren plötzlich drei neugeborene Onkel Eduards da, die fortan zur Erbauung aller Männer des Bootes mit jugendlicher Frische ihre guten Eigenschaften in die Gegend hinausposaunten. Die M. P. K. hatte mit irgendwelchen geheimnisvollen Mitteln von unserer alten Platte einfach drei Abzüge gemacht. Der Onkel Eduard war damit gerettet und der Nachwelt erhalten geblieben. Wir aber haben wieder unseren alten Grund, über ihn nach Herzenslust zu fluchen. – So etwas nennt man bekanntlich eiserne Konsequenz der Männer.

Hoffentlich lesen unsere Frauen dieses Buch nicht. Sie bekommen es in ihrer Fürsorge um uns fertig und überraschen uns nächste Weihnachten zu Hause mit einer Neuauflage unseres Onkels Eduard aus Bentschen, der uns dann bis zu unserem Tode verfolgt.

Von diesem Onkel Eduard abgesehen, sind die Tage unserer Marschfahrt nach dem immer noch sonniger werdenden Süden einfach herrlich. Es passiert absolut nichts. Kein Wölkchen, weder am Himmel noch am Horizont läßt sich sehen. Tiefer Friede ringsumher. Für käsebleiche Buchhalter und alte gichtgeplagte Tanten eine Reise wie geschaffen.

Uns aber wird die Geschichte schon nach den ersten drei Tagen zu dumm. Mal läßt man es sich ganz gern gefallen, nichts zu sehen und zu hören und nur die Sonne auf den Bauch scheinen zu lassen. Auf die Dauer aber ist dieses geruhsame Leben einfach nicht auszuhalten. Alle Tage nichts tun, ist noch viel schlimmer, als alle Tage arbeiten. Wir möchten nur wissen, wie es die dicken Reichen fertigbringen, das ganze Jahr über so zu leben, ohne dabei vor Langeweile zu sterben oder vor Wut aus der Haut zu fahren.

Dabei müßte gerade ich es doch am allerersten gewohnt sein, nicht nur tage-, sondern wochen- und gar monatelang auf See herumzubummeln. Nicht etwa, weil ich auch zu den Dicken oder gar Reichen zähle. Aber früher in meiner Schiffsjungenzeit haben wir beispielsweise mit einem Segelschiff von den Galapagos bis nach London 139 – bitte wörtlich: einhundertneunundddreißig – Tage gebraucht. Das sind viereinhalb Monate. Dabei gab es weder Radio noch Schallplatten, weder Gemüsekonserven noch Zigaretten, weder ein anständiges Essen noch eine allzu sanfte Behandlung. Einhundertneunundddreißig mal vierundzwanzig Stunden lang hat man nichts weiter wie Himmel und Wasser und an Bord des Schiffes immer dieselben Gesichter gesehen. Keinen Baum, keinen Strauch, keinen Berg, keine Wiese, nichts Grünes, nur immer blauen Himmel und im Sonnenlicht gleißendes Wasser. Dabei ist man aber weder verrückt noch stumpfsinnig geworden, sondern hat sich vielmehr sehr wohl gefühlt. Es ist eben alles Gewohnheit.

Und so müssen wir uns auch jetzt langsam daran gewöhnen, daß wir nicht alle Tage einen dicken fetten Dampfer zu Gesicht bekommen, mit dem wir uns beschäftigen können, sondern daß es zehn oder gar zwanzig Tage geben wird, an denen nichts, aber auch absolut nichts weiter passiert, als daß wir marschieren, leben, essen, trinken, schlafen und im übrigen die Augen aufhalten. Das letzte davon ist das wichtigste. Es kann uns sonst nur allzu leicht passieren, daß wir nach einem kräftigen Bums allesamt überhaupt nichts mehr erleben. Dazu aber fühlen wir uns noch nicht alt genug. –

Wir fahren also mit unserem braven Boot Tag für Tag und Nacht für Nacht durch den Atlantik. Unser Generalkurs ist Süd. Zuerst geht es entlang der spanisch-portugiesischen Küste, dann vorbei an Madeira und den Kanarischen Inseln. Danach taucht im Westen der Küstenstrich von Französisch-Westafrika hin und wieder aus dem Dunst, der über dem Wasser liegt und den Horizont verschleiert. Dakar wird passiert. Wir sehen den Hafen allerdings nicht, weil wir uns immer weit genug von der Küste entfernt halten. Es würde sonst nur unliebsame Begegnungen mit der kleinen Küstenschiffahrt geben, die anzugreifen sich nicht lohnt, die aber an uns zum Verräter werden kann. Dann tauchen die Kapverdischen Inseln auf. Auch diese lassen wir völlig links liegen. Wir haben andere Ziele.

Viele Male kreist so der Sonnenball um uns. Glutrot steigt er aus dem Meer. Mit jedem Tage klettert er scheinbar höher am Firmament hinauf, und mit jedem Tage stöhnen wir mehr unter seiner reichlich ausgestrahlten Wärme. Seit Tagen hat uns schon die heiße Zone in ihrem Bann. Die meisten von uns lernen sie zum ersten Male kennen. Anfangs noch fühlen sich alle Männer der Besatzung nach den aufregenden und sehr stürmischen Tagen im Atlantik sehr wohl in ihr. Doch sehr bald wird aus dem wohligen Gefühl eine immer größer werdende Qual. Unaufhörlich knallen die Sonnenstrahlen auf die Eisenplatten unseres Bootes herab. Mit nackten Füßen können wir sie schon nicht mehr betreten. Immer wärmer wird das Wasser um uns. Immer weniger Abkühlung kommt von ihm.

Hier oben auf der Brücke des Bootes ist es unter dem Schutz des Strohhutes und im Fahrtwind noch einigermaßen erträglich. Unter Deck aber wird langsam aus der Wärme eine feuchtigkeitsschwangere Hitze. Obgleich die Ventilatoren ununterbrochen laufen und frische Luft in den öldunstgefüllten Bootskörper pressen, ist dort unten kaum noch eine fühlbare Abkühlung zu spüren. Was die Lüfter gutzumachen versuchen, verderben die großen Dieselmotoren. Sie strömen ständig eine Backofenhitze aus und verwandeln das Maschinenpersonal in schweißglänzende Gestalten.

Es ist, wie gesagt, mehr als warm. Dabei ahnen wir noch gar nicht, was uns gerade in dieser Hinsicht noch alles bevorsteht. Gegen die Temperaturen, die wir später zu ertragen haben, ist die augenblickliche Wärme noch ein kühles Lüftchen.

Wenn es doch wenigstens endlich einmal eine Abwechselung in dem ewigen Einerlei des Fahrens gäbe! – Wieviel Tage sind wir eigentlich schon unterwegs? – Bade und ich versuchen nachzurechnen. Wir geben es aber sehr bald auf. Afrikas Sonne knallt uns zu sehr auf die Schädeldecke, als daß wir noch Lust haben, eine Reihe von Tagen nachzuzählen.

Es ist ja auch schließlich gleichgültig. Wir sind jedenfalls noch lange nicht am Ziel unserer Fahrt, haben also noch geduldig zu sein und abzuwarten.

Selbst in den Nächten wird es nicht mehr richtig kühl im Boot, obgleich sonst gerade die tropischen Nächte darin große Temperaturunterschiede aufzuweisen haben. Die Wärme des Meerwassers und die tagsüber glühend heiß gewordenen Eisenteile des Bootes kühlen einfach nicht mehr genügend ab.

„Wenn wir noch auf unseren Afrikanern wären, würden wir uns nachts einen Liegestuhl an Deck ziehen und darin pennen!" meint Bade, als er in einer Nacht stöhnend zu mir auf die Brücke gekrochen kommt, weil er unter Deck einfach keine Luft mehr bekommen kann, wie er meint. Mir ergeht es genau so, deshalb stehe ich schon seit Stunden auf der Brücke und starre aufs Meer hinaus.

Dann fangen wir an, uns zu unterhalten. Darunter darf man nun keineswegs ein eifriges Geplauder verstehen. Mal sagt Bade etwas, dann wieder ich. Dazwischen liegen aber jeweils mindestens zwanzig Minuten Stumpfsinn. Mehr als ein Satz wird überhaupt nicht in einem Atemzuge gesprochen. Wir wissen einfach nichts mehr zu erzählen. Alles, was wir uns zu sagen hatten, haben wir schon während der vielen Nachtstunden, die wir gemeinsam auf der Brücke standen, durchgekaut.

Dabei haben wir jetzt gerade Stoff genug. Wir stehen ja so ziemlich vor der Erfüllung unserer seit Wochen geschmiedeten Pläne. Trotzdem sind wir allesamt wütend. Stinkwütend sogar! Schon seit schier undenklichen Zeiten gondeln wir auf dem elenden Ozean umher, ohne eine einzige Mastspitze gesehen zu haben. Das kann nun doch selbst den dickfelligsten Seemann erschüttern, besonders dann, wenn er U-Boot-Fahrer ist.

Solange uns also kein Engländer in die Quere kommt, an dem wir unsere wochenlang aufgespeicherte Wut auslassen können, solange werden wir auch kaum noch den Mund aufmachen. In den ersten Tagen haben wir noch fürchterlich gewettert und geflucht. Da das aber keinen Erfolg brachte, sind wir in tiefsinniges Schweigen verfallen.

So vergeht auch diese Nacht. Wir schweigen uns in den letzten Stunden gründlich aus. Erst in den Morgenstunden krauchen Bade und ich unter Deck, um noch ein paar Stunden Schlaf zu versuchen. In drei Stunden muß Bade wieder auf die Brücke, dann ist er mit seinem Wachtörn dran.

Ich weiß nicht, ob ich überhaupt schon etwas geschlafen habe oder es mir nur einbilde. Ich werde jedenfalls plötzlich durch einen sehr selten gewordenen Ruf aufgeschreckt.

„Kommandant auf die Brücke!"

Mit beiden Beinen zugleich aus der Koje springen, den Panamahut vom Haken reißen und die steile Eisenleiter zur Brücke hinaufentern, ist ungefähr eines. Wenn nämlich dieser Ruf ertönt, dann ist oben irgend etwas los.

Hoffentlich ist es kein blinder Alarm. Das fehlt uns noch nach wochenlangem vergeblichem Warten, durch irgendeinen im Wasser treibenden Gegenstand, von dem der Ausguck nicht weiß, was es ist, an der Nase herumgeführt zu werden.

Tatsächlich hat sich der Ausguck diesmal nicht geirrt. Seine Meldung, daß er in etwa drei Seemeilen Entfernung einen Dampfer gesichtet habe, stimmt. Der Dampfer hat sogar seine Topp- und Seitenlaternen gesetzt, wie ich durch das Glas sogleich feststelle. Nun, wo uns schon einmal seit ungezählten Tagen ein Frachter über den Weg läuft, muß es natürlich ausgerechnet ein neutraler sein. Ein Engländer wird es schwerlich wagen, selbst hier unten mit voller Beleuchtung zu fahren. Dazu steckt ihm die Angst vor deutschen U-Booten zu sehr in den Knochen.

Daß wir trotzdem diesen Burschen nicht einfach ungestört weiterziehen lassen, sondern ihn uns zumindest einmal näher ansehen, ist selbstverständlich. Es ist längst nicht alles neutral, was unter neutraler Flagge fährt. Der Brite schmückt sich zu gern gerade mit diesen fremden Federn, teils, weil er sich darunter sicherer fühlt, teils aber auch, um uns in eine Falle zu locken. Diese Art, gegen deutsche U-Boote zu Felde zu ziehen, hat dem Engländer schon im Weltkriege so gut gefallen, daß er sie abermals anzuwenden versucht. Wir sind aber inzwischen auch nicht gerade dümmer geworden und daher auf der Hut.

Der Alarmruf, den ich sofort auslösen lasse, bringt im Handumdrehen das ganze Boot auf die Beine. Vergessen ist alle Hitze, vergessen alle Langeweile der letzten Tage. Selbst der Onkel Eduard aus Bentschen muß jetzt schweigen. Die Aussicht, endlich wieder einmal eine kleine Beschäftigung zu bekommen, die möglicherweise sogar in einer Dampferversenkung enden kann, schiebt alle bisherige Niedergedrücktheit mit einem Schlage beiseite.

Jetzt sind wir wieder die alten U-Boot-Fahrer, die es mit jedem Gegner aufnehmen und denen es jetzt nicht dick genug werden kann.

Wir drehen nun sogleich auf den Dampfer zu und gehen bis auf etwa tausend Meter an ihn heran. Dabei versuchen wir, durch die Gläser seine Nationalität zu erkennen. Es ist aber weder das sonst in diesem Kriege übliche, an die Bordwand gemalte und beleuchtete Nationalitätsabzeichen noch eine beleuchtete Flagge zu sehen. Dagegen fällt uns die außerordentlich hohe Deckladung des Frachters auf, die zum größten Teil aus mächtigen, langen Kisten besteht.

„Entweder hat der Bursche Flugzeugteile an Deck geladen, oder – es ist eine U-Boot-Falle!" meint mein I. W. O. und spricht damit den Gedanken aus, den ich bereits habe.

Abgesehen davon, daß man gut tut, auf See grundsätzlich jedes fremde Schiff mit Argwohn zu betrachten, trägt dieser etwa mittelgroße Dampfer alle auffälligen Anzeichen einer U-Boot-Falle. Was wir noch als Kisten ansehen, können Klappen sein, hinter denen die Geschütze verborgen stehen, mit denen uns dieser Brite den Garaus zu machen gedenkt. Bestärkt wird dieser Verdacht durch die Tatsache, daß an Bord selbst kein Geschütz zu entdecken ist. Er gibt sich also ganz den Anschein eines harmlosen Frachters.

„Na, mal sehen, wes Geistes Kind du bist! – Bade, fragen Sie nach dem Namen!"

Mein II. W. O., der auch eine Funkerausbildung bei der Afrika-Linie genossen hat, klappert sogleich mit dem Morsescheinwerfer los. „What ship?"

Prompt erhalten wir die Antwort: „Robin Moor!"

Her mit dem Lloyd-Register! – Emsig blättern wir darin herum.

„Robin Moor?"

Die Finger tasten die Zeilen auf und ab. Ein Schiff solchen Namens gibt es aber nicht.

Das haben wir uns gedacht. Es wäre ja auch ulkig, wenn eine U-Boot-Falle plötzlich einen echten Namen tragen würde.

Dem Burschen werden wir mal etwas näher auf die Finger sehen.

„Dampfer soll sofort stoppen und ein Boot mit Kapitän und Papieren herüberschicken!"

Während nun Bade den Morsespruch abgibt, drehen wir unser Boot so, daß wir klar zum Schuß sind. Gleichzeitig befehle ich: „Boot klar zum Alarmtauchen!" Denn jetzt ist der Zeitpunkt gekommen, in dem der Unbekannte dort drüben die Klappen fallen lassen und uns sein wahres Gesicht zeigen muß. Dann werden wir ganz fix auf die „Tube" drücken und schleunigst unter Wasser gehen.

Eigenartigerweise gehorcht jedoch der Dampfer sofort. Er stoppt und läßt sogleich ein Boot zu Wasser. Acht Männer nehmen darin Platz, legen sich bald darauf in die Riemen und kommen auf uns zugesteuert. Hinten steht ein Mann aufrecht, den wir für den Kapitän des Schiffes halten.

Während das Boot näherkommt, haben wir Muße, uns diese Crew näher anzusehen. Wir haben gemeint, in dem Boot acht Matrosen des Dampfers zu finden. Was sich da aber in dem Boot entpuppt, sind acht verwegen aussehende Gestalten, denen selbst beim Bootsdienst die anscheinend nie verglimmende Zigarette schief im Mundwinkel hängt. Über ihre von einem wüsten Haarwuchs überdachten Schädel haben sie rowdymäßig eine 6-Pence-Mütze gezogen. Selbst der Mann an der Ruderpinne, den wir für den Kapitän halten, der sich dann aber nur als sein Erster Offizier vorstellt, pafft eine Zigarette und ist in seinem Aufzuge kaum von seinen Spießgesellen zu unterscheiden. Es wundert uns schon, daß er überhaupt noch den Glimmstengel beim Sprechen aus dem Hals nimmt.

„Wo ist Ihr Kapitän?"

„An Bord!" kommt es kurz und mürrisch aus dem Gesicht des Schiffsoffiziers.

„Und Ihre Papiere?"

„Auch!"

Da stößt mich mein II. W. O. an und zeigt auf das Heck des Bootes. Dort steht der Name des Schiffes geschrieben.

Ich blicke kurz dorthin und dann wieder in das Gesicht des Frachteroffiziers, der seine betont lässige Haltung nicht im geringsten verändert. Anscheinend will er damit zum Ausdruck bringen, daß er für uns tabu ist, er sich also alle Frechheiten nach Belieben herausnehmen kann.

„Ihr Schiff heißt ‚Robin Moor'?"

„Yes Sir!"

„Hier steht aber ‚Exmoor'!"

„Das Schiff ist vor vierzehn Tagen an eine andere Reederei verkauft worden und hat einen neuen Namen erhalten. Wir haben noch keine Zeit gehabt, alle Boote umzumalen."

Hm! – Das klingt zwar glaubhaft. Trotzdem bleibt der Dampfer verdächtig.

„Welche Nationalität?"

„United States of America!"

Auch das noch! – Der Kerl schwindelt mit einer Dreistigkeit, die beinahe zur Bewunderung reizt. Dabei hat der Lümmel eine Haltung am Leibe, die einem das Blut kochen läßt. Zur Vervollständigung seines Bildes fehlt nur noch, daß er sich jetzt umdreht, sich von uns mit ‚Götz von Berlichingen' verabschiedet und davonfährt. Man müßte den Kerl an Bord holen und ihm erst einmal den notwendigen Anstand beibringen.

„Was haben Sie geladen?" frage ich weiter und falle dabei unwillkürlich in einen barschen Ton, der den Yankee erstaunt aufblicken läßt.

„Auto- und Motorenteile, Traktoren und allgemeine Ladung!"

Er schmeißt uns diese Bemerkung hin, als wolle er damit sagen: Ihr könnt uns gar nichts, höchstens den Buckel herunterrutschen.

„Und wohin?"

„Capetown!"

„Also Banngut!"

Da reißt der Yankee nun doch die Augen auf. Anscheinend hat er diese klare Antwort nicht erwartet. Dennoch wagt er eigenartigerweise nicht zu widersprechen. Er hebt nur gelassen die Schulter und schiebt die Hände in die Hosentaschen wie einer, den die ganze Sache völlig kalt läßt.

„Bestellen Sie Ihrem Kapitän, daß ich Ihren Dampfer in zwanzig Minuten in die Luft knalle. Er soll aber schleunigst selbst hier an Bord erscheinen und die Schiffspapiere mitbringen!"

Nach dieser Erklärung, an der es keinen Deut mehr zu rütteln gibt, erwarten wir eigentlich einen Protestschrei aller im Boot befindlichen Amerikaner. Es erfolgt jedoch nichts. Schweigend hat der Offizier zugehört und schweigend nickt er nun, womit er andeuten will, daß unser Wille geschehen möge. Ihm sei es ja egal, was mit dem Dampfer passiere.

Dann aber macht er doch noch den Mund auf und bittet – jawohl, der Herr aus den USA. mit den echten Yankeemanieren bittet – um dreißig Minuten Zeit, da sie sonst alle ohne ihre Sachen von Bord gehen müßten.

„Also gut! – In dreißig Minuten!"

Damit ruckst das Boot wieder davon. Wir aber bleiben mit etwas gemischten Gefühlen zurück. Was hat er gesagt, was er ist? – Amerikaner? – Hm. – Faule Sache! – Wenn der Bursche jetzt nicht nachweislich Banngut an Bord hat, müssen wir ihn nicht nur laufen lassen, sondern uns bei ihm auch noch entschuldigen. Jawohl, diesen Lümmel um Verzeihung bitten, daß wir so dreist waren, ihn mit seinen Papieren herzuzitieren! – Mir geht der Panamahut hoch, wenn ich nur daran denke.

Ärgerlich wische ich mir die Schweißtropfen aus der Stirn und alle Bedenken beiseite. Dann greife ich nach dem Glase und sehe mir noch einmal den Frachter an, der mir, je länger ich ihn betrachte, desto verdächtiger vorkommt. Entweder stecken in den Kisten Flugzeugtragflächen, dann ist es Banngut, oder – es sind keine Kisten, sondern Klappen, hinter denen seine 15 cm-Kanonen versteckt stehen. In beiden Fällen hat er den Torpedo verdient, der für ihn schon schußbereit im Rohr steckt.

„Was meinen Sie zu der Ladung, Bade?"

Bade, ein alter Ladungsoffizier der Afrika-Linie, hat ein Auge dafür.

„Flugzeuge, Herr Kapitänleutnant!" sagt er ohne Bedenken. „Wenn es wirklich nur Autoteile wären, müßten es schon Omnibusse sein. – Und was die Herren Amerikaner unter Traktoren verstehen, kann man sich auch an den fünf Fingern abzählen. Traktoren und Tanks können schließlich das gleiche Fahrgestell haben."

Er spricht mir damit aus der Seele. Ich bin nur noch gespannt, ob der Käppen mit den Papieren herüberkommt. –

Jetzt hat das Boot den Dampfer wieder erreicht. Noch aufmerksamer als zuvor beobachten wir nun die Vorgänge auf Deck. Ist es tatsächlich eine U-Boot-Falle, dann muß sich jetzt auf dem Frachter ein ganz bestimmter, nach altbewährtem Muster eingedrillter Vorgang abspielen, der schon manchen bewährten Weltkrieg-U-Boot-Fahrer in die Falle gelockt hat, weil er bewußt an das hilfreiche Herz des Deutschen appellierte.

Und richtig! Es geschieht tatsächlich das, was wir uns schon gedacht haben. Kaum ist der Erste Offizier wieder an Bord, als auf dem Dampfer ein wüstes Durcheinander entsteht. Männer rennen hastig übers Deck. Türen werden aufgerissen und wieder zugeschlagen. Gestalten laufen, mit den Armen aufgeregt um sich schlagend, an die Reling, als wollen sie sich im nächsten Augenblick kopfüber ins Meer stürzen. Besonders auffallend benimmt sich eine Frau mit zwei Kindern, die völlig kopflos hin und her rennt. Wir sind fast geneigt, die wilden Rufe und Schreie der Besatzung zu hören, die scheinbar sinnlos durcheinanderrennt.

Es ist dies jenes widerliche Theater, mit dem die Herren Briten und Yankees schon im Weltkriege unsere U-Boot-Kommandanten zu täuschen versuchten. Man mimte einfach an Bord eine vorher gut einexerzierte Panik, ließ die ganze Schiffsbesatzung ein paarmal wild über das Deck laufen und die Boote hastig zu Wasser bringen. Der gewünschte Erfolg stellte sich dann auch oft ein. Die U-Boot-Kommandanten glaubten wirklich an diesen Zauber und ließen sich dadurch betören, näher an das Schiff heranzukommen, um die Besatzung zu beruhigen und ihr zu helfen.

War das U-Boot dann dicht genug heran, dann kam plötzlich Disziplin in den Verein. Klappen fielen und Schüsse krachten. Das U-Boot aber ging für immer auf Tiefe.

„Nein, meine Herren! Mit uns könnt ihr dieses Affentheater nicht veranstalten. Rennt nur ruhig zu. Wir halten trotzdem die Augen offen."

Komischerweise beruhigen sich die Yankees auch dann nicht, als sie sehen müssen, daß wir nicht auf ihren Leim gehen. Sie rennen tatsächlich alle dorthin, wo die Boote hängen, stürzen mehr als sie steigen hinein, gestikulieren heftig mit den Armen, als ginge ihnen das ganze Bootsmanöver noch viel zu langsam, und haben mächtige Eile, vom Schiff hinwegzukommen.

Eines dieser Boote nimmt dabei Kurs auf uns. In diesem befindet sich endlich der erwartete Herr Kapitän. Zu seiner Ehre sei gesagt, daß er sich wesentlich manierlicher benimmt als sein Flegel von Offizier. Er grüßt höflich, als sein Boot längsseit kommt, steigt auf unser Boot über und überreicht mir die Mappe mit den gesamten Schiffspapieren.

Eine kurze Überprüfung dieser Papiere nimmt uns die letzten Zweifel. Das Schiff hat tatsächlich Banngut geladen. Motoren und Motorenteile, natürlich für Flugzeuge, sogenannte Traktoren, sprich Tanks, und vieles andere, darunter auch Waffen. Alles für die Südafrikanische Union. Also Konterbande.

„Tja, mein lieber Herr Kapitän. Hier gibt es nichts mehr zu pinseln. Ihr Dampfer wird versenkt! Die Papiere weisen einwandfrei Banngut für eine gegen uns kriegführende Macht aus. – Haben Sie dazu noch etwas zu sagen?"

Der Kapitän schüttelt nur den Kopf und macht eine Geste des Bedauerns. Ihm tut wahrscheinlich sein Schiff leid. Die Ladung mag ihn dabei weniger interessieren. Schließlich ist sie versichert.

Ich erkundige mich noch, ob genügend Lebensmittel im Rettungsboot vorhanden sind, lasse dem Kapitän noch etwas Proviant und Kognak rüberreichen, gebe ihm noch einige Kursanweisungen und verabschiede ihn mit einem „Gute Reise!"

Der Kapitän dankt, steigt in sein Boot, legt ab, erhebt gemeinsam mit der Bootsbesatzung zu unserem nicht geringen Erstaunen die Hand zum Deutschen Gruß, ruft: „Heil Hitler!" und entfernt sich rasch.

Diese Abschiedsszene kommt uns natürlich sehr verdächtig vor. Will uns etwa der Yankee auf diese Tour in Sicherheit wiegen, um uns doch noch zu einer Dummheit zu verleiten?

Er soll sich aber geirrt haben.

Mehr denn je erwarten wir nun, während sich die Boote vom Dampfer entfernen, jeden Augenblick einen Feuer-Überfall aus den riesigen Kisten der Deckladung. Vielleicht sind es wirklich Kisten, die nur ein paar Löcher haben, aus denen geschossen werden kann.

Um allen derartigen Mätzchen gleich von vornherein die Spitze zu nehmen, lasse ich jetzt ohne Zögern den Torpedo auf den Dampfer abschießen und das Boot gleich darauf alarmtauchen. Jetzt muß es sich ja zeigen, ob in oder hinter der Deckladung schußbereite Kanonen stehen.

Aus der Sehrohrtiefe beobachte ich nun den eigenartigen Frachter. Aber auch jetzt noch zeigt sich auf seinem Oberdeck nichts Auffälliges. Wahrscheinlich haben die Yankees nicht geglaubt, daß wir ihnen wirklich dreißig Minuten Zeit zum Aussteigen lassen, vielmehr befürchtet, daß wir ihnen heimtückischerweise schon früher einen Aal in den Bauch ihres Schiffes pusten und es daher mit der Angst bekommen.

Inzwischen surrt unser Aal auf sein Ziel zu. In wenigen Sekunden hat sich das Schicksal des Dampfers besiegelt. Er wird keine deutschen U-Boote mehr zum Narren halten und keine Flugzeugteile und Tanks mehr zu Mister Smuts nach Südafrika bringen.

Jetzt steigt drüben mittschiffs eine jener charakteristischen „Palmen" auf, die den Torpedotreffer verrät. Eine heftige, weit über das Wasser schallende Detonation folgt. Der Aal hat seine Schuldigkeit getan. Der Frachter sinkt aber nur sehr langsam. Schließlich scheint er gänzlich liegenbleiben zu wollen. Das ist absolut nicht nach unserem Geschmack. Wenn wir schon einen Dampfer, noch dazu einen Amerikaner, torpedieren, dann soll er auch restlos abbuddeln und nicht wie eine lahme Ente auf dem Wasser liegen bleiben. Die Yankees sollen zu dem diplomatischen Gezeter, das sie todsicher anstimmen werden, nicht noch die Schadenfreude haben, ihren Dampfer wiederzubekommen.

Wir tauchen also wieder auf, nachdem wir nun die Gewißheit haben, daß der Bursche von seiner Besatzung völlig verlassen und daher ungefährlich ist, und besetzen unsere 8,8 cm-Kanone.

Was nun kommt, ist ein Feuerwerk, an dem unsere Artilleristen ihre helle Freude haben. Und wir, die wir auf der Brücke stehen und zusehen können, wie mit jeder Granate das Leck des Schiffes vergrößert wird, freuen uns mit. Es ist das erste Mal, daß wir unser Geschütz in Tätigkeit setzen, also gleichzeitig eine notwendige und prächtige Übung veranstalten, auf die die Geschützbedienung schon lange gewartet hat.

In aller Ruhe, als befänden wir uns auf einem friedensmäßigen Übungsfeld beim Scheibenschießen, wird Granate auf Granate in das Rohr gestoßen. Mit bewundernswerter Präzision zerkrachen sie Sekunden später stets dort, wohin wir sie haben wollen.

„Zielwechsel auf die Kommandobrücke! – Drei Salven! – Feuer!"

Haargenau verschwinden die nächsten drei Granaten in der Kommandobrücke des Frachters, wo sie alles zu Kleinholz verarbeiten.

‚Ziel Wechsel rechts auf die achtere Deckslasung. Mal sehen, was in den Kisten steckt."

Und schon fegen die Geschosse hinüber, wühlen sich mit Getöse in die riesigen Kisten, und zerfetzen alles, was in ihrem Umkreis steht und liegt. Die amerikanischen Bomber und Aufklärer werden zu Wracks zerschossen, ehe sie sich auch nur ein einziges. Mal in die Luft erhoben haben.

Ob sich wohl auf diese Weise die Dividenden der Morganschen und Rooseveltschen Rüstungsaktien weiter in die Höhe treiben lassen? Uns kann es schließlich gleichgültig bleiben, auf welche Art und Weise das Geld der amerikanischen Steuerzahler zum Fenster hinausgeworfen wird.

Nach dreißig Schuß lasse ich das Feuer einstellen. Der Frachter hat genug. Er bäumt sich noch einmal auf und geht dann mit dem Heck nach oben gurgelnd in die Tiefe. Die gesamte Deckslasung aber wird dabei teils über Bord geschleudert, teils durch den Strudel emporgerissen. Sie treibt nun an der Wasseroberfläche, besonders jene großen Kisten mit dem verdächtigen Inhalt.

Natürlich sind wir neugierig darauf, was diese Dinger in Wirklichkeit enthalten. Wir gehen daher mit dem Boot etwas näher heran. Mit dem leichten Maschinengewehr lasse ich eine dieser Kisten unter Feuer nehmen. Trotz einer großen Anzahl Treffer, die verschiedene Löcher reißen, geht sie nicht unter. Hervorblinkende, zerfetzte Aluminiumteile bestätigen uns aber, was wir schon längst ahnen. Flugzeugtragflächen. Außerdem entdecken wir dicke Flugzeugreifen, die zwischen den Kisten im Wasser treiben.

Die Herren Generäle in der Südafrikanischen Union werden diesmal etwas sehr lange auf ihre Flugzeugsendung warten müssen. Es sei denn, die Kisten schwimmen nun allein dorthin. Mister Roosevelt aber hat endlich ein neues Thema für seine Plaudereien am Kamin.

Auf Schleichwegen

Wir haben schon, wie gesagt, wochenlang keine einzige Mastspitze zu sehen bekommen. Nun erleben wir an diesem Tage gleich zwei Begegnungen mit feindlichen Handelsschiffen.

Nachdem der Dampfer „Robin Moor" das Zeitliche gesegnet hat und wir den Weitermarsch fortgesetzt haben, kommt gegen Abend ein neuer Dampfer in Sicht. Er zackt sehr stark, ist daher doppelt verdächtig. Wir setzen uns sogleich davor, das heißt, wir legen uns in seinen Kurs und lassen ihn herankommen.

Obgleich inzwischen die Dunkelheit hereinbricht, setzt der Frachter keine Laternen. Er hat also allen Grund, ungesehen zu bleiben. Beim Näherkommen entdecken wir auf seinem Heck ein Geschütz. Damit weist er sich einwandfrei als Gegner aus.

Ran! –

Der zweite Aal geht auf die Reise. Er sitzt prachtvoll im Ziel. Der Dampfer stoppt sofort und bleibt mit starker Schlagseite liegen, ohne jedoch zu sinken. Dafür funkt er wie wild in die Gegend hinein, „sss poser!" Dazu seinen genauen Standort.

„Freundchen, das unterlaß gefälligst, sonst werden wir ungemütlich!"

Der Mann am Funkgerät scheint sich aber nicht im geringsten um uns zu kümmern. Selbst der Gedanke, daß wir seine Funkbude mit Granaten zertrümmern oder seinen Kasten mit einem zweiten Aal in die Luft jagen können, bringt ihn nicht von seiner Taste hinweg. Er setzt vielmehr den ganzen Äther mit seinem immerwährenden „sss poser" in Aufruhr. – Der Mann hat Nerven! –

Das paßt uns aber, die wir dicht vor dem Ziel unserer Fahrt stehen und nicht das geringste Interesse daran haben, die Aufmerksamkeit der Briten auf uns zu lenken, absolut nicht in das Programm.

„Heckrohr – los!"

So, alter Freund, jetzt geht es ab in die ewigen Jagdgründe. Von dort aus kannst du weiter funken, wenn es dir Spaß macht und Petrus dir nicht auf die Finger klopft! –

Kurze Zeit darauf gibt es drüben mittschiffs eine hohe Explosionssäule. Sie hebt den ganzen Dampfer an, bricht ihn in der Mitte durch und läßt beide Teile innerhalb weniger Minuten auf Nimmerwiedersehen verschwinden.

Das war Numero zwei dieser Reise.

„Wieviel Tonnen hat er eigentlich?" lasse ich nach unten fragen, wo der L. I. im Lloyd-Register blättert.

„Viertausendsechshundert, Herr Kapitänleutnant!"

„Schön. – Also insgesamt wieder zehntausend! – Für den Anfang ganz zufriedenstellend. – Und nun weiter im Text! – I. W. O.: Geben Sie an B. d. U.: Dampfer „Exmoor" mit Banngut für Kapstadt und ein weiterer Frachter versenkt."

„Jawohl, Herr Kapitänleutnant!"

„Obersteuermann: Neuer Kurs, wie vorhin angegeben! – Sobald etwas Verdächtiges zu sehen ist, Meldung!"

„Jawohl, Herr Kapitänleutnant!"

„Bade, komm runter, ich habe einen Bärenhunger!"

Kaum haben wir beide die letzten Sprossen der eisernen Leiter zur Zentrale erreicht, als aus allen Lautsprechern mit Kraft unser Triumphmarsch erklingt.

„Der Onkel Eduard aus Bentschen – – er ist der beste aller Menschen – –!"

Dabei grinst die ganze Zentrale. Sie freut sich, daß wir endlich wieder richtige U-Boot-Fahrer geworden und kein „Vergnügungsdampfer" geblieben sind.

„Herr Kapitänleutnant, das erste halbe Hundert ist nunmehr überschritten!" sagt der Zentralemaat zu mir. Als wenn ich das nicht schon selbst gemerkt hätte. Er sieht mich dabei ganz unschuldsvoll an.

Ich mache nun genau solch harmloses Gesicht.

„So?! Na, dann auf das nächste halbe Hundert! – Nicht wahr, Eipert, das meinen Sie doch?"

Der Unteroffizier macht einen Augenblick lang ein etwas verdutztes. Gesicht. Dann aber sagt er, wobei sich sein Gesicht wieder aufhellt: „Die Hundert machen wir bestimmt am nächsten Hafen voll und die Kognakflasche leer."

„Ach sooo! – Der Kognak! – Tja, mein lieber, den Zahn müssen Sie sich ziehen lassen. Die paar Flaschen, die wir an Bord haben, gehören zur eisernen Ration. Sie sind unsere Medizin, wenn jemand krank wird. Wehe dem aber, der sich schon morgen krank meldet. Er bekommt die ersten acht Tage lang nur Rizinusöl. – Aber, wir wollen mal sehen, ob uns nicht der Smutje zur Feier des Tages etwas besonderes in die Pfanne schlagen kann. – Hinzpeter, was gibt es denn heute zum Abendbrot?"

„Rührei, Herr Kapitänleutnant!"

„Na also! – Mehr verlangen wir ja gar nicht. – Rohweder, komm frühstücken!"

Der Koch hat sich wirklich alle Mühe gegeben. Er hat nicht mit Speck gespart. Uns schmeckt das Essen trotz der Wärme im Boot und des Hartbrotes ausgezeichnet. Unser Frischbrot ist längst verzehrt.

Wir leben seit Tagen nur noch von Konserven.

Wir sitzen auch nicht mehr so stumpfsinnig beieinander. Die beiden versenkten Frachter haben uns wieder völlig umgekrempelt.

„Wie lange brauchen wir noch bis zum ersten Hafen, Herr Kapitänleutnant?"

„Vier Tage! – Länger dürfen wir auf keinen Fall fahren, denn wir müssen bei Neumond am Ziel sein. Sonst ist es Essig!"

„Glauben Sie, daß die Häfen hier an der afrikanischen Westküste völlig verdunkelt sind?"

„Nee! – Bisher haben die Briten hier noch nichts vom Krieg gespürt. Sie werden hier also kaum den Verdunkelungszauber mitmachen."

„Dann können wir also auch wohl damit rechnen, daß die Feuer brennen?"

„Das nehme ich jedenfalls stark an. – Wir werden es übrigens schon in der kommenden Nacht feststellen. Die Küste liegt in nächster Nähe. Wir werden nunmehr an ihr entlangrutschen. – Ist bei Ihnen noch alles in Ordnung, Rohweder?"

„Jawohl, Herr Kapitänleutnant. – Am Backbord-Motor war eine Klemmutter des Anlaßventils gerissen. Der Schaden ist aber bereits wieder behoben."

„Wie arbeitet die Frischwasseranlage?"

„Ausgezeichnet, Herr Kapitänleutnant!"

„Ist das Wasser eigentlich auch für die Batterien zu gebrauchen?"

„Nein, leider nicht! – Sonst aber für alle Zwecke!"

„Sie haben aber genügend destilliertes Wasser an Bord?"

„Ich hoffe, daß es genügen wird, Herr Kapitänleutnant. Die Verdunstung ist bei dieser Wärme allerdings sehr stark, so daß wir bedeutend öfter nachfüllen müssen als bisher."

„Machen Sie mir um Himmelswillen keinen Kummer mit Ihren Batterien. Ich brauche sie noch sehr dringend. Unsere kommenden nächtlichen Unternehmungen können wir ausschließlich nur mit den E-Maschinen fahren. Wenn dann die Batterien versagen, sind wir aufgeschmissen."

„Die Batterien sind alle in Ordnung, Herr Kapitänleutnant!"

„Und wie steht es mit dem Proviant?"

Auch dafür ist, da wir an Bord keinen besonderen Verwaltungsoffizier haben, der L. I. verantwortlich.

„Vorläufig noch ausreichend. Wenn wir jedoch gelegentlich einmal etwas ergänzen können, vielleicht von einem zu versenkenden Dampfer, dann wäre es ganz angenehm."

Ich verspreche ihm, bei nächster Gelegenheit daran zu denken. Daß diese Gelegenheit noch sehr lange auf sich warten lassen wird und wir den Leibriemen noch einmal enger schnallen müssen, ahnt dabei niemand. Wir haben überhaupt noch keinen Schimmer von den brenzlichen Situationen, die wir in den nächsten Tagen erleben werden und bei denen das Schicksal unseres Bootes wahrhaftig nur noch an einem seidenen Faden hängt.

Aber auch dann, wenn wir es vorher wüßten, würden wir keinen Augenblick zögern, unsere Aufgabe durchzuführen. Daß wir keine Höflichkeitsbesuche mit anschließendem Festschmaus machen, wissen wir. Auch, daß es unter Umständen schief gehen kann. Das reizt uns aber eher, als daß es uns davon abhält. Und außerdem: Wozu haben wir eigentlich unseren guten Stern? Er wird uns schon nicht verlassen. Glück gehört nun einmal genau so zum U-Boot-Fahren wie das Standesamt zum Heiraten. –

Mit der zunehmenden Spannung der nun folgenden Tage steigt auch die Hitze. Im Gegensatz zu den letzten Wochen bezieht sich nun der Himmel mit einer dicken, aufgeplusterten Wolkenschicht. Sie deckt uns gewissermaßen auch noch von oben her zu wie Mutter den fieberkranken Jungen, der eine Schwitzkur machen soll. Aus der anfangs trockenen, von einem leichten Fahrtwind durchwehten Wärme wird nun eine dicke, feuchte Treibhaushitze, die uns den Schweiß in Strömen aus dem Körper fließen läßt. – Außer der Badehose gibt es an Bord kein einziges Kleidungsstück mehr, das noch Beachtung findet. Nur der Panamahut thront unentwegt auf unseren Köpfen, soweit er nicht schon von dem Tropenhelm abgelöst ist, der sich in einigen Exemplaren an Bord befindet.

Im Boot herrscht eine Luft zum Durchschneiden. Das Ekelhafteste aber ist der jetzt im Innern des Bootes auftretende Dauerregen. An allen Stellen tropft jetzt ununterbrochen Tag und Nacht das Schweißwasser von der Decke. Man kommt sich vor wie in einem künstlich berieselten Treibhaus. Es fehlen nur die Blumen. Alles ist naß oder von Feuchtigkeit durchtränkt. Es gibt im ganzen Boot kein einziges Stück trockenes Zeug mehr. Was man anfaßt, quillt vor Nässe.

Sitzt man beim Essen, klatschen einem die Wassertropfen in den Nacken. Hat man sich lang ausgestreckt und versucht zu schlafen, tropft es unaufhörlich ins Gesicht. Man kann sich dabei in Lethargie üben oder fluchend hin- und herwälzen, es tropft immer weiter. Will man das Kriegstagebuch vervollständigen, fallen die Tropfen aufs Papier. Döst man einmal in einer ruhigen Stunde vor sich hin, wird man von dem nächsten kalten Tropfen aufgeschreckt. Es ist zum Verrücktwerden! –

Jetzt erst verstehe ich richtig jene Tortur, die ich als Junge einmal in einer chinesischen Abenteuergeschichte gelesen habe. Darin hatten die Chinesen einen Gefangenen in einem einfachen Raum auf einem Stuhl festgebunden und ihn allein gelassen. Niemand kümmerte sich mehr um den Gefangenen. Und doch wurde er innerhalb kurzer Zeit wahnsinnig. Wodurch? Es geschah nichts weiter, als daß ihm alle zwei Minuten ein einziger Wassertropfen auf den Kopf fiel. – Tack – – tack – – tack – –! Und das stundenlang.

Unser Boot ist zwar keine chinesische Folterkammer und die Tropfen fallen uns auch nicht immer mitten auf den Schädel, dennoch kann man auch hier langsam aber sicher weich werden.

Wir müssen aber gerade jetzt die Nerven behalten. Der letzte Tag unserer langen Marschfahrt ist angebrochen. Obgleich wir wegen der steten Wolkendecke seit drei Tagen kein Besteck mehr haben aufnehmen können, müssen wir noch heute Abend vor „Anton" stehen. „Anton" ist der erste der für unsere Aufgabe ausgesuchten Häfen. Außerdem haben wir heute nacht Neumond. Das Unternehmen muß daher heute unter allen Umständen begonnen werden, sonst laufen wir Gefahr, die übrigen Häfen nicht rechtzeitig zu erreichen. Wir können nur stockdunkle Nächte gebrauchen.

Die letzten Vorbereitungen werden nun getroffen. Alle Geheimsachen werden vernichtet und das Boot klar zum Sprengen gemacht, das heißt, es werden an allen wichtigen Stellen des Bootes Sprengpatronen angebracht und die Zündkapsel hierzu in einer Zentralstelle vereinigt. Ein Druck auf einen Knopf genügt dann, um das Boot nach einer gewissen Zeit in die Luft fliegen zu lassen.

Obgleich wir der festen Zuversicht sind, daß unsere Unternehmungen gelingen werden, müssen wir doch damit rechnen, vom Feinde überrascht zu werden. Dabei ist dann die Möglichkeit, sich noch rechtzeitig aus dem Staube zu machen, für uns sehr klein. Hier dicht unter der afrikanischen Küste ist die Wassertiefe zu gering. Wir können zwar noch tauchen, liegen dann aber auch schon auf dem Grunde. Unsere Stärke, in größeren Tiefen den

Nachstellungen des Gegners zu entgehen, ist damit ausgeschaltet. Jede nur in einiger Entfernung geworfene Wasserbombe muß dem Boot durch die Nähe des Meerbodens und den dadurch entstehenden Rückstoß der Detonationswucht zum Verhängnis werden. –

Erwischt uns also der Brite und steht die Sache für uns aussichtslos, dann steigen wir einfach allesamt aus und schwimmen an Land. Dort werden wir uns dann schon irgendwie durch den afrikanischen Busch hindurchschlagen. Die Sprengpatronen tun inzwischen ihre Schuldigkeit.

Grundbedingung für eine solche Bereitschaft ist, daß die gesamte Besatzung vor Beginn des Unternehmens in vollständiger Kleidung auf ihrem Gefechtsposten steht und ein kleines Bündel mit Wäsche und sonstigen notwendigen Utensilien griffbereit hinlegt. Wenn wir „aussteigen" müssen, dann haben wir keine Minute Zeit zu verlieren, dann heißt es: Raus aus dem Boot und hinein in den Bach.

Es ist für die Männer eine Qual, in vollständiger Uniform bei dieser unheimlichen Hitze unter Deck zu arbeiten. Es läßt sich aber nicht anders machen. Wir sind letzten Endes keine Neger, die wochenlang nur mit einem Lendenschurz im afrikanischen Urwald leben können.

So steigen nun unsere Männer, als die Sonne sich abermals neigt, stöhnend in ihre „Klamotten", schnüren ihre wenigen Habseligkeiten zusammen und verrichten weiter in eiserner Disziplin ihren Dienst bei einer Temperatur von 45 Grad Celsius. Im Boot ist es also so warm wie in einem heißen Bad. Man möchte am Liebsten auf der Stelle umfallen und alle Viere von sich strecken.

Dabei denkt niemand von der Besatzung auch nur im entferntesten daran, daß es mit dem „Aussteigen" einmal ernst werden kann. Sie nehmen diese Vorsichtsmaßregel auf sich wie alles, was bei der Marine oftmals aus undurchsichtigen Gründen befohlen wird, schimpfen zwar ganz fürchterlich über die entsetzliche Hitze, sind dabei aber der festen Überzeugung, daß sie ihren „blauen Vogel" nach einigen Stunden wieder ausziehen können, weil alles gut überstanden und der Auftrag befehlsgemäß ausgeführt ist.

Zwar sehen sie nichts von dem, was wir, die wir auf der Brücke stehen, beobachten können, sie sehen also auch nicht die Gefahren, die auf uns zukommen, wissen daher oftmals nicht, wie nahe Jan Klapperbein, der Sensenmann, bei uns ist. Dennoch sind sie blindlings davon überzeugt, daß alles klar geht. Und damit basta! –

Inzwischen haben wir uns mit einbrechender Dämmerung der Küste soweit genähert, daß wir bald den Hafen in Sicht bekommen müssen. Bade und ich, wir beide kennen ihn von unseren mehrfachen Reisen als Handelsschiffs-Offiziere. Wir stehen jetzt daher beide an der Brüstung der Brücke, haben das Nachtglas vor den Augen und suchen den Küstenstreifen, der sich im abendlichen Dunst als grüngrauer Strich hinter dem Wasser erhebt, nach dem Hafen ab.

Der Mangel einer Besteckaufnahme macht sich nunmehr bemerkbar. Nach unseren Berechnungen müßten wir bereits vor dem Hafen stehen. Es ist aber nichts weiter zu sehen als ein dunkler Pinselstrich ohne jede Unterbrechung, ohne jeden Lichtpunkt. Es ist daher sehr gut möglich, daß wir infolge eines Besteckfehlers oder einer uns bisher unbekannten Stromversetzung etliche Meilen zu weit östlich oder westlich stehen. Wenn es wirklich so ist, dann werden wir hier in der hereinbrechenden Tropennacht vergebens die Lichter des Hafens suchen.

Wir laufen also mit kleiner Fahrt dicht unterhalb der Küste weiter. An Bord herrscht eisernes Schweigen. Niemand spricht ein Wort. Nur die Diesel brummen ihr eintöniges Lied. Bald werden auch sie verstummen, wenn die E-Maschinen in Tätigkeit treten.

Vom Fahrtwind ist wenig zu spüren. Die See ist fast spiegelglatt. Nur eine lange, flache Dünung wiegt uns im ständigen Gleichtakt auf und ab. Tiefschwarz ist die Tropennacht. Kein Stern blinkt vom wolkenverhangenen Himmel. Nicht der kleinste Lichtschein dringt von Land herüber. Nirgendwo ist der Lärm einer Siedlung oder gar eines arbeitsamen Hafens zu hören. Westafrika schläft, nur das Meer atmet mit langen, geräuschvollen Zügen.

„Sollen die Engländer den Hafen tatsächlich völlig abgedunkelt haben?" frage ich Bade.

Mein Zweiter Wachoffizier hebt die Schultern. Auch er hält es für unwahrscheinlich. Dennoch ist nirgends ein Lichtschein zu sehen.

„Obersteuermann, rechnen Sie noch einmal nach! – Hier ist kein Hafen zu finden!"

Abermals klettert der Obersteuermann nach unten an den Kartentisch. Hier jongliert er mit Zirkel, Dreieck und allerhand Zahlen verbissen herum, bis er sich seiner Sache völlig sicher ist.

„Herr Kapitänleutnant, wir stehen eine Meile westlich von der Einfahrt!"

„Hoffentlich!" sage ich nur dazu. Es ist keine Kritik an der Arbeit des Steuermanns, sondern nur der Ärger über den Mangel einer anständigen Besteckaufnahme. Ich weiß, daß der Obersteuermann ein tüchtiger Kerl ist, der sein Fach versteht. Aber auch er ist den unbekannten Strom- und Windversetzungen machtlos ausgeliefert.

Ich lasse nun die Maschinen ein paar Umdrehungen schneller laufen. Wir haben jetzt keine Zeit mehr zu verlieren. Die Neumondnächte in den Tropen sind zwar sehr dunkel, aber auch sehr kurz. Wenn wir lange zögern, überrascht uns die Morgendämmerung. Dann ist ein ganzer Tag verloren.

Eigenartigerweise ist nicht einmal etwas vom feindlichen Schiffsverkehr zu sehen, obgleich wir nach unserer Berechnung schon längst auf der Zufahrtstraße stehen. In Friedenszeiten war hier bei Tag und Nacht ein ständiges Kommen und Gehen von Frachtern und Fahrgastschiffen. Jetzt aber liegt der Küstenstrich wie tot, als gäbe es im Umkreis von hundert Meilen keinen Hafen.

Während ich mir Gedanken darüber mache und auch mit Bade davon spreche, ruft plötzlich unser Obersteuermann: „Lichtschein voraus!" Ihm haben unsere Zweifel an der Richtigkeit seiner Berechnungen keine Ruhe gelassen. Er ist deswegen am Sehrohr emporgeklettert, wo er, in luftiger Höhe stehend, mit dem Glase den Horizont absucht.

Endlich! – Rasch nehmen auch wir die Gläser an die Augen und blicken in die Richtung. – Tatsächlich! – Dort hinten geistert zwischen hohen Bäumen ein Licht durch die Nacht. Anscheinend handelt es sich um den Scheinwerfer eines Autos. Dort muß also der von uns gesuchte Hafen liegen. Also stimmt die Rechnung unseres Steuermannes doch.

Was jetzt kommt, ist eine Schleichfahrt im wahrsten Sinne des Wortes. Unser altes Jungenherz lebt dabei förmlich wieder auf. Wie oft haben wir uns früher als wilde Indianer tomahawkschwingend oder als mutige Trapper mit einer Spatzenflinte bewaffnet, auf geheimnisvollen Kriegspfaden durch das Gebüsch geschlichen. Wie sehr haben wir uns damals mit unseren zehn oder zwölf Jahren danach gesehnt, einmal in Wirklichkeit an den Feind heranschleichen zu können und alle Abenteuergeschichten, in denen ähnliches geschah, mit Heißhunger verschlungen.

Nun ist es Wirklichkeit, sogar bittere Wirklichkeit geworden. Links von uns, kaum noch einen Gewehrschuß entfernt, liegt die westafrikanische Küste. Vor uns steigt die Silhouette eines Hafens auf, in den wir Tod und Verderben tragen wollen. Niemand in diesem Hafen darf erfahren, daß wir kommen. Wie ein Spuk wollen wir ungesehen erscheinen und verschwinden. Die Überraschung soll hundertprozentig sein.

Langsam kommen wir dem Hafen näher. Seine Umgebung liegt in völliger Dunkelheit. Einige hohe Bauten sind bereits zu erkennen. Es sind die Kräne, die dem Hafen eine charakteristische Silhouette geben. Sie bilden gewissermaßen sein Wahrzeichen. An diesen Kränen kennen wir ihn nun bestimmt wieder.

Abermals geistert auf dem hinter der Stadt liegenden Höhenrücken der Scheinwerfer eines Autos durch die Dunkelheit. Wo aber in Afrika Autos fahren, dort sind Straßen, und wo Straßen sind, da ist auch eine Stadt. Wir sind also am Ziel. –

Jetzt beginnt für uns das schwierigste Stück Arbeit, die Hafeneinfahrt zu finden. Die navigatorischen Verhältnisse sind hier außerordentlich kompliziert. Hinzu kommt, daß wir nicht den geringsten Anhaltspunkt für die Ansteuerung des Hafens haben. Sämtliche Richtfeuer sind wider Erwarten gelöscht und alle Fahrwasserbojen verschwunden. Die dunklen, kaum erkennbaren Schattenrisse der Hafenbauten und der Molen sind unsere einzigen Richtweiser. Dennoch schieben wir uns unaufhörlich heran.

Auf der Reede liegen einige Dampfer vor Anker. Ihre schattenhaften Umrisse tauchen beim langsamen Näherkommen geisterhaft aus der Finsternis auf. Für sie haben wir jedoch im Augenblick kein sonderliches Interesse. Erst dann, wenn unser Unternehmen mißlingen sollte, wir also die Hafeneinfahrt nicht finden, werden wir die dicksten unter ihnen aufs Korn nehmen und in aller Ruhe ein paar Torpedos vom Stapel lassen. Gänzlich erfolglos werden wir jedenfalls diesen Schauplatz nicht mehr verlassen.

Um auch das geringste Geräusch in dieser windstillen Nacht zu vermeiden, werden jetzt sowohl die Dieselmaschinen als auch die Entlüfter abgestellt.

Nun herrscht vollkommene Ruhe an Bord. Nicht der geringste Laut dringt mehr an die Außenwelt. Im Boot gehen die Männer auf Fußspitzen. Auf der Brücke wird nur noch im Flüsterton gesprochen. Sämtliche Gefechtsstationen sind besetzt. Alles wartet gespannt auf die weitere Entwicklung der Dinge.

Es ist einfach großartig, mit welcher Geduld und welcher Zuversicht die Männer drunten im Boot Stunde um Stunde in ständiger Kampfbereitschaft liegen. Sie sind in jeder Sekunde bereit, das Boot blitzschnell zum Angriff vorzutreiben oder unter Wasser zu drücken. Dabei vermögen sie in der stickigheißen Luft, die im Boot herrscht, kaum noch zu atmen. Der Schweiß rinnt den Männern in Bächen vom Körper. Wir auf der Brücke sind in dieser Hinsicht ein klein wenig besser dran. Wir können wenigstens noch frische Luft atmen. Dafür haben wir die Verantwortung für das Boot.

Plötzlich stößt mich Bade leicht an und raunt mir zu:

„Herr Kapitänleutnant, ein Schatten voraus!"

Wenige Augenblicke später habe auch ich den Schatten im Glase. Anscheinend ist es ein Bewacher, der aus dem Hafen gekommen ist und nun eine Kontrollfahrt unternimmt.

Steuert er auf uns zu? – Nein! – Er schiebt sich seitlich weg. Wir können also auf unserem Platz liegen bleiben, ohne von ihm gesehen zu werden.

Wenn wir auf der Fahrt hierher auch nur einem einzigen Schiff oder Flugzeug begegnet wären, das eine drahtlose Meldung von unserem Vorhandensein hätte abgeben können, wären wir wahrscheinlich jetzt etwas unruhig geworden. So aber wissen wir, daß der Bewacher keine Ahnung von unserer Anwesenheit haben kann und uns daher auch nicht sucht.

Natürlich beobachten wir ihn sehr aufmerksam, denn der Zufall kann ihn uns trotzdem in den Weg führen. Er zieht aber ahnungslos seinen Kurs und macht anscheinend eine kleine Rundreise um seine hier draußen vor Anker liegenden Schäfchen. Er scheint nach dem Rechten zu sehen, soweit er in der Dunkelheit überhaupt etwas sehen kann.

Warum liegen die Frachter eigentlich hier draußen? – Sollen sie zu einem Geleitzug zusammengestellt werden – oder ist der Hafen schon derart voll, daß sie dort keinen Platz mehr finden können? Ist das letztere der Fall, dann sind wir ja zur rechten Zeit gekommen. Von den Dampfern, die im Hafen liegen, soll so schnell keiner mehr die offene See erreichen.

Man scheint aber im Hafen auch ziemlich wachsam zu sein, denn wenn ein Bewacher ständig hier draußen herumkreist, dann wird man im Hafen selbst auch die Augen offen haben.

„Wo steckt der Bewacher jetzt, Auffermann," frage ich, weil ich mich inzwischen wieder auf den vor uns liegenden Hafen konzentriert habe.

„Außer Sicht gekommen, Herr Kapitänleutnant!" „Um so besser! – Beide E-Maschinen halbe Fahrt voraus!"

Durch das Sprachrohr wird der Befehl nach unten in den Turm geflüstert. Von hier aus wird er durch den Maschinentelegraphen, weitergeleitet.

Leise beginnen die E-Maschinen zu singen. Langsam schiebt sich unser Boot auf die Einfahrt zu. Lautlose Stille herrscht dabei an Bord. Nicht das geringste Geräusch ist zu hören. Das Boot gleicht einem wesenlosen Schatten. Nur die Wellen glucksen leise an der Bordwand entlang.

Noch immer ist die Nacht tiefdunkel, aber bei jeder Kräuselung des Wassers, bei jeder kleinsten Schaumblase leuchtet es phosphorn auf.

Meeresleuchten! – So schön dieses Schauspiel des aus nachtschwarzer Tiefe aufglühenden Wassers sonst auch ist, wenn jeder Schaumstreifen magisch gelb aufleuchtet, jetzt verwünschen wir diese Naturerscheinung, die an uns zum Verräter werden kann. „Beide Maschinen kleine Fahrt!" Wir müssen mit der Geschwindigkeit heruntergehen, weil das Schraubenwasser hinter unserem Boot allzu grell aufleuchtet.

Langsam nähern wir uns jetzt der Einfahrt, während der Bewacher weit draußen seinen Kreis um die Frachter zieht.

Bislang haben wir uns buchstäblich an die Einfahrt herangetastet, ohne sie richtig erkannt zu haben. Nun aber sagt Bade leise: „Jetzt weiß ich Bescheid!" Er deutet dabei auf eine an Backbord voraus im Wasser stehende Bake, die er noch von früher her kennt. „Wir müssen sie an Backbord passieren und dann direkt auf die Mole zusteuern."

Wir schieben uns also langsam an diesem einzigen Fahrwasserzeichen vorbei und suchen nun die Umrisse der Hafenmolen zu erkennen.

Plötzlich geschieht etwas sehr Unsympathisches. Es wird um uns zusehends heller. Innerhalb kurzer Zeit können wir deutlich die Umrisse der Hafenmolen erkennen, die noch wenige Augenblicke vorher in völliger Dunkelheit lagen.

Mürrisch blicken wir zum Himmel hinauf. Tagelang hat sich in der dicken Wolkenschicht kein einziges Loch gezeigt. Ausgerechnet in dieser Stunde, in der wir nur die Finsternis gebrauchen können, muß die Wolkendecke aufreißen und den Sternenhimmel hindurchscheinen lassen. Ebenso deutlich, wie wir jetzt die Umrisse sowohl der hinter uns auf Reede liegenden Frachter als auch die Hafenanlagen erkennen können, müssen auch wir gesehen und erkannt werden. Unser Trost bleibt, daß man von uns nichts ahnt und daher auch – hoffentlich – nicht allzu wachsam sein wird.

Das einzige Gute dabei ist, daß wir die Einfahrt jetzt gut ausmachen können und daher weniger Gefahr laufen, von der herrschenden Strömung abgetrieben und gar auf eine der Molen geworfen zu werden.

Auf diese Einfahrt halten wir jetzt zu. Ein Zurück gibt es nun für uns nicht mehr.

Auffermann läßt sofort geräuschlos das Geschütz und die Maschinenwaffen besetzen.

„Alle Mann auf Gefechtsstation! – Wir laufen ein! – Klar zum Minenwerfen! – Beide E-Maschinen kleine Fahrt voraus!"

Wir starten nunmehr zu unserem ersten Minenunternehmen. Außer dem leisen Brummen der E-Maschinen und dem Plätschern des Wassers verursachen wir nicht das geringste Geräusch. Alles steht voll atemloser Spannung auf seinem Platz. Niemand wagt mehr ein Wort zu sprechen.

Langsam, geisterhaft lautlos, nähern wir uns der Einfahrt. Wie ein im tiefen Schlaf schweratmendes Untier hebt und senkt sich das Boot in der langen, flachen Dünung. Jedesmal, wenn der Bug in das vom Sternenlicht blausilbern gleißende Wasser taucht, leuchtet es phosphorn auf. Es ist, als stemme sich das Boot gegen die ihn treibende Kraft der Elektromaschinen. Ahnt es, daß wir jetzt die gefährlichste Fahrt beginnen, die wir jemals unternommen haben? –

Immer näher rücken die Molenköpfe heran. Dennoch geschieht es für unsere bis zum Zerreißen angespannten Nerven viel zu langsam. Wir sehen jetzt die Silhouetten der beiden kleinen auf den Molenköpfen stehenden Leuchtbaken, die in Friedenszeiten dem Seefahrer die Einfahrt zeigen. Wir erkennen auch einen Teil der langgestreckten, aus schweren Quadersteinen erbauten Wellenbrecher. Was aber dahinter im Hafen liegt, das sehen wir nicht. Wir können es nicht einmal ahnen. Der Krieg hat vieles verändert, und die Furcht der Briten vor deutschen U-Booten ist selbst bis hierher nach Afrika gedrungen.

Ich drücke das Glas gegen die Augen und lasse den Blick nicht mehr von der Einfahrt. Jetzt heißt es, mehr als nur wach sein. Blitzschnell muß jede Veränderung erkannt werden und ebenso blitzschnell müssen wir uns entscheiden. Jetzt gibt es keine Überlegungen mehr, jetzt heißt es: Präzisionsarbeit leisten – oder sich den Kopf einrennen.

Mit mir sind auch meine beiden Wachoffiziere, der Obersteuermann und das übrige Brückenpersonal mit angespanntester Aufmerksamkeit bei der Sache. Wo so viele Augen beobachten, kann eigentlich nichts mehr übersehen werden.

Dennoch kann ich mir nicht klar darüber werden, was dort auf der Mole steht. Es sieht beinahe so aus, als sei es – – –

„Bade, was ist das dort auf der Backbord-Mole? – Ein Geschütz?"

Während meine beiden Wachoffiziere dieses undeutlich erkennbare Gebilde zu enträtseln versuchen, sehe ich einige Gestalten, anscheinend Wachposten, auf der Mole hin- und hergehen.

„Nein, Herr Kapitänleutnant!" meint Bade nach einigen Augenblicken, während wir jetzt die Molenköpfe passieren. „Ich halte es für einen großen Stein oder einen Steinhaufen!"

Wieder blicke ich dorthin. – Das soll ein Stein sein? – Bin ich denn wirklich so aufgeregt, daß ich schon ein paar zufällig oder aus irgendwelcher unerfindlichen Absicht zusammengetragene Klamotten für Geschütze ansehe? – Sekundenlang achte ich auf meinen Herzschlag. – Alles ruhig. – Zwar sind meine Nerven aufs Äußerste gespannt, schließlich trage ich die Verantwortung für das Boot und das Leben meiner Männer. Aber deswegen habe ich noch lange kein nervöses Herzklopfen.

„Bade, Mensch, das ist doch eine Kanone! – Und dort, auf der anderen Mole, auch eine!"

Da muß Bade einsehen, daß ich richtig gesehen habe. Es sind tatsächlich zwei Geschütze, die die Einfahrt beherrschen und jeden Eindringling abwehren sollen.

Ob die Wachen gar nichts von uns sehen?

Jetzt haben wir die Mitte der Einfahrt erreicht. In jeder Sekunde können wir jetzt entdeckt und derart beharkt werden, daß wir die Sonne nie wieder aufgehen sehen. Trotzdem werden wir hier erst einmal ein paar „Eier" legen. Möglicherweise kommen wir nachher aus irgend einem Grunde nicht mehr dazu.

Währenddessen sehen wir uns einmal nach der Einfahrt um. Hoffentlich kommt uns jetzt nicht der Bewacher in die Quere. Er könnte ja auf den Gedanken kommen, nicht nur die Reede, sondern auch die Einfahrt zu kontrollieren. Das gäbe eine herrliche Situation, wenn der Brite plötzlich auf Rufweite hinter uns stände.

Was dann? – Lieber gar nicht erst daran denken. Dann sitzen wir nämlich wie die Maus in der Falle.

Jetzt kommt das Kommando: „Mine wirf!"

Rums! sagt es halblaut. Klatschend versinkt das erste schwarze Satansei in die Tiefe. Es gibt dabei viel Geräusch und allerhand aufquellende Blasen, die ein geradezu prachtvolles Meeresleuchten verursachen. Es funkelt förmlich vor unseren Augen, als sei eine Unterwasserillumination in Tätigkeit getreten. Kleine Mädchen und alte Frauen wären bei dieser Gelegenheit in begeisterte „Ooohs" und „Aaahs" ausgebrochen. Wir sind dagegen alles andere als begeistert.

Wir halten buchstäblich den Atem an und äugen nach dem Wachposten hinüber.

Auch auf der anderen Mole und im Hafen regt sich nichts Verdächtiges. Niemand hat uns gesehen, niemand hat uns gehört. – Wunderbar! – Noch einmal dasselbe Lied!

Wieder klatscht, so vorsichtig wie nur möglich hinausgestoßen, Mine Nummer zwei in den Bach. Wir ducken dabei förmlich die Köpfe, als es plumpst und ein dicker Blasenstreifen aufquirlt. Es sieht aus, als brenne hier das Wasser schwefelgelb. Man möchte rasch ein großes schwarzes Tuch darüber decken. Ehe man aber überhaupt etwas dagegen tun kann, ist der Spuk vorüber. Ringsumher herrscht wieder das alte friedliche Schweigen. Nur die E-Maschinen singen leise. Und immer weiter geht es in den Hafen hinein.

Jetzt kommt Nummer drei an die Reihe. – Es wiederholt sich das gleiche neckische Spiel. Wieder halten wir den Atem an und schauen uns um. Gerade als die Mine auf den Grund der Einfahrt versinkt, flüstert jemand hinter mir laut: „Voraus ein Schatten!"

„Wo?"

Blitzschnell reißen wir die Gläser an die Augen und suchen die Dunkelheit ab. Es ist aber nichts zu sehen.

„Beide Maschinen – stopp! – Beide Maschinen – Achtung!"

Jetzt gleiten wir völlig lautlos durch das spiegelglatte Fahrwasser der Einfahrt. Man könnte jetzt jene oft zitierte Stecknadel zu Boden fallen hören. Ich höre nicht einmal mehr das Atmen der Männer um mich. Alles ist sprungbereit. Die Bedienungsmannschaft drunten am Geschütz ist klar zum Gefecht. An der Maschinenkanone, die auf dem achteren Teil der Brücke steht, warten die Männer nur auf den Feuerbefehl. Auch der Funkmaat hat ständig den Finger am Abzug seines leichten Maschinengewehres. Wenn es bumst, werden wir hier kaum mit heiler Haut herauskommen. Wir werden aber unser Fell so teuer wie möglich verkaufen. Es gibt dabei auf der Gegenseite garantiert eine ganze Reihe von Toten.

Genau so gespannt wie wir auf der Brücke, stehen die Männer unter Deck auf ihren Gefechtsstationen. Sie sehen nichts und wissen doch, worum es geht. Jeder kaum noch hörbar geflüsterte Befehl wird mit einer wunderbaren Genauigkeit und Schnelligkeit ausgeführt. Das ganze Boot ist nur noch ein einziger Körper, dessen Nerven bis ins kleinste Glied angespannt und kampfbereit sind. Er reagiert jetzt auf die geringste Bewegung, die um ihn herum geschieht. Zum Glück erweist sich der Schatten als blinder Alarm. Die erregte Phantasie hat dem Ausguck wahrscheinlich ein Trugbild vorgegaukelt. Vielleicht ist auch nur ein Wolkenschatten über die Einfahrt hinweggehuscht.

„Beide Maschinen kleine Fahrt voraus!" Weiter geht es in die Höhle des britischen Löwen hinein. – Jetzt tut sich das Hafenbecken vor uns auf. Und – o, welche Pracht! – der ganze Hafen liegt voller Schiffe. Dicht an dicht. Es hat fast den Anschein, als habe hier die ganze britische Westafrika-Handelsflotte Zuflucht gesucht. –

Wenn man jetzt so könnte, wie man gerne möchte! – Das heißt, wenn man jetzt so zehn bis fünfzehn Torpedos hätte und sie fächerförmig auf einem Male abschießen könnte! – Das gäbe ein Gaudi! Der Ausbruch des Vesuvs oder der Untergang Pompejis wären dagegen stümperhafte Erscheinungen. Man könnte nicht nur ein gutes Dutzend prächtiger Frachter versenken, sondern würde damit außerdem mit einem Schlage den ganzen Hafen unbrauchbar machen. –

Ja – wenn!! – –

Leider aber haben wir keine fünfzehn Torpedos an Bord und außerdem den Auftrag, Minen zu legen und uns ebenso leise wieder zu verkrümeln, wie wir gekommen sind. Der Tommy soll ja vorläufig gar nicht merken, daß wir da waren.

Wieviel Tonnen mögen das sein, die hier liegen? – Mindestens doch sechzigtausend! – Und draußen auf der Reede noch zehntausend. Das macht zusammen siebzigtausend! –

Es juckt einem in sämtlichen Fingern und tut einem bis in die äußerste Herzkammer weh, daß man all diese niedlichen Schäfchen ungeschoren lassen muß. Wir trösten uns aber damit, daß in den anderen Häfen, die wir noch besuchen werden, hoffentlich ebenso viele Schiffe liegen werden. In dem letzten werden wir uns dann bestimmt welche herauspicken.

Um nun unsere „Eier" mitten in das Nest legen zu können, müssen wir an ein paar Frachtern vorbei, die dicht neben der Einfahrt vertäut liegen. Jetzt fehlt uns bloß, daß vom Deck eines dieser Dampfer ein Seemann gerade mal in den Bach spuckt und uns dabei entdeckt.

Man scheint aber überall sorglos zu schlafen, während wir uns lautlos in greifbarer Nähe an den hohen Bordwänden der Fahrzeuge vorbeischieben.

Zwei Frachter haben wir auf diese Weise schon passiert, ohne daß uns jemand gesehen hat. Nun noch an dem dritten vorbei, dann kann das Eierlegen losgehen.

Wir sind gerade querab von ihm, als plötzlich oben auf dem Mitteldeck eine Tür aufgestoßen wird. Heller Lichtschein dringt heraus und wirft einen langen, gelben Strahl über das Wasser und – über unser Boot. Ein Mann mit einem Eimer in der Hand tritt heraus. Der Eimer macht einen Schwung und – klatsch kommt ein dicker Strahl dreckigen Wassers von oben herab. Dann verschwindet der Mann wieder von der Reling. Die Tür fällt ins Schloß zurück. Das Licht ist erloschen und uns – das Herz stehen geblieben.

Die Schweißtropfen, die uns jetzt auf der Stirn stehen, kommen bestimmt nicht allein von der Wärme.

Dann aber kehrt unsere alte Energie zurück. Es ist ja noch einmal gut gegangen. Das hätte uns gerade noch gefehlt, auf solch dumme Weise entdeckt zu werden, nachdem wir unter den Augen der Wachposten und vor den drohenden Mündungen der Geschützrohre unsere Minen gelegt haben..

Nun wird es aber höchste Zeit, daß wir mit unserer Arbeit fertig werden. – Also hinaus mit den Dingern.

Und nun werden, während wir quer über den Hafen einen Halbkreis beschreiben und dann wieder die Ausfahrt ansteuern, etliche Minen in den Bach gekleckert. Immer eine nach der anderen. Die Herren Engländer werden bestimmt ihre Freude daran haben. Am liebsten würden wir vor jedem Frachter eine Mine legen, auf die er todsicher aufbrummt, sobald er sich vom Fleck bewegt.

Soviel Minen haben wir aber leider nicht an Bord, denn die anderen Häfen sollen auch noch bedacht werden.

Als das letzte Teufelsei in das nasse Element gerutscht ist, eilen wir den gekommenen Weg zurück. Abermals lauern wir sprungbereit zur Gegenwehr, als wir an dem Wachposten vorbeifahren. Aber auch jetzt merken sie nichts von uns. So lautlos wie wir gekommen sind, verschwinden wir wieder. Als wir dann endlich die Sperre passiert haben und vor uns die Schatten der auf Reede liegenden Frachter auftauchen, schlagen wir uns mit einem tiefen Aufatmen „seitwärts in die Büsche".

Das war unser erster Streich. –

Wir können mit dem Erfolg zufrieden sein. Dennoch gibt es Männer an Bord, die es nicht verstehen können, warum wir die schönen Frachter, die so prachtvoll vor unseren Rohren liegen, ungeschoren lassen.

Während wir in der Dunkelheit untertauchen und um den Bewacher einen großen Bogen beschreiben, entwickelt sich hinter mir folgendes Gespräch im Flüsterton:

„Lassen wir diese Kähne hier ganz ungeschoren, Herr Bootsmaat?" fragt der Ausguck den Brückenmaaten. Gemeint sind die fünf oder sechs Frachter.

„Müssen wir", lautet die lakonische Antwort des Unteroffiziers.

Das kann oder will aber der Ausguck nicht begreifen.

„Warum?"

„Wenn wir sie knacken, gibt es Lärm. Wenn wir aber Lärm machen, haben wir die Bewacher auf dem Hals und müssen auf die anderen Häfen verzichten."

Der Bootsmaat hat also den Sinn unseres Unternehmens vollkommen verstanden. Er beweist damit, mit welcher Begeisterung die Männer bei der Sache sind.

„Können wir die Frachter denn nicht auf eine andere Art abbuddeln lassen?" fragt der Ausguck abermals, während er den ihm zugewiesenen Sektor mit seinem Glase absucht, denn auch jetzt noch darf die Aufmerksamkeit keinen Augenblick erlahmen.

Die Tatsache, daß wir die Dampfer, die zusammen schätzungsweise dreißigtausend Tonnen messen, gänzlich unbeachtet lassen, während wir uns sonst auf See nach einem einzigen davon die Hacken ablaufen, scheint ihm absolut nicht zu behagen.

„Wie denn?" fragt der Unteroffizier zurück.

Er kann sich anscheinend kein rechtes Bild von einer anderen als geräuschvollen Versenkung machen. Ich muß gestehen, daß auch ich gespannt darauf bin, welche Idee der Mann hinter mir entwickelt.

„Wollen Sie etwa die Schlitten der Reihe nach anbohren?"

„Nee! – Aber – –"

Der Ausguck macht wieder eine Pause, in der er sein Glas kreisen läßt. Da er nichts findet, was ihm verdächtig erscheint, setzt er seine Rede fort:

„Wir haben doch Sprengpatronen und ein Boot an Bord. – Wir brauchen doch bloß jetzt in der Nacht heimlich rüberzurudern und an jeden Kasten ein paar Patronen anbringen. Natürlich mit Zeitzündung. – Wenn wir dann ein Ende weg sind, geht der ganze Verein der Reihe nach hoch. – Die Gesichter der Tommys möchte ich sehen, wenn plötzlich wie aus heiterem Himmel vor ihren Nasen ein Dampferchen nach dem anderen in die Luft geht, ohne daß sie spitz kriegen, woher das kommt. – Ich glaube, das wäre ein Bild für Götter!"

Da muß auch ich heimlich lachen. Wahrhaftig, es ist keine schlechte Idee. Nur einen Haken hat die Geschichte. Die Sprengpatronen können natürlich nur an den Außenseiten der Bordwände angebracht werden. Die größte Kraft der Explosionen wird also im Wasser verpuffen. Es werden nur ein paar Beulen in den Bordwänden entstehen, höchstens ein kleines Leck. Es reicht aber nicht dazu aus, das Schiff untergehen zu lassen.

Andererseits hat der Mann natürlich recht. Draußen auf See jagt man tage- und wochenlang herum und ist heilfroh, wenn man endlich einen Frachter vor das Rohr bekommt. Man ist dann schon zufrieden, wenn man ihm mit zwei Torpedos den Garaus gemacht hat. Hier aber liegt gleich eine ganze Armada friedlich vor Anker. Trotzdem müssen wir sie unbeachtet lassen, weil wir wichtigere Aufgaben zu erfüllen haben.

Die nächsten Häfen warten noch auf uns.

Der zweite Streich

Für die nächsten 24 Stunden haben wir erst einmal Pause. Solange dauert es ungefähr, bis wir den nächsten Hafen erreicht haben. Während wir den Marsch fortsetzen, legt sich die Freiwache „vor Anker", um ein paar Stunden zu schlafen. Die endlich wieder angestellten Lüfter pumpen nun mit aller Macht frische Seeluft in das Boot.

Auch ich steige nach unten, um „ein Auge voll" zu nehmen. Dabei höre ich folgendes kurze aber charakteristische Zwiegespräch zwischen Hinzpeter und Mischke. Der eine davon ist ein waschechter Hamburger, dem überhaupt nichts mehr imponieren kann. Er hat die sprichwörtliche Ruhe weg.

„Hebb ik di dat nich seggt, dat wi unsre Klamotten wedder uttrekken könt. – So licht stiegen wi nich ut!"

„Warte die Zeit ab. Wir gehen noch in andere Häfen!" meint der andere etwas skeptisch. Er tut es mehr, um den Hamburger zu ärgern als aus eigenem Pessimismus.

„Das mookt nix! – Wi könt dat jetzt ut'n ff. Nu geiht nix mehr verkehrt!"

Was der Gesprächspartner daraufhin erwidert, geht in dem plötzlichen Lärm unter, der aus dem Lautsprecher dringt.

„Der Onkel Eduard aus Bentschen – – –!"

„Heiliger Bimbam! – Jetzt geht dieses Geschrei wieder los!"

Gottergeben packe ich mich auf das eine Ohr, stopfe das andere mit einem Taschentuch zu und bin innerhalb weniger Minuten geistig völlig abwesend.

Als ich wieder die Augen aufschlage, glaube ich, höchstens eine halbe Stunde geschlafen zu haben. In Wahrheit sind es sechs volle Stunden. Vor meiner „Kammer" zieht gerade Hinzpeter mit einem Tablett vorbei. Von den Tellern duftet es nach Backobst und Nudeln.

Da werden die noch etwas müden Geister vollends munter. In wenigen Minuten sitze auch ich am Tisch und löffle mit gesundem Appetit drauf los.

Tischgespräch ist natürlich das Unternehmen der letzten Nacht und das kommende. Dabei werden noch einmal alle erlebten Einzelheiten durchgesprochen und – soweit notwendig – die Lehren für die nächsten Unternehmungen daraus gezogen.

„Wann werden wir in den nächsten Hafen einlaufen, Herr Kapitänleutnant?" fragt Auffermann.

„Wenn alles klappt, morgen abend!"

„Das wäre diesmal an einem Freitag!" bemerkt Bade dazu. Der eigenartige Unterton seiner Stimme läßt mich belustigt aufblicken.

„Sie sind doch nicht etwa abergläubisch, Bade?"

Der W. O. bestreitet es ganz energisch und behauptet, daß er es nur so dahingeredet habe. Der Freitag sei doch nun einmal in der Seefahrt der schwarze Tag, Wir haben davon allerdings noch nichts gemerkt, denn seit dem Beginn meiner Tätigkeit als U-Bootskommandant geschah alles, was von Bedeutung war, an einem Freitag. Trotzdem hat alles bisher vorzüglich geklappt. Ich möchte fast behaupten: Gerade deswegen.

„Na, ich bin Ihnen nicht böse, Bade, wenn Sie es trotzdem sind. Wir alten Seefahrer haben nun einmal den Hang, an überirdische Dinge zu glauben. – Mir fällt dabei eine ganz prächtige Geschichte ein, die ich einstmals als Schiffsjunge erlebt habe. Ich fuhr, zusammen mit Prien, der damals Matrose war, auf einem Zweimastsegler rund um Kap Horn. Wir hatten ein Hundewetter und einen Kuhsturm, gegen den wir einfach nicht mehr ankamen. Mit nur noch ganz wenig Sturmsegel kreuzten wir sage und schreibe achtunddreißig Tage dort unten herum, ohne um diese elende Ecke zu kommen. Wir waren tatsächlich alle nahe daran, zu verzweifeln.

Bei uns an Bord befand sich auch ein Leichtmatrose mit Namen Mader. Dieser Mann war insofern der Liebling aller, weil er etwas besaß, was damals auf Segelschiffen noch eine Seltenheit war und was uns auf unseren monatelangen Reisen viele schöne Stunden beschert und uns oft über unsere Langeweile hinweggeholfen hat. Nämlich: ein Grammophon und ein paar Dutzend Platten. Die Platten waren wirklich nicht mehr schön, fast so wie unser Onkel Eduard aus Bentschen. Aber sie waren unser einziger Lichtblick in der Eintönigkeit der christlichen Seefahrt auf einem Zweimaster.

Am siebenunddreißigsten Tage unserer vergeblichen Bemühungen, um das Kap Horn zu kommen, tat nun dieser Leichtmatrose einen fürchterlichen Schwur. Er gelobte, am nächsten Morgen sein und damit auch unser Heiligtum, das Grammophon mit allen seinen Platten über Bord zu werfen, wenn der Sturm nicht endlich nachließe und wir weiter vorwärts kämen. Er wollte damit dem Wettergott das größte Opfer, das er geben konnte, bringen, damit er sich uns wieder gnädig zeigen sollte.

Mit bangem Herzen sahen wir alle dem nächsten Morgen entgegen. Wir wußten, daß Mader seinen Schwur einlösen würde, wenn – –. Und tatsächlich tobte am nächsten, also am achtunddreißigsten Tage, der Sturm noch genau so wild und verrückt um unser Schiff, wie an allen anderen

Tagen zuvor. Es schien so, als wollte er uns und besonders den Leichtmatrosen Mader herausfordern.

Mader aber nahm die Sache viel zu ernst, als daß er plötzlich kniff. Als er an diesem Morgen an Deck kam und einen Rundblick auf das Meer und den Himmel tat, machte er spornstreichs kehrt und verschwand in sein Logis.

Nach wenigen Minuten kehrte er schwer beladen zurück. Unter dem einen Arm hatte er den Sprechapparat und unter dem anderen Arm sämtliche Schallplatten.

Und nun machte der Mann, der auch von sich aus immer behauptet hatte, niemals abergläubisch zu sein, dem es nun aber doch darum zu tun war, den Wettergott friedlicher zu stimmen, das, was uns allen, die wir bangen Herzens beiseite standen, bis in der tiefsten Seele weh tat. Er nahm erst den Holzkasten und dann sämtliche Platten und warf sie im hohen Bogen über Bord. Klatschend schlugen diese kostbaren Kleinodien im Wasser auf und versanken auf Nimmerwiedersehen. Wir aber standen mit blutendem Herzen dabei und wagten weder einen Einspruch, noch an die künftigen trostlosen Stunden zu denken, die uns nun durch kein Schallplattengekrächze mehr verschönt wurden.

Mader aber sah den entschwundenen Dingen einen Augenblick lang nach wie ein Mann, der seine Schwiegermutter beerdigt hat und nun nicht weiß, ob er darüber froh sein soll oder nicht, und ging dann, als sei nichts geschehen, an seine Arbeit.

Wahrscheinlich hätte er auf der weiteren Reise manchen Spott und Hohn seiner um die Musik betrogenen Kameraden zu hören bekommen, wenn am nächsten Tage nicht tatsächlich das Unglaubliche eingetreten wäre. Der Sturm legte sich zusehends. Wir konnten nach kurzer Zeit jenes Kap umsegeln, das uns achtunddreißig Tage lang festgehalten hat."

„Dann möchte ich empfehlen, Herr Kapitänleutnant, es bei nächster Gelegenheit auch einmal mit unserem ‚Onkel Eduard aus Bentschen' zu versuchen", meint Bade. Ihm kommen jedesmal die Tränen der Wut, wenn er diese Platte hört. Sie wirkt auf ihn – so behauptet er jedenfalls – wie das rote Tuch auf den Stier. Da er aber weiß, daß wir alle an dieser Platte hängen, weil sie so schön blöd ist, muß er sich seinem Schicksal ergeben.

„Herr Kapitänleutnant nannten vorhin den Namen Prien", wirft nun Auffermann ein. „Ist das unser Prien, der Held von Scapa Flow?"

„Ja! – Damals haben wir allerdings beide noch keine Ahnung gehabt, daß wir einmal als U-Boots-Kommandanten durch die Meere strolchen und er ein Nationalheld werden würde. – Ich bin mit ihm eine ganze Zeit lang zusammen auf Segelschiffen gefahren. Er als Matrose, ich als Schiffsjunge. Trotzdem haben wir uns beide, obgleich damals gerade auf den Segelschiffen eine verdammt scharfe Disziplin herrschte und ein Matrose für uns Schiffsjungen schon eine Art Halbgott war, sehr gut vertragen und später gute Freundschaft geschlossen."

„Wie gesagt – später. – Anfangs war das Verhältnis auch nicht gerade das beste. Ich entsinne mich noch genau jenes ersten Auftrittes, den ich mit Prien hatte. Wir liefen damals von Hamburg aus und gingen durch den Kanal. Im Hafen schon hatte der Kapitän den Befehl gegeben, daß wir Schiffsjungen auf See vorläufig noch nicht in die Royal-Rahen, das sind die höchsten Rahen auf dem Segelschiff steigen sollten. Wir waren dazu noch nicht seefest genug. Der Alte wollte nicht die Verantwortung dafür übernehmen, wenn wir wie die Fliegen von oben herunterfielen.

Im Kanal kam nun der Befehl: „Royal fest!" Während nun die Leichtmatrosen über die Wanten nach oben kletterten, blieb ich auf Deck stehen.

Als Prien mich dort sah, pfiff er mich ganz gehörig an. „Was, Kerl, bist du feige?"

Diese Frage war für mich eine moralische Ohrfeige. Sie traf derart meine Schiffsjungenehre, daß ich sofort, ohne mich noch weiter um das Verbot des Kapitäns zu kümmern, gleichfalls über die Wanten nach oben kletterte, bis ich auf der obersten Rah angelangt war.

Es war das erste Mal, daß ich bei ziemlichem Seegang dort oben stand. Ich muß sagen, daß ich sekundenlang die Augen geschlossen und die Zähne zusammengebissen habe. Das Schwindelgefühl und die Gefahr, einfach loszulassen und kopfüber nach unten zu stürzen, waren im ersten Augenblick groß.

Als ich dann aber Prien neben mir sah, der mir auf dem Fuß gefolgt war und mich nun unausgesetzt beobachtete, fühlte ich mich beschämt, gleichzeitig aber auch irgendwie beschützt. Ich begann daher meine Arbeit, die mir bald so flott von der Hand ging, als hätte ich nie im Leben etwas anderes gemacht.

Von diesem Tage an gehörte ich zu Priens Crew und legte meinen Ehrgeiz darin, möglichst immer der erste oben zu sein, wenn es galt, die Segel zu setzen oder zu bergen. Auf diese Art habe ich mir nicht nur das Vertrauen, sondern auch die Achtung jenes Mannes erworben, mit dem ich später einmal unter der Reichskriegsflagge als Offizier gemeinsamen Dienst tat.

Ich habe mit ihm zusammen, nachdem wir gute Freunde geworden waren, sowohl damals als später manche schöne Stunde verlebt. – Davon jedoch später. – Jetzt wird es Zeit, daß ich einmal nach oben steige und nachsehe, was es draußen Neues gibt."

Auf der Brücke bekomme ich jedoch nichts Besonderes zu hören. Wir machen unsere stete Fahrt und werden voraussichtlich in der Frühe des nächsten Morgens vor dem zweiten Hafen stehen, den wir gleichfalls mit Minen verseuchen und damit für die Schiffahrt sperren wollen.

Das Wetter ist das gleiche wie am Vortage. Das Meer atmet mit einer langen, glatten Dünung. Der Wind ist weich und matt, der Himmel wieder bedeckt. Feuchtigkeit hängt fast fühlbar in der Luft. Es ist eine wahre Treibhausatmosphäre.

Auf See sind wir alle nur wieder mit der Badehose bekleidet. Jedes weitere Stückchen Zeug am Leibe ist eine Last. Man möchte sich sogar die Haut ausziehen, weil sie einem noch zu warm ist.

Natürlich gedeihen unter dem Einfluß dieser Wärme unsere Bärte ganz besonders prächtig. Wir haben uns mittlerweile regelrechte „Fußsäcke" zugelegt und sind damit auf dem besten Wege, unser Aussehen ganz dem der alten Flibustier anzupassen. Diese Brüder werden ihr zünftiges Handwerk der Seeräuberei sicherlich auch im Schmucke prächtiger Vollbärte ausgeübt haben. Jedenfalls sind wir den Rasierklingen-Fabrikanten restlos untreu geworden.

Wie werden sich unsere Muttis freuen, wenn wir damit nach Hause kommen! –

Im Laufe des Spätnachmittags überrascht mich der Leitende mit einer sehr unangenehmen Nachricht.

„Herr Kapitänleutnant, uns ist infolge der großen Wärme ein beträchtlicher Teil des Proviants verdorben. Wir müssen eisern zu sparen beginnen und dürfen wahrscheinlich nur noch halbe Rationen ausgeben!"

Obgleich ich etwas ähnliches schon befürchtet habe, hebt mich diese Meldung nun doch einen Augenblick lang aus dem Sattel. – Wir müssen also schon mit der Verpflegung sparen und den Männern im Boot bei ihrem äußerst anstrengenden Dienst nur noch halbe Rationen geben. Das heißt mit anderen Worten: Niemand an Bord kann sich ab heute noch richtig satt essen?! – Wenn mir der Leitende gemeldet hätte, das plötzlich der Brennstoff alle sei, wäre ich kaum erschütterter gewesen.

Vom guten Essen und Trinken hängt wahrhaftig nicht das Lebensglück ab. Es ist dem Körper nicht einmal zuträglich, alle Tage üppig zu leben. Auf deutschen U-Booten wird aber sowieso nur eine bescheidene, aber kräftige Mahlzeit gereicht. – Aber auch das soll nun, solange die Fahrt noch dauert, aufhören? –

Na, dann man zu. Nunmehr wird es höchste Zeit, daß wir uns einen Dampfer krallen, der noch Proviant an Bord hat. Er wird, ehe wir ihn zu den Fischen schicken, entsprechend erleichtert. Neptun und seine Meerjungferngarde brauchen nicht immer die fettesten Brocken zu haben, sonst werden die kleinen Wassernixen zu rundlich, was ja sowieso nicht dem heutigen Schönheitsideal entspricht.

„Gut, Rohweder, teilen Sie den Proviant ein, wie Sie es für richtig halten. Sobald wir können, werden wir neuen herbeischaffen! – Haben wir wenigstens noch genügend Brennstoff?"

Einen Augenblick lang scheint der L. I. mit der Antwort zu zögern. Dann erwidert er: „Für die Durchführung der Aufgaben reicht er, Herr Kapitänleutnant!"

„Das ist die Hauptsache!"

Damit ist der Leitende entlassen. Er steigt wieder unter Deck, um das schwierige Amt der Provianteinteilung zu übernehmen. Solange reichlich vorhanden ist, macht es keine besonderen Umstände, sobald aber, wie jetzt, eisern gespart werden muß, verursacht es doch einige Kopfzerbrechen.

Es ist aber noch immer besser, knapp an Proviant als knapp an Frischwasser zu sein. Hunger kann man schon eine ganze Weile aushalten. Der Durst ist aber ein großer

Peiniger des Menschen. Wir sind daher unseren Technikern und Arbeitern dankbar, daß sie uns einen Frischwasserbereiter ins Boot eingebaut haben, der uns völlig unabhängig macht. Solange wir selbst im Wasser schwimmen, werden wir auch genügend Wasser haben. –

Man darf aber, wie die Zukunft uns lehrt, auch in Dingen, die als sehr zuverlässig erscheinen, nicht allzu optimistisch sein. Mit anderen Worten: Man soll den Tag nicht vor den Abend loben.

Endlich kommt die Nacht herbei. Sie bringt uns wieder etwas Abkühlung und Erfrischung. Alles atmet nach der Gluthitze erleichtert auf, als die erste frische Seebrise über das Boot streicht. Nun werden wir auch bald in der Nähe des zweiten, für unsere Operationen ausgesuchten Hafens stehen.

Noch einmal werden alle Geräte und Maschinenteile überprüft und die für das nächste nächtliche Minenlegen notwendigen Vorbereitungen getroffen.

In der Dunkelheit müssen wir unsere Aufmerksamkeit wieder verdoppeln. Wir nähern uns dem Schiffahrtsweg dieses Hafens. Kein fremdes Fahrzeug, ob ein- oder auslaufend, darf uns sehen. Wenn in dem ersten Hafen die Minen ihre Schuldigkeit tun, dann soll der Brite glauben, daß wir dort noch herumgeistern.

Diesmal laufen wir so dicht wie möglich unterhalb der Küste entlang. Hier sind wir am sichersten vor Begegnungen mit anderen Fahrzeugen. Diese Maßnahme birgt allerdings auch besondere Gefahren in sich.

Das Wasser ist hier nur wenige Meter tief. Uns ist damit jede Möglichkeit genommen, sofort zu tauchen. Wir müssen dabei mit dem Bauch glatt in den Sand kommen. Außerdem ist dieser Küstenstrich von Untiefen durchzogen. Wenngleich wir auch gutes Kartenmaterial besitzen, so haben Sandbänke doch die unangenehme

Angewohnheit, sich oft in kurzer Zeit, mitunter innerhalb weniger Tage, grundlegend zu verändern. Das kann natürlich nicht laufend kontrolliert werden, jetzt während des Krieges schon gar nicht. Wir müssen also immer damit rechnen, plötzlich auf Sand zu rutschen, was von einem Seemann nicht gerade als angenehm empfunden wird.

Andererseits können wir von der Brücke aus ganz prächtig das Schauspiel der ewigen Brandung beobachten. Ihr weithin sichtbares Meeresleuchten bietet ein faszinierendes Bild. Ringsumher herrscht tiefer Friede. Alles ist in nachtschwarze Dunkelheit gehüllt. Kein Lichtschein ist zu sehen. Der fast bis an das Meer heranreichende nahe afrikanische Busch hebt sich nur als ein mattschimmernder, dunkler Strich über der Brandung ab. Auch im Urwald selbst herrscht Grabesstille. Die Tierwelt ist zur Ruhe gegangen. Nur hin und wieder hört man das Palaver einiger Neger, die sich um irgend eine Sache zanken oder auch nur unterhalten. Die Schwarzen haben ja die Gewohnheit, selbst beim Flüstern noch immer laut zu schnattern.

Herrscht aber Ruhe am Lande, dann ist nur der gleichmäßige Herzschlag des Meeres zu hören, wenn sich die Dünung am Strande bricht. Es ist ein gewaltiges, monotones Rauschen, das in regelmäßigen Intervallen wiederkehrt. Dazwischen herrscht tiefe Stille.

Würde jetzt irgendwo eine Hawaiguitarre aufklingen und eine wohlklingende Altstimme schwermütige Liebeslieder singen, käme man sich vor wie in einem weltabgeschiedenen Paradies. In dieser Stimmung und in dieser Umgebung versteht man erst richtig die Sehnsucht der Menschen nach den südlichen Zonen und die Schwermütigkeit der Seemannsweisen. Man ist tatsächlich versucht, den Mann mit der Quetschkommode an Deck kommen und leise spielen zu lassen. –

Wir leben aber im Kriege und stehen an der Front. Im Kriege aber darf es keine Sentimentalität geben, auch wenn sie noch so schön ist. Jetzt herrschen die rauhen Gesetze der Waffen und des Kampfes. Wir sind nicht hierher gekommen, um südliche Nächte zu erleben, sondern um britische Frachter zu versenken. Ein krasser aber notwendig gewordener Gegensatz zu den Träumereien der Menschen. –

In der Frühe des kommenden Morgens stehen wir vor dem zweiten westafrikanischen Hafen. Jetzt heißt es abermals, die Ohren steif halten. Natürlich können wir bei diesem hellen Tageslicht nicht an der Oberfläche bleiben. Wir müssen tauchen und unter Wasser die Nacht abwarten.

Das hört sich sehr einfach an. Es erfordert jedoch eine große Geduld und Selbstbeherrschung, denn die Hitze im Boot wird von Stunde zu Stunde unerträglicher.

Und dabei steigt die Sonne immer höher. – Mit ihr klettert auch das Thermometer im Boot zu einer erschreckenden Höhe. Dabei sind wir der Sonne nicht einmal unmittelbar ausgesetzt. Der Mangel an jeglicher Frischluft und die ansteigende Temperatur des Seewassers verursachen aber im Innern des Bootes eine derartige Wärme und schlechte Luft, daß einem das Atmen schwer fällt und der Schweiß ununterbrochen aus allen Poren des Körpers rieselt. Alle Gestalten glänzen wie glasierte Porzellanfiguren, aus allen Gesichtern trieft es unaufhörlich.

Anfangs wischt man sich noch verzweifelt die brennenden Schweißtropfen aus den Augen. Nach etlichen Stunden aber gibt man es auf und läßt das Wasser rinnen, wohin es will.

Stunde um Stunde vergeht so im nervenaufreibenden Warten. Währenddessen rinnt das Wasser aus den

Körpern, von der Decke und den Wänden des Bootes. Es gibt überhaupt nirgends mehr einen trockenen Fleck. Alles ist naß. Die Luft im Boot ist hundertprozentig mit Feuchtigkeit gesättigt. Trotz der Hitze trocknet nichts mehr. Kein Wunder, daß selbst die besten Lebensmittel und Konserven verderben. Die Büchsen quellen auf wie die Hefenkuchen und können einfach über Bord gekippt werden.

Wir haben zwar gewußt, daß wir in den Tropen nicht zu frieren brauchen. Aber mit einer derartigen Temperatur im Boot hat nun doch niemand gerechnet. Atlantikfahrten haben wir ja nun schon mehrere hinter uns. Wir sind dabei jedoch nicht über die gemäßigte Zone hinausgekommen. Die Tropenfahrt mit einem U-Boot erleben allesamt zum erstenmal. Uns fehlt dabei jegliche Erfahrung, jeglicher Anhalt. Bei einer zweiten solchen Fahrt werden wir bestimmt noch bessere Vorbereitungen treffen.

Überhaupt ist unser Boot keineswegs für den Tropendienst vorgesehen. Dennoch haben wir nichts an ihm auszusetzen. Deutsche Schiffsbauingenieure und deutsche Werftarbeiter haben hierbei ihr Bestes geleistet. Sie haben uns ein Fahrzeug in die Hände gegeben, das selbst bei stärkster Beanspruchung nicht versagt und uns in keiner noch so brenzlichen Situation verläßt. Deutsches Material und deutsche Wertarbeit beweisen wieder einmal, daß sie etwas zu leisten vermögen und was sie wert sind.

Auch die anderen Staaten haben U-Boote, auch sie sind nicht aus Pappe gebaut. Dennoch möchten wir alle auf keinem anderen als nur auf einem deutschen Boot fahren. –

Die Mittagszeit ist längst vorbei. Nach unserer Berechnung muß die Sonne schon einen ziemlichen Tiefstand erreicht haben.

„Vorläufig also runter mit dem Boot bis auf den Grund! – Alles schlafen gehen! – Um zehn Uhr auftauchen und einlaufen! – Bis dahin Ruhe im Boot!"

Diese Anordnung ist notwendig, um mit der Luft im Boot zu sparen. Niemand darf jetzt mehr unnütz herumlaufen. Alles hat sich hinzulegen, wobei am wenigsten Sauerstoff verbraucht wird. Mehrere Stunden lang herrscht nun tiefer Friede im Boot.

Zur festgesetzten Zeit aber kommt wieder Leben unter die Besatzung, soweit man bei der nun im Boot herrschenden Temperatur noch von Leben reden kann. Zwar gehen die Männer sofort auf ihre Gefechtsstationen, doch hängen sie unter der Qual der entsetzlichen Hitze mehr in der Luft als daß sie stehen. Nur die Aussicht, daß wir jetzt wieder auftauchen und frische Luft bekommen werden, reißt sie hoch und gibt ihnen die Kraft, ihre Funktionen mit der gleichen Genauigkeit und Schnelligkeit durchzuführen wie unter normalen Verhältnissen.

Als der Turm endlich an die Oberfläche kommt und das Luk aufgestoßen wird, quillt förmlich ein heißer Luftstrahl aus dem Boot. Wir, die wir sofort auf die Brücke können, atmen erst einmal tief und empfinden die drückende Tropennacht als etwas besonders Kühles, während sich die Männer in der Zentrale an den offenen Schacht drängen und einen kühlen Luftzug zu erhaschen suchen.

Wegen der Nähe der Küste und des Hafens ist es aber ausgeschlossen, die Entlüfter anzustellen. Ihr hörbares Brummen könnte uns verraten. Die Männer im Boot müssen sich also mit dem begnügen, was ihnen der Fahrtwind an frischer Luft ins Boot treibt. Es ist nicht viel, dennoch genügt es, um ihre Lebensgeister neu zu wecken und sie abermals zu aller Energie anzuspannen.

Wieder muß die ganze Besatzung – diesmal ist es eine noch viel größere Qual – die volle Uniform anziehen und ihr Bündel neben sich griffbereit legen. Heute ist die Gefahr des Entdecktwerdens noch viel größer als im ersten Hafen. Wir müssen ja damit rechnen, daß inzwischen alle Häfen alarmiert sind und nun überall scharfer Ausguck gehalten wird.

Abermals erleben wir die gleichen spannungsgeladenen Augenblicke.

Diesmal ist, obgleich wir nun schon eine gewisse Erfahrung haben, alles noch viel schwerer als im ersten Hafen. Hier herrscht eine wahrhaft ägyptische Finsternis. Keine Lampe, kein Lichtstrahl, nicht einmal der Schein einer Taschenlampe in der Hand eines von der Arbeit durch den Busch heimwärts eilenden Negers ist zu sehen. Alles ist schwarz in schwarz.

In dieser Dunkelheit sollen wir nun die Hafeneinfahrt finden, die hier, ebenso wie bei allen Häfen dieser Küste, durch weit vorgeschobene Steinmolen gebildet wird. Die Atlantikbrandung ist hier das ganze Jahr hindurch so stark, daß die Häfen nur durch besonders starke Molen einigermaßen vor der Versandung geschützt werden können. Daneben spielen die verschiedenen Unterwasserströme eine ganz erhebliche Rolle.

Wieder schieben wir uns langsam, lautlos, nur von den E-Maschinen getrieben, an die Einfahrt heran. Das heißt, vorläufig nähern wir uns erst einmal der Stelle, an der wir die Einfahrt vermuten. Es ist aber auch beim Näherkommen einfach alles derart finster, daß wir beim besten Willen nichts von den Molen sehen können.

Wir müssen also noch näher heran. Jetzt rauscht vor uns schon die Brandung und läßt ihre Gischt phosphorn aufsprühen. Aber überall, wohin wir blicken, bietet sich das gleiche eintönige Bild. Überall Brandung, überall Meeresleuchten, nirgendwo ein dunkel bleibender Streifen, der die Einfahrt verraten könnte.

Der Strand ist jetzt fast zum Greifen nahe.

„Lotung!" befehle ich durch das Sprachrohr nach unten. Natürlich nur im Flüsterton.

Nach wenigen Augenblicken kommt die Antwort. „Ein Meter!"

Gerechter Strohsack! – Nur noch einen einzigen Meter Wasser unterm Kiel.

„Beide Maschinen stopp! – Backbord-Maschine – halbe Fahrt zurück! – Steuerbord-Maschine – halbe Fahrt voraus! – Ruder hart Backbord!"

Gehorsam dreht das Boot von Land ab. Es bleibt uns jetzt nichts anderes übrig, als dicht unter Land entlangzufahren und die Einfahrt zu suchen. Das ist ein Geduldsspiel erster Güte. Jede Stunde dieser Nacht ist kostbar. Je länger wir suchen müssen, um so weniger Zeit bleibt uns für unsere Aufgabe. Unter Umständen kann es geschehen, daß wir, wenn wir die Einfahrt nicht rechtzeitig finden, abermals einen ganzen Tag warten müssen, um am folgenden Abend das gleiche Spiel zu wiederholen.

Einmal – zweimal – dreimal kreuzen wir nun schon vor den Küstenstrich auf und ab, ohne die Einfahrt zu finden, die wir am Tage deutlich gesehen haben. Es ist alles dunkel, undurchsichtig, brandungsumspült.

Jetzt drehen wir zum vierten Male bei und gehen auf Gegenkurs.

„Der Teufel soll die Einfahrt holen!" ergrimme ich mich und klemme mir das Glas noch fester vor die Augen. Wenn sich doch wenigstens die Molen ein klein wenig vom Hintergrunde abheben würden. Sie scheinen aber ebenso schwarz zu sein wie die Nacht.

Während wir nun zum wiederholten Male den Küstenstreifen absuchen, herrscht auf und im Boot eiserne Ruhe. Kein Laut ist zu hören, obgleich die Luft im Boot wegen der abgestellten Lüfter nach wie vor fast unerträglich ist. Dabei stehen die Männer dort unten in voller Uniform auf ihren Gefechtsstationen, als seien wir im tiefen Winter oder in nördlichen Zone. Ich kann ihnen aber beim besten Willen keine Erleichterung schaffen, denn die Ventilatoren müssen schweigen.

Wir auf der Brücke starren in die Nacht hinaus und suchen den schwarzen undurchdringlichen Küstenstreifen nach der Einfahrt ab.

„Da, Bade, sehen Sie mal die hohe Baumgruppe dort! – Die stehen doch, wenn ich mich recht erinnere, unmittelbar am Fußende der Mole?"

Nun blickt auch mein II. W. O. in die Richtung, wo sich, nur ganz schemenhaft, die Umrisse einiger besonders hoher Palmen vom nachtdunklen Himmel abheben.

„Stimmt, Herr Kapitänleutnant! – Hier ist die Einfahrt!"

„Gott sei Dank! – Achtung! – Wir laufen ein!"

Noch einige Maschinen- und Ruderkommandos und wir stehen tatsächlich vor den langgesuchten Molen. Jetzt beginnt ein äußerst schwieriges Stück Arbeit. In Friedenszeiten darf kein Dampfer diesen Hafen ohne Schlepperschiffe anlaufen. Die Strömungen vor der Einfahrt sind zu stark und mannigfaltig Da sich die Herren Engländer aber wohl kaum dazu bereit erklären werden, uns einen solchen Schlepper zur Verfügung zu stellen, müssen wir eben mit eigener Kraft die Hindernisse überwinden. Dieses Beginnen ist um so schwieriger, da wir nur mit den Elektromaschinen laufen dürfen. Die Diesel machen einen zu großen Lärm. Die Strömung packt hier das Boot und drückt es gegen die Mole, wenn man nicht aufpaßt.

Es kommt tatsächlich so, daß wir, als wir in der Einfahrt stehen, Blut und Wasser schwitzen. Der Strom und die Brandung, die beide gleichzeitig gegen die ganze Länge des Bootes drücken, schieben es unerbittlich seitlich weg.

Wir geraten dabei nicht nur außerhalb der Fahrstraße, also auf Untiefen, sondern sehen auch noch die andere Molenseite in ihrer ganzen Länge auf uns zukommen.

Um den drohenden Zusammenstoß mit der Mole zu entrinnen, gibt es für uns nur eine Möglichkeit: Hart Ruder und wieder hinaus aus der Einfahrt. Wir wissen jetzt, wie die Strömung läuft und werden uns danach richten.

Es gelingt uns auch, durch exaktes Ruder- und Maschinenmanöver im letzten Augenblick von der Mole freizukommen und wieder die Ausfahrt zu gewinnen.

Im freien Wasser beschreiben wir eine Schleife, gehen auf Gegenkurs und laufen nun zum zweiten Male in den Hafen ein. Diesmal stemmt sich unser Boot mit der ganzen Kraft seiner E-Maschinen gegen die Strömung. Nach einigen bangen Augenblicken des Ringens zweier Kräfte überwindet unser Boot die Gewalt des Wassers und gleitet sicher in den Hafen hinein, in dem wir uns nun geräuschlos vorwärts bewegen.

Nun aber nichts wie weg mit den Minen! Inzwischen haben wir auch entdeckt, daß auf beiden Molen Maschinenwaffen stehen. Ihre Bedienungsmannschaften werden nicht weit davon sein. Da wir absolut keinen Wert darauf legen, mit ihnen in ein Feuergefecht zu kommen, werden wir uns nicht länger als unbedingt notwendig aufhalten.

Wieder kleckern wir in einer hübschen Kette unsere Kuckuckseier ins Wasser. Rauschend versinken sie in die Tiefe.

„– – fünf – sechs – sieben – acht – – –"

Und so weiter. Immer hinein! – Die Männer arbeiten mit einer wahren blindwütigen Begeisterung. Der Schweiß rinnt ihnen dabei in Sturzbächen vom Körper. Das ist ihnen jetzt aber gleichgültig.

Ein kurzer, ängstlicher Blick zum Himmel hinauf läßt uns etwas ruhiger werden. Petrus scheint diesmal vernünftig zu bleiben. Er läßt den dicken Wolkenvorhang geschlossen und keinen neugierigen Stern hindurchscheinen.

Dabei reizt es uns schon wieder zu erfahren, wieviel Zeit die Tommys dazu brauchen würden, uns bei einem plötzlichen Hellerwerden zu entdecken und ihre Waffen zu besetzen. Ob wir uns wohl in dieser Zeit in Sicherheit bringen könnten? –

Das mag für die Briten ein schöner Schreck sein, wenn sie plötzlich entdecken, daß ein deutsches U-Boot vor ihrer Nase den Hafen blockiert.

Wir wollen aber nicht den Teufel an die Wand malen, denn wir wollen ja noch einem dritten Hafen einen Besuch abstatten.

Als endlich die letzte Mine in die Tiefe sinkt, machen wir kehrt und schleichen uns ebenso lautlos wieder davon, wie wir gekommen sind. Niemand der schlafenden oder zigarettenrauchenden Briten hat uns gesehen. Um so gräßlicher wird in den nächsten Tagen das Erwachen sein.

Sobald wir aber auf See außer Hörweite sind, reißen wir uns das Zeug vom Leibe, lassen durch die Lüfter gehörig frische Luft ins Boot pumpen und danken unserm guten Stern, daß er uns auch diesmal nicht verlassen hat.

Als wir uns dann zur Ruhe begeben, während das Boot dem nächsten Hafen zustrebt, klingt aus dem Lautsprecher laut und kräftig unser Nachtgebet, das schöne blöde Lied: „Der Onkel Eduard aus Bentschen – – –!"

Aufruhr im Äther

Unser Ziel ist jetzt der Hafen Numero drei. Irgendwo müssen wir ja schließlich auch einmal unsere Torpedos an den Mann bringen. In dem letzten Hafen war das ja leider nicht möglich, weil sich dort nicht ein einziges Schifflein sehen ließ. Außerdem halte ich es auch für ratsam, erst einmal etliche Dutzend Seemeilen hinter uns zu legen, ehe wir von neuem von uns reden machen.

Daß an der Küste bereits dicke Luft herrscht, bekommen wir bald zu hören. Unser Funkmaat, Hebestreit heißt der gute Mensch, sitzt unermüdlich in seinem Funkraum, hat die Hörer um und ist einfach nicht mehr von seinen Knöpfen wegzubringen. Seit er die erste Warnung der Briten vor einem deutschen U-Boot, die auf der internationalen Welle verbreitet wurde, aufgefangen hat, will er alles wissen, was die Engländer ihren Schützlingen durch den Äther zuzuflüstern haben.

Laufend bekomme ich jetzt von ihm die verschiedensten Meldungen. Hiernach warnen die Briten alle Häfen und alle auf See befindlichen Schiffe vor einem deutschen Unterseeboot, das sich bereits unbeliebt gemacht habe. Damit verraten sie uns, ohne es natürlich zu wollen, daß einige unserer Minen bereits ihre Schuldigkeit getan haben. Gesehen haben sie uns natürlich nicht. Sie haben es nur knallen hören. Daraufhin sind einige ihrer wertvollen Dampferchen abgebuddelt. Das können natürlich nur Torpedos gewesen sein. Wahrscheinlich hat es schon in beiden Häfen gekracht. Der Tommy wird jetzt also zwischen beiden Häfen eine mächtige Jagd auf uns machen. Wer weiß, was er jetzt alles an Bewachern und sonstigen Kriegsfahrzeugen losgehetzt hat, um uns zu fangen. Wir würden wahrscheinlich graue Haare bekommen, wenn wir diese Flotte plötzlich auf dem Halse hätten. Daß wir statt dessen einem dritten Hafen zusteuern, ahnt der Engländer natürlich nicht.

Die Richtigkeit unserer Annahme bestätigt uns der Befehlshaber selbst im Laufe des Nachmittags.

„Herr Kapitänleutnant, ein Funkspruch vom B. d. U.!"

Mit einem Grinsen, das sein ganzes Gesicht in Sonne taucht, hält mir der Funkgast das Blatt hin.

„Das habt ihr gut gemacht!"

Das ist mehr als nur ein einfaches Lob. Es ist Anerkennung unserer Arbeit, deren Erfolge bereits dem Befehlshaber bekannt geworden sind.

„Bade, geben Sie das den Männern bekannt!" Damit drücke ich meinem II. W. O. das Blatt in die Hand, der auch sogleich damit unter Deck steigt. Ich aber mache es mir inzwischen an dem auf dem Oberdeck neben dem Turm improvisierten Kaffeetisch bequem, wo mich Auffermann bereits erwartet.

„Hinzepeter, was gibts heute?"

Hinzepeter, wie er richtig heißt, ist eine Seele von Mensch. Er tut alles, was man will. Er ist ein Mann von der Wasserkante, wie er im Buche steht. Durch nichts ist er aus seinem Gleichmut zu bringen und setzt bei allem, was man sagt, ‚een smeeriges Grientje upp', wie die Hamburger sagen. Er lacht einfach immer. Selbst dann noch, als ihm – wie er kürzlich erzählte – des Teufels Großmutter im Traum erschien und dabei nur mit einer Badehose bekleidet war. Dazu gehört wirklich ein sonniges Gemüt.

„Bohnenkaffee und Schiffskeks, Herr Kapitänleutnant!" antwortet Hinzpeter. Er versucht dabei, in der einen Hand eine Kaffeekanne, in der anderen Hand eine Schale mit Keks und unter sich ein schaukelndes Oberdeck, eine militärische Haltung einzunehmen. Als die nächste See kommt, fällt er uns dabei fast über den Tisch.

Auffermann aber zieht die Nase kraus und betrachtet sich kritisch die Kekse.

„In diesen Dingern lebt es ja!"
„Jawohl, Herr Oberleutnant!"
„Rausjagen!"
„Jawohl, Herr Oberleutnant!" erwidert Hinzpeter mit treuem Augenaufschlag. Er stellt die Kanne beiseite, beugt sich über die Kekse, klatscht in die Hände und macht „ksch ksch!", als habe er eine Schar Hühner vor sich, die er wegjagen wolle.

„Quatsch! – Rausklopfen natürlich!" brummt der I. W. O. „So macht man das!" Er nimmt einen Keks und schlägt mit dem Fingerknöchel dagegen. Und siehe da, die in der Wärme geborenen Bewohner kommen herausgekrochen und lassen sich nun leicht abschütteln.

Hinzpeter paßt genau auf, sagt wieder „Jawohl, Herr Oberleutnant!", klemmt sich die Schale mit den Keksen unter den Arm und verschwindet damit unter Deck. Hier setzt er sich in eine Ecke und beklopft jeden einzelnen Keks solange, bis nichts Lebendiges mehr zum Vorschein kommt. Dann erscheint er wieder an Oberdeck, nimmt militärische Haltung ein und meldet: „Befehl ausgeführt!"

Seitdem heißt er bei uns: „Hinzepeter, der Keksklopfer!"

Die Vesperstunde bringt uns wieder auf das Thema, das uns im Augenblick sehr am Herzen liegt. Verpflegung. Irgendwie müssen wir für Proviantergänzung sorgen. Dabei kommt Auffermann, der sich den afrikanischen Kontinent als eine wilde Sache vorstellt, zu dem

Vorschlag, nachts an Land zu steigen und dort im Urwald nach geeigneten Früchten Umschau zu halten. Er denkt dabei besonders an die großen Bananenstauden, die nach seiner Ansicht überall wild wachsen und nur gepflückt zu werden brauchen.

Da muß ich doch mächtig lachen. „Ausgerechnet Bananen! – Haben Sie eine Ahnung, Auffermann, wie es hier an der Küste in Wirklichkeit aussieht. Das habe ich auch einmal geglaubt, als ich als Matrose zum ersten Male nach Afrika kam und an Land stieg. Wir meinten auch, man brauche nur auf einen solchen Baum zu klettern und sich absäbeln, was einem gefällt. Wir haben es auch getan, sind die Bäume hochgeentert, haben uns ein paar prächtige Bananenstauden abgeschlagen, die unten von wartenden Leichtmatrosen in Empfang genommen wurden.

Als wir aber wieder auf dem Erdboden standen, waren inzwischen nicht nur unsere Bananen, sondern auch unsere Kameraden in Empfang genommen worden, und zwar von Polizisten. Wir natürlich dazu. Erst wurden wir eingesperrt, durften uns eine ganze Nacht lang mächtig über jene Afrikageschichten ärgern, in denen die Helden es stets genau so gemacht haben, ohne gleich von Polizisten geschnappt zu werden, und dann am nächsten Tage vom Alten ein gehöriges Donnerwetter erleben, der uns gegen schwere Pfundscheine auslösen mußte.

Was in Afrika wächst, gehört nicht etwa demjenigen, der es sich pflückt, sondern den Herren Multimillionären jenseits des Ozeans, deren festangestellte, aber schlechtbezahlte Feldhüter sorgsam darüber wachen, daß sich kein Affe mehr eine Banane zum Frühstück leistet. Sie bringen sonst die ganze Dividendenrechnung in Gefahr."

Als mein I. W. O. das hört, verzichtet er darauf, jemals afrikanischen Boden zu betreten. Ihn interessiere dieser Erdteil sowieso nicht sonderlich.

Mitten in der Unterhaltung kommt ein Unteroffizier zu mir, der eine Sanitäterausbildung erhalten hat und an Bord eine Art Hilfsarzt mimt, denn einen richtigen Arzt haben wir nicht an Bord.

„Melde Herrn Kapitänleutnant, daß der Obergefreite Palenga eine starke Blinddarmreizung hat!"

Das hat uns gerade noch gefehlt. Einen Kranken an Bord, womöglich eine dringende Operation und weit und breit keinen Arzt. Der nächste neutrale Hafen ist viele Fahrtstunden entfernt. Was nun? –

Ich sehe mir natürlich sofort den Mann an. Er liegt unter Deck auf seiner Koje und macht ein wütendes Gesicht. Er ärgert sich am meisten darüber, daß ihm das ausgerechnet jetzt mitten in der Feindfahrt passieren muß.

„Mensch, Palenga, machen Sie uns keinen Kummer!"

„Nein, Herr Kapitänleutnant!" erwidert der Kranke zuversichtlich. Es wird schon wieder werden, wenn ich ein paar Stunden liegen bleiben darf!"

„Selbstverständlich bleiben Sie liegen. – Kräftig Eisbeutel auflegen und vorläufig nichts essen. Der Darm muß Ruhe bekommen!"

Das ist wirklich alles, was ich im Augenblick „verschreiben" kann. Wird es trotzdem schlimmer, müssen wir versuchen, einen neutralen Hafen anzulaufen und den Mann dort an Land zu bringen. Erstens aber ist ein solcher Hafen weit weg, und zweitens bringen wir dadurch unser ganzes Boot in Gefahr. Die neutralen Häfen wimmeln voller feindlicher Geheimagenten. Noch in gleicher Stunde würden es alle britischen Behörden im Umkreis von tausend Meilen erfahren, daß wir da sind und wann wir wieder auslaufen. Was dann geschehen wird, kann man sich getrost an den fünf Fingern abzählen. Wenn der Tommy erst einmal auf unsere Fährte gesetzt ist, wird er nicht eher Ruhe geben, bis er uns gefaßt hat oder wir endgültig aus dieser Gegend vertrieben worden sind. Wir wollen uns aber weder erwischen, noch vertreiben lassen. Wir haben hier noch einige Aufgaben zu erledigen, ehe wir die Heimreise antreten.

Es ist eine Zwickmühle, in die wir geraten. Wir können nur hoffen, daß sich der Blinddarm des Obergefreiten beruhigt und ich in keine Gewissenskonflikte über „Was nun?" kommen brauche.

In den folgenden Stunden, während unser Boot unermüdlich seinen Kurs zieht, tritt glücklicherweise keine Verschlechterung des Krankheitszustandes ein. Die Eisbeutel tun ihre Wirkung. Außerdem ist Palenga ein Mann, der sich nicht so schnell unterkriegen läßt. Von Beruf Bergmann, ist er das karge Leben gewohnt. Ihm schadet weder der dauernde Aufenthalt unter Deck, noch die schlechte Luft, noch die zwangsläufige Hungerkur sonderlich. Er beißt die Zähne zusammen und ist der festen Zuversicht, daß seinetwegen das Boot keine Kursänderung machen und einen neutralen Hafen ansteuern muß.

Ich steige also wieder an Deck, um die unterbrochene Kaffeetafel fortzusetzen. Es ist zwar kein geräumiger, aber ein sehr luftiger Platz, den wir uns dafür ausgesucht haben. Während wir so, eingeklemmt zwischen Turmwand und der Reling, auf dem schmalen Steg des Oberdecks sitzen, uns den Fahrtwind um die Ohren wehen und den inzwischen längst kalt gewordenen Kaffee nebst entvölkerten Schiffskeksen munden lassen, steht ein Seemann in unserer Nähe, der, zünftig wie ein Maler, mit Pinsel und Palette emsig bei der Arbeit ist.

Jedes U-Boot hat ja sein Turmabzeichen. Auch wir. An einer Signalleine die drei untereinanderstehenden Signalflaggen „Lucie – Max – Anton". Und darunter in schwungvollen Buchstaben „Horrido", – Daneben aber prangt noch etwas anderes. Es ist der Kopf einer Kuh, und zwar einer lachenden Kuh. Die Kuh scheint sich ganz köstlich zu amüsieren. Ob über uns, das weiß ich nicht. Ich weiß nur, daß, wenn man diese lachende Kuh sieht, man selbst lachen muß.

Es ist ein etwas komisches Zeichen für einen U-Boot-Turm, denn wir sind weder Alpenjäger noch Käsefabrikanten. Trotzdem hat der Käse etwas mit der lachenden Kuh zu tun. Der Ursprung ist folgender: In unserer Flottille war Befehl, neben dem Bootsabzeichen das Flottillenabzeichen am Turm zu führen. Unsere Flottille bekam den „Stier von Scapa Flow".

Als unser Maler nun den Auftrag erhielt, auch einen solchen Stierkopf an den Turm zu malen – es war kurz vor unserer letzten Ausreise – hatte er keine Ahnung, wie so ein Vieh aussah. Da brachte ihm ein Seemann einen Kistendeckel, den er irgendwo im Hafengelände gefunden hatte. Es war der Deckel einer Käsekiste. Auf ihm war groß und deutlich eingebrannt die Firmenmarke des Käsefabrikanten, eine lachende Kuh. Und darunter stand: „La vache que rit", auf Deutsch: Die lachende Kuh. Das Bild gefiel nicht nur unserem Maler, sondern uns allen so gut, daß wir es an Stelle des Stierkopfes an den Turm malten und darunter: „La vache que rit" setzten.

Seitdem heißt unser Schlachtruf: „La vache que rit!", der nun, vom Seewasser etwas mitgenommen, mit neuer Farbe verschönt wird.

Den Abschluß der Kaffeetafel bildet eine der wenigen noch einigermaßen trocken gebliebenen Zigarren, die ich nur dadurch vor den Einwirkungen der „Regentropfen" unter Deck habe schützen können, daß ich sie mehrfach in Ölpapier wickelte.

In dieser Stunde mit mir, meinem Boot und der Welt einigermaßen zufrieden, lasse ich meinen Blick über das Wasser schweifen, während unsere brave „Lachende Kuh" unermüdlich durch die flache Dünung stampft und die leichten Brecher angenehm unsere Füße umspülen.

Wie herrlich ist doch das Meer. – An jedem Ort und an jedem Tage bietet es dem, der es richtig zu sehen vermag, ein anderes Bild. Nie sind sich die Farben gleich. Sei es das Flaschengrün der Nordsee oder das Tiefblau der norwegischen Fjorde, das Gelb der südlichen Zonen oder das Schwarz im Eismeer – immer ist das Meer ein einziges Prachtspiel von Licht und Farbe. Kein Maler, und sei er noch so begabt, vermag diese hundertfältigen Variationen im Farbenspiel der Wellen wirklich so wiederzugeben, wie sie das Auge sieht. In jeder Kräuselung, in jeder Welle tanzen hundertfältig die Reflexe des Sonnenlichtes oder des bleichen Mondenscheines. Prachtvoll ist das Meer im Abendrot, wenn glutvoll sich die Sonne neigt und mit den Pinselstrichen eines meisterlichen Malers eine leuchtende Farbenskala vom lichtblassen Gelb bis hinunter zum dunklen Violett auf die weite Ebene des Meeres zaubert. Noch schöner aber ist die See, wenn der Sturm sie peitscht, wenn Orkanstöße die Wasser zu Bergen türmen, wenn die Wellen, himmelanstrebend, rollend vorwärtsdrängen, wenn sich unzählige Gischtadern in lebender Verästelung über das Ganze breiten, wenn die Grundseen, tiefausholend alles niederzurennen drohen, was sich ihnen in den Weg stellt, und wenn die Brandung donnernd gegen die Kaimauern jagt, daß die Brecher turmhoch aufspringen und alles mit einem weißen Sprühregen verdecken. Dann blickt der

Seemann mit lachenden Augen auf dieses tobende Element, dann ist er erst richtig zu Hause.

Wer einmal die See so gesehen hat, der kommt von ihr nicht mehr los! – – –

Eine Schweinsfischjagd

„Herr Kapitänleutnant, wir müssen morgen unbedingt einen anständigen Dampfer versenken!"

Mit dieser Forderung überrascht mich Bade, als wir die Reede des dritten Hafens ansteuern.

„Warum ausgerechnet morgen?"

„Morgen ist der Skagerraktag, Herr Kapitänleutnant!"

„Dann allerdings!"

Jetzt sind wir also schon gewissermaßen dazu moralisch verpflichtet, in oder vor dem Hafen ein paar britische Frachter abzutakeln. An mir soll es nicht liegen. Hoffentlich finden wir etwas Lohnendes. Aus meiner Friedenserfahrung weiß ich, daß hier stets besonders viel Schiffe vor Anker liegen. Wenn das jetzt auch noch so ist, können wir reiche Beute machen. Wenn es sein kann, verschieße ich noch in der kommenden Nacht meine sämtlichen Aale. Wir brauchen jetzt also nur noch ein paar geeignete Dampfer, um unsere Versenkungsziffer sprunghaft in die Höhe schnellen zu lassen. Dann können wir den Heimmarsch antreten.

Es würde aber ganz komisch zugehen, wenn alles so eintrifft, wie wir es uns wünschen. Als wir um Mitternacht die Reede erreichen, ist dort weit und breit nichts weiter zu sehen, als ein einziger, armseliger Dampfer, der vor Anker liegt. Er hat zwar immerhin seine 4.000 BRT, ist aber doch im Gegensatz zu dem, was wir hier auf der Reede erwartet haben, eine große Enttäuschung.

Es bleibt uns nichts besseres zu tun, als diesen Frachter umzulegen, dann umzukehren und ein neues Jagdgebiet zu suchen.

Dieser Angriff ist nun der leichteste und einfachste, den wir je gefahren haben. Langsam gehen wir über Wasser im Schütze der Dunkelheit heran.

„Wie spät haben wir es, Bade?"

„Null Uhr fünfundzwanzig, Herr Kapitänleutnant!"

„Also schon Skagerraktag! – Prompter kann ich Ihren Wunsch bestimmt nicht erfüllen!"

Auf mittlerer Entfernung gebe ich Feuererlaubnis. Diesmal darf Bade schießen. Er will, wenn er einst Großpapa ist und seine sieben Enkelkinder um sich versammelt hat, ihnen auch erzählen können, daß er einmal einen riesengroßen Dampfer an der afrikanischen Küste versenkt und sich als alter Afrika-Fahrer damit selbst ein Denkmal gesetzt hat.

Bade peilt also den Dampfer an, der ruhig wie eine Schießscheibe auf dem Wasser liegt, und drückt dann auf die bewußte „Tube".

Plumps! sagt der Aal und schnurrt unhörbar und unsichtbar von dannen. Obgleich es jetzt eigentlich gar keinen Fehlschuß geben kann, sind wir doch auf Bade's Schießkunst gespannt. Hat er ihn auch richtig im Zielgerät gehabt, oder ist es ihm in seiner Aufregung verrutscht?

Man könnte meinen, hierbei gäbe es gar keine Aufregung!? – Und ob! Schließlich handelt es sich um einen kostbaren Torpedo, der möglicherweise seinen eigenen Willen hat, und um einen immerhin 4.000 BRT großen Dampfer, der anscheinend sogar voll beladen ist, denn er liegt ziemlich tief im Wasser. Es handelt sich also in summa summarum immerhin um ein paar Millionen Mark, um die es jetzt hier geht. Und das alles hängt davon ab, ob man richtig gezielt und die richtigen Werte eingestellt hat. Denn es ist ja stockdunkel.

Aber Bade hat seine Sache gut gemacht. Nach den bangen Sekunden der Erwartung gibt es drüben plötzlich einen grellen Feuerschein und einen mächtigen Knall. Der Aal hat zwischen der Brücke und dem hinteren Mast getroffen. Langsam sackt das Achterschiff weg.

Bade aber darf sich von uns die Hände schütteln lassen. Er dankt hoheitsvoll und mit stolzgeschwellter Brust. Jetzt hat auch er endlich einmal den Engländern, die er schon so lange, seit er zu See fährt, persönlich nicht riechen kann, eins ausgewischt.

Und das freut ein'n denn ja auch! –

Plötzlich kommt ein Ruf von unten. „Dampfer funkt um Hilfeleistung! – Er will Schlepper und Taucher haben."

„Donnerwetter, der Kerl hat noch gar nicht gemerkt, daß er torpediert worden ist!" ruft Bade lachend aus und schlägt sich vor Begeisterung auf die Schenkel. „Anscheinend hat er Explosivstoff an Bord und glaubt an Selbstentzündung."

Taucher und Schlepper sind hier aber vollkommen überflüssig. Sie vermögen den Freund nicht mehr zu retten. Ehe sie überhaupt den Hafen verlassen, stellt sich der Frachter, ein noch ganz neues Schiff, auf seinen Achtersteven und rutscht dann senkrecht in die Tiefe.

„Ab nach Kassel!" sagt einer der Ausguckposten und streicht sich liebevoll den Bart.

Wie schön wäre es, wenn wir dieses Schauspiel sich ein halbes Dutzend Mal wiederholen lassen könnten. Leider aber sind dafür keine geeigneten Objekte vorhanden, so daß wir unseren Bug wieder nach See zu drehen und bitteren Herzens von dannen ziehen müssen.

Was aber auf der Reede nicht zu finden ist, das kann auf See immer noch angetroffen werden. Wir kennen die

Schiffahrtswege der feindlichen Handelslinien und werden uns also dort auf die Lauer legen. Außerdem haben wir, wenn sämtliche Aale verschossen sind und es darauf ankommt, auch noch unsere 8,8 cm-Kanone.

Und so kreuzen wir fortan in den westafrikanischen Gewässern herum, nähern uns immer mehr dem Äquator und sehen die Sonne täglich höher klettern.

Bald haben wir jenen Punkt erreicht, wo in der Mittagszeit der eigene Schatten nur noch senkrecht unter uns zu finden ist. Der Äquator, jener mysteriöse Strich, der die Erdkugel in eine nördliche und eine südliche Hälfte teilt, und den wir früher als Schiffsjunge durch ein Fernrohr bestaunen durften, steht über uns.

Natürlich wird, da der größte Teil der Besatzung noch nie außerhalb der nördlichen Halbkugel gewesen ist, eine zünftige Äquatortaufe veranstaltet. Hierbei spielen ein ellenlanger Pinsel, viel Seifenschaum, wallende Bärte, Neptuns Szepter und eine grollende Rede die Hauptrolle. Unter dem Gelächter der Zuschauer wird einem nach dem anderen eine gehörige Pütz Wasser über den Kopf gegossen, was aber von den Leidtragenden eher angenehm als lästig empfunden wird, da das Wasser warm und die Sonne noch viel wärmer ist. –

Dann tritt der Dienst wieder in seine Rechte und spannt die Ausguckposten zur höchsten Aufmerksamkeit an. Unsere Sehnsucht nach einem in Sicht kommenden Dampfer entspringt ja nicht allein dem Wunsche, einen unserer Aale auf die Reise zu schicken, sondern auch der Notwendigkeit, unseren stark gelichteten Proviant zu ergänzen.

Wenn wir uns jetzt auch bis zum äußersten einschränken, so kommen wir doch mit unserem Proviant keineswegs mehr aus. Die Gluthitze der afrikanischen Sonne und die Treibhausluft im Innern des Bootes lassen immer mehr Lebensmittel ungenießbar werden. Der kleine an Bord vorhandene Eisschrank ist bis auf den letzten Kubikzentimeter vollgepackt. Er kann aber nur einen Bruchteil dessen fassen, was sich noch an Bord an verderblichen Vorräten befindet.

Wir müssen also jetzt unter allen Umständen Abhilfe schaffen. Da sich aber kein einziger Dampfer, nicht einmal ein neutraler, sehen läßt, den wir anzapfen können, müssen wir zur Selbsthilfe greifen.

Wozu schwimmen wir schließlich auf dem Meer, wenn wir uns nicht seinen Reichtum zunutze machen sollen. Leider befinden wir uns weder in der Nordsee, wo es die uns bekannten und delikaten Fische in Massen gibt, noch haben wir die geeigneten Gerätschaften an Bord, um sie fangen zu können. Zwar stehen schon seit einigen Tagen ein paar Unentwegte ständig an Oberdeck, um dem Ozean mit einer selbstverfertigten Angel einige Leckerbissen zu entreißen. Es bleibt aber ein kläglicher Versuch. Wenn wirklich einmal einer Glück hat und ein zappelndes Etwas an Deck schwingt, dann reicht es höchstens für drei Mann.

Wir müssen uns also schon nach einem Braten umsehen, der wesentlich ergiebiger ist. Wieder einmal zeigt sich der Vorteil, daß sowohl Bade als auch ich früher als Schiffsjungen auf Segelschiffen alle Meere durchkreuzt haben und dabei in alle möglichen Lebenslagen gekommen sind. So passierte es uns beispielsweise, daß uns bei einer monatelangen Fahrt mit einem Segler nach Südamerika der Tran restlos ausging. Wir hatten nicht einen einzigen Tropfen mehr an Bord, um die Staaks, Wanten und Pardunen einzufetten. Wir lagen damals gerade vor den Galapagos-Inseln, wo wir in wochenlanger, schwieriger Arbeit Guano ladeten.

Diese Fracht ist das Widerlichste, was sich ein Seemann überhaupt an Bord seines Schiffes denken kann. Guano, ein in Europa sehr geschätztes, hochwertiges Düngemittel, ist ja nichts weiter als Vogeldung. Ein Teil der Galapagos-Inseln, die ja bekanntlich im Stillen Ozean vor der Westküste Südamerikas liegen, besteht aus den sogenannten Vogelinseln. Auf dieser Inselgruppe hausen jahraus, jahrein Hunderttausende von Vögeln. Sie bevölkern die Insel derart, daß hier kein Stückchen Erde mehr zu sehen ist. Hier reiht sich, viele Kilometer lang und breit, Nest an Nest. Tag und Nacht herrscht hier ein ohrenbetäubendes Gepiepse und Gekrächze. Ununterbrochen wird hier mit Emsigkeit das Brutgeschäft betrieben, werden neue Nester gebaut und der Kampf um den täglichen Fisch ausgefochten.

Um diese Nester herum liegt nun, hochaufgeschichtet und von der Sonne zu harten Klumpen ausgedörrt, der Vogeldung. Unsere damalige Arbeit bestand nun darin, jeden Morgen zu diesen Inseln hinüberzurudern, mit Äxten den Guano von den Nestern zu schlagen, ihn in Säcke zu verpacken und mit Booten an Bord zu bringen. Es war bei der ununterbrochenen Hitze des Tages eine Hundearbeit.

Noch schlimmer aber war die Arbeit an Bord, wenn wir dort den Guano in Empfang nehmen und ihn in den Laderäumen aus den Säcken schütten und verteilen mußten. In diesen Laderäumen herrschte ein geradezu bestialischer Gestank. Er war überhaupt nur dadurch auszuhalten, daß wir uns Schwämme, die wir mit Essig, Kölnisch Wasser, Haarwasser oder sonstigen wohlriechenden Stoffen tränkten, vor die Nase banden.

Aber nicht allein dieser Übelkeit erregende Gestank machte uns viel zu schaffen, sondern auch das mannigfache Ungeziefer, das mit diesem Dreck an Bord kam. Neben Skorpionen, jenen gefährlichen Biestern, denen jeder Mensch am besten im großen Bogen aus dem Wege geht, da ihr Biß tödlich ist, sprangen allein siebenerlei Flöhe in Millionen Exemplaren umher, die sich natürlich auf uns dreiviertelnackte Gestalten mit besonderer Wonne stürzten und uns zeitweilig rasend machten.

In dieser Hölle des Gestanks haben wir damals viele Wochen lang täglich vom Sonnenaufgang bis zum Sonnenuntergang schwer arbeiten und Sack um Sack an Bord des Schiffes bringen müssen, bis das ganze Schiff voll Guano geladen war.

Es war für uns daher eine große Abwechslung, als uns der Tran ausging und wir nun Jagd auf Seelöwen machen mußten. Diese friedlichen, possierlichen Tiere bevölkerten wieder eine andere Inselgruppe zu Tausenden von Exemplaren. Mit ein paar Gewehrschüssen wurden einige Tiere erlegt, die wir an Bord hievten, ihnen hier das Fell über die Ohren zogen und aus der darunterliegenden dicken Fettschicht den Tran kochten, mit dem wir wieder unsere Drähte und Wanten einfetten konnten. – –

Wir brauchen zwar jetzt an Bord unseres U-Bootes keinen Tran, sondern Nahrungsmittel. Aber aus der Art, wie wir uns früher auch ohne Netz und Angel unsere Fischgerichte frisch aus dem Meere holten, versuchen wir jetzt die weisen Lehren zu ziehen.

Seit wir nämlich hier an den afrikanischen Gewässern herumkreuzen, haben wir eine Anzahl ständige Begleiter. Und zwar sind es die Schweinsfische, die unermüdlich mit uns kreuz und quer durch das Meer ziehen. Sie scheinen sich einen Spaß daraus zu machen, ständig vor unserem Bug herzuschwimmen, sich dabei herumzutollen, hin und wieder in eleganten Bogen zwei bis drei Meter weit aus dem Wasser zu schießen, oder für wenige Augenblicke auf Nahrungssuche unterzutauchen.

Diese Burschen, die zwei Zentner und noch mehr wiegen, bringen uns auf die Idee, einmal den Versuch zu machen, einen von ihnen in unsere Pfanne zu bekommen. Aus meiner Schiffsjungenzeit her weiß ich, daß diese Fische sehr gut schmecken.

Die Absicht ist also da. Es fragt sich nur, wie wir einen solchen Außenbordskameraden an Bord kriegen. Wir haben, wie gesagt, weder Netze noch Angel. Das einzige Mittel, einen solchen Schweinsfisch zu erlegen, ist eine Harpune. Wir haben natürlich auch keine Harpune. Solch ein Ding müßte sich doch aber mit Bordmitteln anfertigen lassen.

Mit Begeisterung gehen nun einige Männer des Maschinenpersonals daran, an Oberdeck des Bootes mittels einer Lötlampe und eines kleinen Ambosses aus einem Stück Eisen ein solches, mit Widerhaken versehenes Mordinstrument zu schmieden. Nach einigen Stunden ist das Meisterstück der Bordschmiedekunst fertig.

Dennoch gibt es plötzlich lange Gesichter. Solch eine Harpune besteht ja nicht nur aus der eisernen Spitze, sondern auch aus einem langen, festen Stück Holz. Das aber fehlt uns gänzlich. Einen Riemen unseres kleinen Beibootes können wir dazu nicht verwenden, denn wir haben nur zwei, die wir aber zum Rudern gebrauchen. Das einzige, was noch einigermaßen brauchbar erscheint, ist ein Besenstiel. Also wird aus dem Besenstiel und der Eisenspitze kunstgerecht eine Handharpune angefertigt.

Nun kann das große Schweinsfischstechen beginnen. Bade ist wieder der Mann, der nicht nur die Regie, sondern die Harpune selbst in Hand nimmt. Er stellt sich damit auf die Back und geht nun dem am nächsten schwimmenden Schweinsfisch zu Leibe. Selbstverständlich befindet sich an der Harpune noch eine lange, kräftige Leine, mit der das Opfer herangezogen werden soll, wenn sich das Eisen in den Körper gebohrt hat.

Bade stellt sich wie ein Speerwerfer in Positur, zielt und schleudert dem nächsten Schweinsfisch das spitze Eisen ins Kreuz. Anstatt nun in dem ziemlich umfangreichen Fischleib zu verschwinden, prallt die Harpune an dem dicken Fell des Tieres glatt ab, verursacht nur eine kleine Schramme und fällt klatschend ins Wasser. Der Fisch macht einen Satz und verschwindet beleidigt in die Tiefe.

Mein II. W. O. läßt sich aber nicht so leicht entmutigen. Mit noch größerer Wucht stößt er dem nächsten Fischkörper, der sich zeigt, das Eisen in die Seite. Aber auch hier wiederholt sich das gleiche, neckische Spiel. Die Harpune federt an dem schier undurchdringlichen Fell des Schweinsfisches ab, fällt ins Wasser und läßt das Gesicht meines Zweiten nur noch wütender werden.

„Zum Donnerwetter, wir haben doch früher auch auf diese Weise unsere Schweinsfische gefangen!" wettert er und schleudert nun mit aller Wucht zum drittenmal sein todbringendes Eisen über Bord. Es bringt aber nicht den Tod, sondern nur eine gewisse Aufregung unter die Schweinsfische, die sich bislang bei uns sehr wohl gefühlt haben und sich nun über diese plötzliche grobe Behandlung zu wundern scheinen.

Wütend betrachtet Bade die Spitze der Harpune. „Schärfer geht es nicht!" meint er dann achselzuckend. „Mag bloß wissen, woran das liegt!"

„Das will ich Ihnen sagen, mein lieber Bade. – Sie stehen viel zu niedrig. Wahrscheinlich haben Sie damals – genau so wie wir – die Harpune vom Klüverbaum aus nach unten gestoßen. Dadurch bekam sie eine bedeutend größere Wucht. Das Fell der Schweinsfische ist nämlich sehr dick."

„Dann werde ich es einmal von der Brücke aus versuchen, Herr Kapitänleutnant!"

Diese Absicht scheitert aber an der Halsstarrigkeit der Fische. Sie zeigen absolut kein Verständnis für Bades

Jagdgelüste, sondern schwimmen, nachdem sie sich wieder einigermaßen beruhigt haben, nach wie vor neben und vor dem Bug unseres Bootes herum.

„Da könnte man sich doch vor Wut den Bart raufen!" schimpft Bade, ohne jedoch seinen Worten die Tat folgen zu lassen. Er hat als erster damit begonnen, seinen Vollbart zu kultivieren und ihm mittels Rasiermesser, Schere und Geduld eine „Prinz-Heinrich-Form" zu geben. Er denkt also nicht daran seine neue Manneszierde, die er mit Stolz und Würde trägt, wutgeladen zu zerpflücken.

Statt dessen hält er einen Kriegsrat ab, wie wir am besten unserem Koch einen Schweinsfisch in die Pfanne legen können. Es werden dabei allerlei Vorschläge gemacht, von denen sich jedoch nicht ein einziger durchführen läßt.

Mitten in diese Unterhaltung ertönt plötzlich der Ruf eines Ausgucks: „Rauchfahne in Sicht!"

Im Nu sind alle Schweinsfischfangvorschläge vergessen. Blitzschnell leert sich das Oberdeck. Alles eilt, ohne daß es befohlen wird, auf Gefechtsstation. Die Aussicht, daß wir eventuell statt der störrischen Schweinsfische ein paar Kisten Proviant an Bord bekommen können, erweckt in den Männern doppelte Kampfbereitschaft.

„Hoffentlich ist es ein Engländer!" sagt jemand. Ein anderer ergänzt diesen Gedanken: „Es müßte ein Kühlschiff mit Gefrierfleisch und frischen Eiern sein!"

Da läuft uns allen das Wasser im Munde zusammen. Der Gedanke an ein saftiges Steak mit Spiegeleiern in Butter gebraten, Zwiebeln und frischen Kartoffeln steht fortan wie eine Fata Morgana vor unserm geistigen Auge und läßt unsere armselige Lage nur noch trostloser erscheinen. Es ist ja schon so lange her, daß wir das letzte Mal frische Kartoffeln und frisches Fleisch gegessen haben. Was es in den letzten Wochen gab, waren alles Konserven.

Dosenfleisch, Dosenwurst, Dosenbrot und getrocknete Kartoffeln. Alles prima Ware, aber auf die Dauer doch zu eintönig.

Wenn es aber nun kein Kühlschiff und möglicherweise überhaupt kein Engländer ist, was dann? – Daran mag vorläufig niemand denken. – Wir können uns zwar auch von einem neutralen Frachter etwas Proviant geben lassen, was der betreffende Kapitän sicherlich auch tun wird. Aber – – das große ‚Aber' steht drohend dahinter. Wir befinden uns nach wie vor in feindlichen Gewässern. Die Neutralen aber sind oftmals gar nicht so neutral, wie sie gern scheinen wollen. Der Brite hat überall seine Hand im Spiel. Sie werden also nichts Eiligeres zu tun haben, als im nächsten Hafen – vielleicht sogar auch schon von See aus durch F. T. – das Zusammentreffen mit uns zu melden. Aber auch dann, wenn es ohne böse Absicht, sondern nur gesprächsweise geschieht, ist der Erfolg der gleiche. Der Engländer wird nicht nur die gesamte Schiffahrt warnen, sondern auch noch auf uns Jagd machen. Aber weder das eine noch das andere ist uns willkommen. Wir wollen ungesehen und ungeschoren bleiben, solange wir hier unten herumschwabbern.

Die einzige Notwendigkeit, einen neutralen Dampfer auf hoher See anzuhalten, ist gottlob wieder vorübergegangen. Palenga, unser Mann mit dem gereizten Blinddarm, ist wieder gut auf dem Posten. Eisbeutel und Hungerkur haben ihre Schuldigkeit getan. Der Blinddarm hat eingesehen, daß er uns nicht in Verlegenheit bringen darf, und sich wieder beruhigt. Seinetwegen also brauchen wir keine gelbe Flagge setzen und um ärztlichen Beistand bitten. –

Wir streiten uns nun schon fast um des Kaisers Bart. Dabei wissen wir noch gar nicht, was sich unter der Rauchwolke verbirgt, die langsam aber stetig näherkommt.

Masten und Deckaufbauten treten langsam über den Horizont.

Wir greifen das Schiff, einen Dampfer mittlerer Größe, an. Natürlich unter Wasser, denn ein Überwasserangriff ist bei Tage zu riskant.

Wieder macht sich, während wir uns vorsichtig dem Dampfer nähern und ich hin und wieder das Sehrohr ausfahren lasse, um einen Blick an die Oberfläche zu tun, die unerträgliche Hitze im Boot bemerkbar. Man ist innerhalb weniger Minuten über und über von Schweiß bedeckt und vermag kaum noch zu atmen. Die Temperatur des Meerwassers, die sich so um 30 Grad bewegt, vermag dem Boot auch unter Wasser nicht mehr die geringste Abkühlung zu geben. Es herrscht hier im Gegenteil eine ausgesprochene Tropen-Treibhaus-Temperatur. Und dabei „regnet" es unaufhörlich, wobei einen die von der Decke herabfallenden kalten Wassertropfen langsam zur Raserei bringen können.

Trotz allem bleibt die Haltung der Männer ausgezeichnet. Sie achten weder auf die Hitze noch auf die ewigen Tropfen, sondern harren nur des Auftauchbefehls. Sie sind restlos davon überzeugt, daß wir den Dampfer anhalten, Proviant übernehmen und ihn dann versenken werden.

Es stellt sich aber sehr bald heraus, daß wir weder den Dampfer anhalten, noch Proviant übernehmen, noch ihn versenken werden. Es ist nämlich, wie ich jetzt deutlich durch das Sehrohr erkennen kann, kein Brite, auch kein Fahrzeug anderer Feindstaaten, sondern ein Spanier.

Als ich das meinen Männern mitteilen lasse, machen sie sehr lange Gesichter. Es will ihnen absolut nicht in den Kopf, daß wir diesen Dampfer laufen lassen müssen, wobei ich es aus den bekannten Erwägungen heraus vorziehe, uns nicht von ihm sehen zu lassen, sondern unter Wasser noch eine Weile abzulaufen. Erst, als der Spanier außer Sichtweite ist, tauchen wir wieder auf.

Nun beginnt von neuem das Rätselraten um die Schweinsfischjagd. Die einen meinen, man sollte mit Gewehren auf sie schießen. Die anderen halten die Anfertigung von entsprechend großen Angelhaken für den richtigen Weg. Bis schließlich Auffermann den erlösenden Gedanken hat. „Handgranaten!"

„Richtig! – Wir haben ja Handgranaten an Bord!" Im Nu sind ein paar Handgranaten an Deck. „Nun aber mit Überlegung arbeiten, Herrschaften!" sagt Bade, der in seiner Badehose und in seinem Vollbart beinahe wie Robinson aussieht. „Die Biester gehen sofort unter, wenn sie tot sind. – Wir müssen sie also, sobald die Handgranate explodiert ist und die Fische für ein paar Augenblicke an die Oberfläche kommen, mit einem Lasso einfangen!"

Schleunigst wird also eine Leine klargelegt, die der Zentralemaat, ein alter Fahrensmann, wurfbereit schwingt. Auffermann, der jetzt als W. O. auf der Brücke steht, erhält Anweisung, das Boot zu stoppen und im Augenblick des Handgranatenwurfes mit beiden Maschinen äußerste Kraft zurückzugehen, damit das Boot bei der Detonation nicht beschädigt wird.

Alles steht nun bereit. Der Zentralemaat schwingt das Lasso, Bade die Handgranate und ein paar abseitsstehende Männer große Reden.

„Achtung – Los! – – Einundzwanzig – – zweiundzwanzig – – dreiundzwanzig – – vierundzwanzig – – weg!"

„Beide Maschinen äußerste Kraft zurück!"

Klatschend fällt die Handgranate, nur eben kurz vor den Bug mitten unter die sich tummelnden Schweinsfische geworfen, ins Wasser. Im nächsten Augenblick gibt es eine Explosion. Das Wasser hebt sich vorm Bug zu einer aufquellenden Blase. Als sie wieder in sich zusammenfällt, schwimmt ein Schweinsfisch an der Oberfläche.

Sogleich läßt Auffermann das Boot wieder vorausgehen, damit die hilfreich über Bord angelnden Hände den Burschen sogleich packen und an Deck ziehen können.

Das ist aber leichter gesagt als getan. Einmal wird der Schweinsfisch jedesmal von der ganz geringen Fahrt des Bootes wieder weggestoßen, und zum anderen bietet seine harte Haut nicht die geringste Möglichkeit, richtig zuzupacken. Der fast zwei Meter lange und immerhin einige Zentner schwere Fettbrocken rutscht den Männern einfach immer wieder unter den Händen weg.

Was nun? – Den Fisch haben wir, dennoch haben wir ihn noch lange nicht. Wir wollen ihn aber haben.

Da kommt mir der erlösende Gedanke: „Eipert, nehmen Sie eine Leine um die Brust, springen Sie in den Bach und legen Sie um die Schwanzflosse eine zweite Leine!"

„Jawohl, Herr Kapitänleutnant!" ruft der Zentralemaat erfreut.

Da dieses Unternehmen aber wegen der zahlreichen Haie, die diese Gewässer hier unsicher machen, nicht ganz ungefährlich ist. lasse ich einige Männer der Besatzung mit Maschinenpistolen bewaffnet an Deck Aufstellung nehmen, die den gefährlichen Biestern sogleich zu Leibe rücken sollen, falls sie sich heranwagen sollten.

Das ist etwas für meine Männer, die sogleich mit Feuereifer bei der Sache sind.

Der Unteroffizier bekommt also eine Leine um den Leib geschlungen, an der kräftige Männerfäuste festhalten. Während nun zwei Männer, mit Maschinenpistolen bewaffnet, auf dem Oberdeck Aufstellung nehmen und scharfen Ausguck nach Haifischflossen halten, denen sie dann gleich ein ganzes Magazin entgegenfeuern wollen, jumpt Eipert, der Zentralemaat, in den Bach. Hier taucht er erst einmal unter, weil er die Gelegenheit des erfrischenden Bades nicht ganz ungenutzt vorübergehen lassen will. Dann läßt er sich eine weitere Leine herunterreichen, umknotet ihr Ende um den nahezu drei volle Zentner wiegenden Schweinsfisch, umpackt ihn dann mit beiden Armen, schiebt ihn gegen den Bootskörper und läßt sich und den Schweinsfisch nun von kräftigen Seemannsfäusten unter lauten „Hau rucks!" an Deck ziehen. Auf diese Weise gelingt es endlich, den fetten Burschen an Oberdeck zu bekommen.

Nun tritt wieder unser II. W. O. in Aktion. Mit einem langen, scharfgeschliffenen Küchenmesser geht er dem Schweinsfisch, den er an einen der Netzabweiser aufhängt und der wegen seiner Form und seines Umfanges den Namen wirklich verdient, zu Leibe und schlachtet ihn mit kunstgerechten Schnitten, als hätte er seinen Lebtag lang nichts anderes getan.

Nachdem unsere „Kameramänner", von denen wir mehrere an Bord haben, von dem Schweinsfisch die nötigen Aufnahmen für das Erinnerungsalbum gemacht haben, wird der fette Brocken in viele Einzelteile zerlegt, die nun der Koch zur weiteren Verwendung in Empfang nimmt.

Jetzt beginnt unter Deck ein emsiges Schaffen. Zwei Männer lösen sich stundenlang darin ab, den ganzen Schweinsfisch durch die Fleischhackmaschine zu drehen, denn nur einfach gebraten oder gekocht will den Fisch niemand essen. Der Koch ist aber auf der Höhe. Er bringt seine Kameraden erst gar nicht in die Versuchung, das gebratene Filetstück abzulehnen, sondern fabriziert unter reichlicher Verwendung von allerlei Gewürzen etliche hundert Fischfrikadellen, also jene Hackklöße, die der Berliner ‚Bouletten' nennt.

Als dann die Abendmahlzeit herankommt, zieht ein würziger Fischbratgeruch durch das ganze Boot. Jeder Mann bekommt auf seinen Teller zwei Frikadellen von der Größe eines Borsdorfer Apfels.

Anfangs stochern die Brüder alle etwas unlustig in den Fischklößen herum. Niemand getraut sich so recht den Anfang zu machen. Als sie aber auf den Geschmack kommen und merken, daß auch ein Schweinsfisch vorzüglich schmeckt, bleibt nicht eine einzige Frikadelle auf den Tellern liegen.

Damit ist aber der Schweinsfisch noch längst nicht verzehrt. Auch eine U-Boot-Besatzung bekommt es nicht fertig, und wenn sie noch so hungrig ist, gut zwei Zentner Nettogewicht bei einer Mahlzeit zu vertilgen. Nunmehr wird der Kühlschrank ausgeräumt und gänzlich mit Frikadellen ausgelegt.

Auf diese Weise haben wir für einige Tage eine willkommene Ergänzung unseres Proviants erreicht und gleichzeitig eine angenehme Abwechselung in den Küchenzettel gebracht.

Jedesmal aber, wenn ich Fisch esse, werde ich wieder an jene Fischköpfe erinnert, die mir einstmals an den Kopf geworfen wurden.

Es war damals auf jenem Segler, auf dem ich mein Graupenexperiment machte. Eines Tages gab es Fische zu Mittag. Ich mußte sie zubereiten und kochen, was mir auch ganz leidlich gelang.

Kurz vor dem Aufdecken kam der Steuermann zu mir und sagte, daß der Kapitän Wert darauf lege, die Fischköpfe zu bekommen. Ich schnitt also allen Fischen die Köpfe ab, legte sie fein säuberlich auf einen Teller, garnierte sie mit Petersilie und verteile den übrigen Teil der Fische auf die Besatzung, die kräftig zulangte.

Als sich nun auch der Kapitän in seine Kajüte bemühte, deckte ich seinen Tisch und brachte stolz erhobenen Hauptes den Teller mit den Fischköpfen herein. Dazu die übrigen Beigaben, wie Kartoffeln und Soße.
Der Alte nickte anerkennend, als er die Fischköpfe sah. „Gut mein Sohn!" sagte er zu mir. „Aber zuerst bringe mir den anderen Fisch. Die Köpfe nehme ich zum Schluß."
Ob ich ihm nun erklärt habe, daß ich gar keinen anderen Fisch mehr habe, weil ihn die Mannschaft schon längst gegessen hat, oder ob er dies meinem dummen Gesicht angesehen hat, mit dem ich ihn daraufhin anblickte, weiß ich nicht. Ich weiß nur, daß mir der Kapitän ganz mordsmäßig anfuhr und mir zuschrie, ich solle mich zum Teufel scheren. Damit warf er mir die Fischköpfe samt Teller an den Kopf.
Ich sammelte nun rasch die Köpfe und Scherben vom Fußboden auf, scherte mich aber auch nicht zum Teufel, sondern blieb weiterhin an Bord. Bei allen künftigen Fischgerichten reservierte ich jedoch vorsichtshalber den größten Fisch dem Kapitän. Erst viel später kam ich dahinter, daß der Alte nicht die ganzen Fischköpfe aß, sondern sich nur bestimmte Teile davon heraussuchte.

Trübe Aussichten

Seit einer vollen Woche kreuzen wir nun schon vor der westafrikanischen Küste herum, ohne auch nur einen einzigen Dampfer versenkt zu haben. Es ist wieder einmal eine kritische Zeit, die wir durchleben. Die Fliege an der Wand würde einen ärgern, wenn wir an Bord eine hätten. Dazu die ewige Hitze im und auf dem Boot und die trotz der Schweinsfischzufuhr immer knapper werdenden Lebensmittel.

Nun kommt noch der Leitende mit der Hiobsbotschaft zu mir, daß der Frischwasserbereiter ausgefallen ist.

„Mensch, Rohweder, wissen Sie, was das für uns bedeutet?"

„Jawohl, Herr Kapitänleutnant!"

Er macht selbst ein ganz verstörtes Gesicht.

„Wir sind auch schon dabei, die Ursache festzustellen und sie nach Möglichkeit zu beseitigen!"

„Das muß unter allen Umständen geschehen, Rohweder, sonst sind wir aufgeschmissen!"

Mehr brauche ich meinem L. I. nicht zu sagen. Ich weiß, daß er nicht mehr ruhen wird, bis jener Apparat, der uns bisher so ausgezeichnet mit Frischwasser versorgt hat, wieder in Ordnung ist. Ich weiß auch, daß der Leitende jetzt überhaupt den Kopf voller Sorgen hat. Er läßt es sich nur nicht anmerken.

Neben dieser neuen Sorge um unser Frischwasser machen ihm besonders seine Batterien großen Kummer. Der Verdunstungsgrad der die Blei- und Zinkplatten umgebenden Flüssigkeit, einem Gemisch aus Schwefelsäure und destilliertem Wasser, ist infolge der übergroßen Wärme im Boot so stark geworden, daß sein Vorrat an destilliertem Wasser nicht mehr ausreicht. Täglich kontrolliert er persönlich den Säurestand der Batterien, täglich schafft er, so gut es noch geht, einen Ausgleich mit dem letzten Rest aus seiner letzten Glasflasche. Dennoch kann er es nicht verhindern, daß die Flüssigkeit in den einzelnen Akkuzellen immer weniger wird.

Gerade an dem guten Funktionieren der Batterien hängt unser ganzes Sein und Nichtsein, wenn wir gezwungen sind, unter Wasser zu fahren. Denn aus den Akkus werden nicht nur die vielen Lampen gespeist, sondern auch die Antriebskräfte für die E-Maschinen genommen.

Der Leitende hat also noch schwere, verantwortungsvolle Tage vor sich, die seine sonst geradezu mustergültige Ruhe und Zuversicht ein wenig erschüttern und ihm manche schlaflose Stunde bereiten.

Zu allem kommt noch die große Frage des Brennstoffverbrauches. Noch habe ich nicht die Absicht, das Boot auf Heimatkurs zu lenken. Wir sind ja noch längst nicht unsere Torpedos losgeworden. Täglich setzt sich Rohweder daher mehrere Male hin und rechnet aus, für wieviel Meilen Brennstoff wir bei sparsamster Bewirtschaftung noch haben. Bis er schließlich eines Tages die Verantwortung nicht länger auf sich nehmen kann und mir meldet, daß wir jetzt unbedingt den Rückmarsch antreten müssen, wenn wir noch bis zum Stützpunkthafen kommen wollen.

Da muß ich die Waffen strecken und mich den Umständen, die stärker sind als wir, beugen. Ich befehle also, das Boot nunmehr auf Heimatkurs zu bringen.

Man soll aber auch in solchen Lebenslagen noch Optimist bleiben und sich sagen: Wer weiß, wozu es gut ist! Tatsächlich zeigt es sich schon am nächsten Tage, daß uns der neue Kurs mehr Glück zu bringen verspricht, als der bisherige.

Um die Nachmittagsstunde wird plötzlich in einiger Entfernung ein dunkler Gegenstand auf dem Wasser ausgemacht, der sich zu bewegen scheint. Er ist aber wiederum für ein treibendes Wrackstück zu groß. Beim Näherkommen entpuppt sich dieser dunkle Fleck als ein gleichfalls über Wasser fahrendes Unterseeboot.

An seinem Umriß erkennen wir sehr bald, daß es sich um ein deutsches U-Boot handelt. Trotzdem fordern wir sein Erkennungssignal und geben das unsrige. Dann aber fahren wir aufeinander zu. Die Freude, mitten im Atlantik, weit drunten im Süden, mit Kameraden der gleichen Waffe zusammenzutreffen, ist auf beiden Seiten gleich groß.

Die See ist sehr ruhig, so daß die Boote ziemlich dicht nebeneinander liegen können. Ein lebhaftes Hin und Her von Zurufen und Antworten entsteht. Erfolge werden gegenseitig bekanntgegeben, Erfahrungen ausgetauscht und die weiteren Aussichten besprochen. Dabei stellt sich heraus, daß sich das andere Boot gleichfalls auf dem Rückmarsch befindet, dennoch reichlich Proviant und Brennstoff an Bord hat. Dagegen benötigt es dringend Schmieröl.

Damit können wir aushelfen. Schmieröl ist das einzige, was wir noch sehr reichlich haben. Unsere Maschinen verbrauchen davon nur ein Minimum.

Wir eröffnen also auf hoher See einen schwungvollen Tauschhandel. Wir geben Schmieröl ab und erhalten dafür etliche hundert Liter Brennstoff und einige Kisten mit Proviant, besonders Brot und Dosenmilch.

Das hört sich nun sehr leicht an. Es ist aber eine sehr schwierige und zeitraubende Arbeit. Die beiden Boote können sich nicht einfach nebeneinanderlegen, mit Schläuchen das Öl hinüber- und herüberpumpen und die Kisten von Bord zu Bord kanten. Wir müssen vielmehr unsere kleinen Boote aussetzen und das Öl kanisterweise von Boot zu Boot bringen. Hierzu muß das Öl unter Deck abgezapft und durch das Turmluk nach oben geschafft werden, wo es mit dem kleinen Boot hinübergerudert wird. Im Gegenverkehr wird dann gleich das Treiböl herübergebracht.

Es dauert viele Stunden, bis die Arbeit getan ist. Wir sind aber froh, daß wir uns auf diese Weise geholfen haben. Zum Dank für seine Hilfsbereitschaft überbringe ich dem Kommandanten einen Teller voll Fischfrikadellen. Er mustert sie mit kritischen Augen und will es mir einfach nicht glauben, daß sie von Schweinsfischen stammen. Ich muß erst meine ganze Besatzung als Zeugen aufrufen, ehe er es zu glauben angibt. Sie schmecken ihm aber ausgezeichnet denn er verputzt sie mit seinen Offizieren in meinem Beisein restlos.

Kurz vor Einbruch der Dunkelheit trennen wir uns wieder. Während das andere Boot mit direktem Heimatkurs, begleitet von unseren besten Wünschen, von dannen zieht, stoßen wir etwas östlicher vor, wo ich noch feindliche Handelsschiffe anzutreffen hoffe. Wir haben ja wieder etwas Brennstoff und können uns also noch einen kleinen Umweg erlauben.

In der darauffolgenden Nacht wälzt mir der Leitende Ingenieur mit seiner Meldung, daß die Frischwasseranlage wieder klar sei, einen großen Stein vom Herzen. Wäre ihm nämlich die Reparatur nicht gelungen, dann müßten wir auf dem schnellsten Wege nach Norden eilen, um nicht zu unseren herabgesetzten Verpflegungsportionen auch noch Durst leiden zu müssen.

Wir scheinen aber dennoch auf dieser Rückreise vom Pech verfolgt zu sein. Kaum ist die Frischwasseranlage wieder in Ordnung, da fällt der Steuerbord-Dieselmotor aus. Ein Zylinder hat sich heißgelaufen.

Das geschieht ausgerechnet in einem Augenblick, in dem wir endlich nach langen Tagen am Horizont wieder eine Rauchfahne sichten und darauf zuhalten.

Es ist mitunter tatsächlich zum wildwerden.

Selbstverständlich können wir mit unserem lahmen Bein die Verfolgung des noch unbekannten Frachters nicht aufnehmen. Wir müssen vielmehr zusehen, wie der Dampfer langsam über dem Horizont auftaucht, eine Zeitlang an ihm entlangfährt und dann wieder hinter ihm verschwindet.

Währenddessen arbeiten die Männer an der Maschine mit fieberhafter Eile. Es dauert aber dennoch viele Stunden, ehe sie den „Bock" wieder betriebsklar haben. Als es endlich so weit ist, können wir von dem Dampfer nichts mehr ausmachen. Ihn jetzt noch zu verfolgen, ist aussichtslos und auch nicht ratsam. Wir müssen nach wie vor mit unserem Brennstoff sparsam umgehen.

Wieder vergehen zwei Tage, an denen sich auf der weiten Ebene des Atlantiks nichts weiter sehen läßt als Himmel und Wasser. Dieses Bild bleibt sich ewig gleich. Es wird durch nichts unterbrochen. Keine Rauchfahne, kein Mast, kein Segel ist zu sehen, nur brennende Sonne und gleißendes Meer.

An Bord herrscht das übliche Bild. Ein Teil der Freiwache sitzt auf dem Turm um die Flakkanone und spielt einen Dauerskat. Einige Männer haben sich auf dem Achterdeck ein Wellenbad eingerichtet. Diese „Einrichtung" besteht allerdings nur darin, daß sich einige Männer am Heck auf das Oberdeck legen und sich von den über das Achterschiff gehenden leichten Brechern überspülen lassen.

Zur Sicherheit haben sie sich Leinen um den Leib geknotet, die von dahinterstehenden Kameraden gehalten werden. Denn wer über Bord gespült wird und in die Schrauben gerät, der ist verloren. Wer dabei dennoch Glück hat und im letzten Augenblick von den Schrauben freikommt, der hat sich damit nur eine Galgenfrist verschafft, denn die Haie sind gierig und schnappen sofort zu.

Die einzige ständige Unterhaltung, an der wir lebhaft Anteil nehmen, bietet uns der Rundfunk. Er vermittelt uns die Grüße der Heimat, er kündet uns an, wenn Kameraden von anderen Booten erfolgreich heimgekehrt sind, und er meldet uns täglich die harten Schläge, die England von unserer Luftwaffe bekommt. Er ist es auch, der uns mit ernsten und heiteren Weisen die Langeweile ein wenig vertreibt und uns, wenn wir verzagen wollen, weil sich weit und breit kein Schiff sehen lassen will, wieder emporreißt und mit neuer Hoffnung erfüllt. Einmal muß doch der Tag kommen, an dem wir wieder einen Briten vor die Rohre kriegen. Wir möchten ihm gern zeigen, daß wir auch nach solch langer Fahrt noch nicht weich geworden sind, sondern nach wie vor verstehen, unsere Torpedos richtig anzubringen. –

Wieder folgt einem heißen Tage die Tropennacht mit ihrem tiefblauen Himmel und den unzähligen Sternen am Firmament. Noch können wir den südlichen Sternenhimmel sehen. Aber bald werden wir wieder das Himmelszelt unserer nordischen Heimat über uns haben. Dann sind auch die Qualen der Hitze und des ungewohnten Klimas vergessen. Dann werden wir wieder die alten frisch-fröhlichen, tatenlustigen U-Boots-Gesellen. –

In dieser Nacht kann ich sonderbarerweise nicht müde werden, obgleich ich seit den frühen Morgenstunden kein Auge mehr geschlossen habe. Ich werde das unbestimmte Gefühl nicht los, daß irgend etwas in der Luft liegt. Ich weiß nicht, was es sein kann, vermag mir überhaupt keine Rechenschaft darüber zu geben. Dennoch habe ich eine innere Unruhe in mir, die mich auf der Brücke festhält. Dabei ist weit und breit nichts zu sehen und zu hören.

Stundenlang stehe ich so schweigend neben dem Wachhabenden, schaue aufs Meer, lasse die Gedanken streifen, wohin sie wollen, und genieße die Schönheit der tropischen Nacht.

Endlich – der Morgen dämmert schon heran – steige ich nach unten, um mich auf die Koje zu legen, obgleich ich noch immer hellwach bin.

Da stürzt plötzlich der wachhabende Funkmaat aus seiner Bude.

„Herr Kapitänleutnant! – Sondermeldung! – Wir befinden uns seit heute fünf Uhr morgens im Kriegszustand mit der Sowjetunion!"

Mit einem Satz bin ich aus der Koje.

„Was? – Krieg mit den Bolschewisten?"

Heiliges Kanonenrohr! – Jetzt gibt es aber im Osten Senge! – Na, dann man zu. – Für uns bleibt allerdings nichts davon zum Klopfen übrig, denn Sowjetdampfer habe ich auf dem Atlantik noch nicht gesehen.

Wir sammeln für das WHW

Der folgende Tag gleicht seinen Vorgängern wie ein Ei dem anderen. Blauer Himmel, Sonne, leicht bewegte See, flache Dünung, zarter Wind, sonst nichts. Nach dem zu urteilen, was wir hier an Frachtschiffen sichten, kann es auf der Welt nur noch ein paar Dutzend geben. Außer dem einen Spanier und der am Horizont gesichteten Rauchfahne haben wir seit dem letzten Hafen kein Fahrzeug mehr zu Gesicht bekommen. Der Kuckuck mag wissen, wohin der Engländer seine ganzen Schiffe gebracht hat. In Friedenszeiten wimmelte es hier förmlich von Frachtern aller Größen und Nationen, besonders aber von Engländern. Wenn er sie auch jetzt dreist zu den schon im Weltkriege bewährten Geleitzügen zusammenstellt und sie unter dem Schutz seiner unzähligen Bewacher und sonstigen Boote über See zu bringen versucht, dann müßte man doch wenigstens einmal einen solchen Geleitzug zu Gesicht bekommen. Wir haben aber nun einmal das Pech, weder das eine noch das andere zu finden. Anscheinend hat uns unser Glücksstern nun doch verlassen. Das wäre nicht nur schade, sondern ganz unverantwortlich von diesem Stern, der uns anfangs so große Hoffnungen gemacht hat. Man soll selbst den Sternen nicht mehr vertrauen.

Gegen Mittag sichten wir nun aber doch endlich wieder einmal etwas. Es bereitet uns allerdings viel Kopfzerbrechen. Wir können nicht herausbekommen, was es ist. Auffermann hält es für ein treibendes Floß. Bade meint, es sei ein Wrackstück, während einer der Ausgucks den treibenden Gegenstand für eine schwimmende Kiste ansieht.

Wir fahren jedenfalls darauf zu. Dabei halten wir die Augen offen. Man kann auf See die wunderlichsten Dinge erleben und ist – besonders jetzt im Kriege – nie vor Überraschungen sicher. Möglicherweise ist es auch nur ein Lockmittel für uns, um uns ahnungslos vor die Rohre eines feindlichen U-Bootes zu bringen.

Da wir aber trotz angestrengten Suchens nichts von einem feindlichen Sehrohr entdecken können, scheint es sich hierbei tatsächlich um irgendeinen harmlos treibenden Gegenstand zu handeln. Den wollen wir uns natürlich näher ansehen.

Langsam bekommt das Ding feste Umrisse. Sehr bald entpuppt es sich als ein im Wasser treibender großer Ballen gepreßter Baumwolle.

Irgendwo auf dem weiten Atlantik hat also ein Britenfrachter, der eine Ladung Baumwolle für England an Bord hatte, seine Fahrt in die Tiefe antreten müssen. Dabei sind einige Baumwollballen an die Oberfläche gekommen und werden nun vom Wind und dem Gezeitenstrom Wochen hindurch übers Meer getrieben.

Daß wir an diesem Ballen nicht so ohne weiteres vorbeifahren, sondern versuchen, ihn an Deck zu hieven, ist uns allen klar. Es fragt sich nur, wie wir das nun wieder anstellen wollen. Als wir nämlich neben dem Treibgut liegen und mit kräftigen Fäusten zupacken, um den Ballen an Deck zu kanten, stellt es sich heraus, daß er unheimlich schwer ist. Teils wegen seiner Größe, teils aber auch weil er vom Seewasser schwer wie Blei geworden ist.

Während sich nun die Männer vergebens damit abmühen und immer neue Versuche anstellen, kommt mir ein neuer Gedanke. Wir werden den Ballen ohne die geringste

Kraftanstrengung an Deck bekommen. Ohne ein Wort davon zu verraten, gebe ich plötzlich Alarm, um dabei gleich einmal zu sehen, wie schnell die Männer „umschalten" und vom Oberdeck verschwinden.

Zwar sehen mich einige, während sie den Turm hinaufentern und durch das Luk in die Tiefe verschwinden, im Vorbeirennen ganz verdutzt an, da ich selbst nicht die geringsten Anzeichen irgendeiner Aufregung an mir habe, sausen aber doch schleunigst an ihre Gefechtsstationen und harren nun der Dinge, die da kommen sollen.

„Wat is'n los?" fragt einer, während er durch den Turm nach unten klettert.

„Keine Ahnung!" bekommt er zur Antwort, womit er sich zufriedengeben muß.

„Flu – u – u – uten!"

„Ach, bloß 'ne Übung!" knurrt einer geringschätzig. Ohne Flugzeug- oder Zerstörerangriff erscheint ihm das Alarmtauchen nicht mehr interessant genug. Es muß – nach seiner Meinung – eine gewisse Portion Aufregung und Nervenkitzel dabei sein. Außerdem muß man immer in der Hoffnung leben können, wieder einmal einen Aal gut anzubringen.

Wir tauchen, jedoch nur einige Meter. Dann fahren wir, während ich am Sehrohr stehe, genau auf den Baumwollballen zu, so daß er jetzt über dem Oberdeck schwimmt.

„Auftauchen!"

Als sich das Boot wieder aus dem Wasser hebt, liegt der Ballen prachtvoll auf dem Vorschiff.

Die Männer grinsen, als sie das sehen.

Nun fragt es sich, wohin damit? – Der L. I. muß Rat schaffen. Und der schafft Rat. Eine der beiden an Bord befindlichen Toiletten wird nunmehr für die allgemeine Benutzung gesperrt und der ganze Raum bis unter die

Decke mit Baumwolle vollgestopft. Wenn wir aber geglaubt haben, den ganzen Ballen darin unterzubringen, so haben wir uns mächtig getäuscht. Obgleich wir die Außenschicht wieder über Bord werfen, weil sie vom Seewasser zu sehr verdorben ist, zeigt es sich, daß ein solcher Ballen unheimlich viel Baumwolle enthält, wenn man ihn auseinanderreißt.

Da der Toilettenraum bei weitem nicht ausreicht, müssen vom L. I. auch noch andere Räumlichkeiten freigemacht werden, bis wir den ganzen Ballen unter Deck verstaut haben. Als diese Arbeit geschafft ist, befinden sich nunmehr in allen Ecken und Winkeln des Bootes große, schneeweiße Baumwollklumpen, die ihrer weiteren Bestimmung harren.

„Was wollen wir damit machen, Herr Kapitänleutnant?" fragt Auffermann.

„Machen Sie Vorschläge, meine Herren!"

„An das Wehrmachtswunschkonzert überweisen!"

„Und was sollen sie uns dafür spielen?"

Jetzt kommt, was natürlich kommen muß.

„Den ‚Onkel Eduard aus Bentschen'!"

Da protestierte Auffermann energisch.

„Dann zahle ich noch hundert Mark dagegen, damit sie es nicht spielen!"

Soviel ist ihm schon die Ruhe vor dem Onkel Eduard aus Bentschen wert. Im gleichen Augenblick aber erklingt wie zum Hohn auf das Ruhebedürfnis unseres Ersten und als Fanfarenabschluß der Baumwollsammlung aus allen Lautsprechern die Kraftstimme des Onkels Eduard aus Bentschen, der immer noch davon überzeugt ist, daß er der beste aller Menschen ist.

Da verläßt Auffermann fluchtartig die Messe und steigt auf die Brücke. Hier ist tatsächlich der einzige Ort auf dem Boot, wohin ihm der Onkel Eduard nicht folgen kann.

Kaum ist er oben angelangt, als ich auch schon auf die Brücke gerufen werde.

„Haben Sie etwa noch einen Baumwollballen gesichtet?" frage ich und überlege schon, wohin wir den zweiten verstauen können.

Diesmal überrascht er mich aber mit einer etwas angenehmeren Nachricht.

„Rauchfahne in Sicht, Herr Kapitänleutnant!"

„Endlich einmal wieder!"

Die Gläser treten in Tätigkeit. Vorerst erkennen wir nur ganz schwach die Mastspitzen. Anscheinend hält der Frachter auf uns zu. Das kann uns lieb sein, denn wir können uns wegen des knappen Brennstoffes keine großen Kurven mehr leisten.

Nach einer weiteren Stunde sind mit dem Glase seine Aufbauten zu erkennen.

„Etwa drei- bis viertausend Tonnen!" meint Bade. „Ein Engländer scheint es aber nicht zu sein!"

„Jetzt sagen Sie bloß noch, es ist ein Neutraler, dann springe ich vor Wut in den Bach!"

Fortan schweigt Bade. Ob aus Angst, ich könnte mich tatsächlich den Haifischen zum Frühstück hinwerfen, oder nur, weil er die Nationalität noch nicht erkennen kann, weiß ich nicht.

Währenddessen kommt uns der Frachter immer näher. Er fährt ruhig seinen Kurs und zackt nicht. Vor U-Booten hat er also keine Angst. – Das gefällt uns nicht. Ein Engländer würde wilde Schlangenlinien fahren. –

Trotzdem wird es für uns Zeit, in den „Keller" zu gehen.

„Alarm! – Tauchen!"

Durch das Sehrohr ist noch weniger Verdächtiges zu entdecken.

„Mensch, Bade, drück'n Daumen, daß er kein Neutraler ist!"

Bade nickt und verspricht, fortan sämtliche Daumen zu drücken.

Er drückt aber anscheinend nicht richtig, denn sonst könnte es mir nicht passieren, daß ich eine groß an die Bordwand gemalte Flagge erkenne und einen Namen lese, der alle meine Hoffnung auf Erhöhung unserer Versenkungsziffer wieder einmal restlos begräbt.

„Monte Teide" – Bilbao! – Also Spanier! –

Man möchte vor Wut über dieses ausgesprochene Pech mit dem Kopf durch die Bordwand rennen.

„Es scheint auf dem ganzen Atlantik keinen einzigen Engländer mehr zu geben!" ergrimme ich mich, während ich das Sehrohr einfahren lasse und mit einem ins Genick geschobenen Hut und wütendem Gesicht nach unten steige, um mich auf die Koje zu werfen.

Großangriff

„Was gibt es heute zu Mittag, Hinzepeter?"

Die Mahlzeiten sind weiß Gott tatsächlich jetzt die einzigen Abwechselungen auf unserem Boot. Der Koch bemüht sich dabei ehrlich, auch diese nicht noch eintöniger werden zu lassen, was ihm bei dem immer mehr schwindenden Proviant viel Kopfzerbrechen verursacht.

„Rindsgulasch, Herr Kapitänleutnant!"

„Was? – Gulasch? – Vom richtigen Rindsvieh?"

„Jawohl, Herr Kapitänleutnant. Es sind die letzten Dosen!"

Nun aber hinunter in die Messe, denn wenn Bade erst am Tisch sitzt, dann muß man seine Portion wie ein Löwe verteidigen.

Natürlich sitzt der II. W. O. schon am Tisch. Er hat das Rindsgulasch schon gerochen. Der Leitende leistet ihm bereits Gesellschaft. Er schöpft gerade aus dem vollen.

„Vorsicht, meine Herren, hier kommen noch mehr hungrige Wilde!"

Minuten später herrscht schweigende, aber emsige Tätigkeit. Nur Bade läßt hin und wieder ein zufriedenes „Hm" oder „Aah" hören, wenn er ein besonders schönes Stück Fleisch hinter seine unersättlichen Kauwerkzeuge schiebt.

„Wie schön wäre es, Herr Kapitänleutnant, wenn wir jetzt solchen Dampfer knacken würden, wie auf der ersten Reise im Atlantik, wo die Rinderviertel dutzendweise auftauchten und herumschwammen!" meint Rohweder, der sich als letzter an den Tisch gesetzt hat.

„Meinetwegen können es auch lebende Rinder sein", wirft Bade ein. „Schlachten will ich sie schon!"

„Schlachten schon! Aber die Biester erst einmal einfangen", werfe ich nun ein und denke hierbei an ein einstmaliges Erlebnis. Ich habe einmal lebende Ochsen auf Reede umgeladen! – Die Viecher sind einfach nicht zu bändigen. – Ich war damals noch Vierter Offizier bei der Afrika-Linie. Wir hatten rund zweihundert Rinder an Bord, die wir auf der Reede von Point Noire auf kleine Schuten umladen mußten, mit denen sie an Land gebracht werden sollten.

Von der langen Seereise und den ständigen Schaukelbewegungen des Schiffes waren die Tiere derart scheu und böse geworden, daß die Schwarzen, die wir in die Laderäume hinunterschickten, um die Tiere dort unten für das Hochhieven anzubinden, angstschlotternd wieder nach oben gerannt kamen. Sie waren weder durch Geld noch durch gute Worte zu bewegen, wieder hinunterzusteigen. Die Ochsen ließen keinen Schwarzen mehr an sich heran, sondern senkten die Hörner und rannten brüllend auf die Kerle los.

Das war natürlich eine sehr unangenehme Situation, denn die Tiere mußten ausgeladen werden.

Da nun die Schwarzen lieber in den Bach sprangen, als noch einmal in die Laderäume zu klettern, mußte ich hinuntersteigen.

Ich muß gestehen, daß mir auch nicht ganz wohl zu Mute war, als ich dort unten inmitten der unruhig durcheinanderrennenden und wütend brüllenden Ochsen stand und nun krampfhaft überlegte, wie ich diese halbwilden Tiere an die breiten Lederlaschen der Winde schnallen konnte, ohne dabei zertrampelt oder auf die Hörner gespießt zu werden.

Sämtliche Versuche mißlangen. Entweder kniffen die Burschen aus und brachten dadurch nur noch mehr Unruhe in die Herde, oder sie spreizten die Vorderläufe, senkten den Kopf, rollten die Augen und brüllten. Dann war es für mich ratsam, hinter einem Pfeiler Deckung zu nehmen. Auf einen Zweikampf wollte ich es nicht ankommen lassen. Ich hätte dabei doch nur den kürzeren gezogen. Meine bisherigen persönlichen Beziehungen zu dieser Gattung Lebewesen bestanden nur in saftigen Steaks und einer – meistens sogar noch imitierten – Ochsenschwanzsuppe.

Da die Rinder nun nicht gutwillig dem letzten Endes doch geistig überlegenen Willen des Menschen folgen wollten, mußten sie mit Gewalt an die frische Luft befördert werden. Ich ließ mir daher das Ende einer langen, kräftigen Leine herunterreichen, verfertigte eine Schlinge und legte sie auf den Boden.

Sobald nun ein Tier in diese Schlinge trat, gab ich ein Zeichen nach oben, woraufhin die Schlinge sofort zusammengezogen und das wild um sich schlagende Tier ruckartig auf den Rücken gelegt wurde. Mittels einer zweiten, rasch um die Hörner gelegten Schlinge konnte es dann nach oben gehievt werden. Dabei war es natürlich für alle übrigen ratsam, schleunigst volle Deckung zu nehmen, denn der Prankenschlag eines wilden Ochsen ist etwas kräftiger als ein Handkuß.

Ohne Zögern wurde nun das Tier sogleich außenbords in die bereitliegende Schute gehievt, wo es endlich wieder auf die Beine kam.

Als wir aber die ersten vier Ochsen auf diese Weise umgeladen hatten, schien es einem von ihnen im Boot langweilig zu werden. Er machte einen Satz, sprang über

Bord und schwamm, ohne sich überhaupt um das Geschrei der Schwarzen zu kümmern, dem nahen Lande zu.

Böse Beispiele verderben bekanntlich gute Sitten. Die übrigen in der Schute stehenden Ochsen fanden Gefallen an der Unternehmungslust ihres Leidgenossen und sprangen ihm kurzerhand nach. Sobald die Tiere nun Grund unter den Füßen hatten, trabten sie an Land, schüttelten sich einmal kräftig und begannen dann ganz friedlich zu grasen.

Natürlich sahen wir nun nicht ein, warum wir uns erst die Arbeit machen und die Tiere in die Schute laden sollten, wenn sie dann doch ins Wasser sprangen.

Wir vereinfachten also das Verfahren, indem wir die Rinder nur noch aus dem Laderaum hoben, über Bord schwenkten und ins Wasser fierten. Die Schwarzen hatten dabei nichts weiter zu tun, als in einigen Booten dafür zu sorgen, daß die Tiere keinen falschen Kurs einschlugen, sondern direkt auf Land zu schwammen.

Auf diese Weise haben wir sehr schnell einen ganzen Ochsentransport gelöscht. Daß ich, als das letzte Rindsvieh über Bord geschwenkt wurde, schachmatt war und mindestens ein halbes Dutzend Beulen und Hautabschürfungen mein eigen nennen konnte, sei nur am Rande vermerkt. Ich schwitzte wie kaum je zuvor und schwor mir, lieber vorher abzumustern, als noch einmal Ochsen auszuladen. –

Wenn Sie das glauben, mein lieber Bade, daß es eine Kleinigkeit sei, einen lebenden Ochsen an Bord unseres Bootes zu bekommen, dann wünsche ich Ihnen nur, daß Sie das einmal erleben."

„Dann schlage ich also vor, Herr Kapitänleutnant", fängt Rohweder wieder an, „wir einigen uns auf ausgeschlachtete Rinderviertel!"

„Ich wäre schon zufrieden, wenn wir endlich überhaupt erst einmal wieder einen Dampfer vor die Rohre bekämen. – Das ist doch für uns eine Blamage, wenn wir soundso viel Wochen unterwegs waren und trotzdem mit einem Bauch voller Aale wieder nach Hause kommen. – Nee, meine Herren, ich gehe nicht eher aus dem Atlantik, bis ich den letzten Torpedo verschossen habe!"

„Aber unser Brennstoff, Herr Kapitänleutnant!"

„Muß reichen, L. I.! – Sehen Sie zu, wie Sie das hinbiegen. Und wenn Sie unsere letzte Flasche Kognak in die Maschinen gießen. Ich will erst noch ein paar Frachter knacken, eher fahre ich nicht nach Hause!"

Da drückt sich der Leitende still von dannen, um zum ungezählten Male mit gerunzelter Stirn über seinen Tabellen zu sitzen und an den weiteren Kurs- und Fahrmöglichkeiten herumzuknobeln.

Im stillen tut mir der L. I. natürlich leid, denn mit Wasser kann er seine Maschinen nicht zum Laufen bringen. Auf der anderen Seite hat er ein gleich großes Interesse daran, daß wir so erfolgreich wie möglich heimkehren. Er muß also jetzt alle nur erdenklichen Kompromisse schließen, um sowohl unseren Wünschen wie auch seiner Verantwortung für die endgültige Heimfahrt gerecht zu werden.

Schiller hat zwar schon gesagt, daß mit des Geschickes Mächten sei kein ew'ger Bund zu flechten. Dennoch ist es nicht immer verkehrt, das Schicksal einmal herauszufordern. Auf diese Art kommt man zu einer raschen Entscheidung.

Rohweder kommt also nach einer halben Stunde angestrengten Nachdenkens zurück und berichtet mir lang und breit, daß es doch noch ginge, wenn – –

„Also mit anderen Worten: Wir können noch zwei Tage lang suchen?"

„Jawohl, Herr Kapitänleutnant!" ringt er sich endlich zu einer klaren Antwort hindurch. „Aber nur mit geringen Fahrtstufen!"

„Schön! – Ich werde nicht mehr als höchstens halbe Fahrt laufen, und das auch nur im Notfalle."

Damit steige ich wieder auf die Brücke und lasse das Boot noch um einige Grade vom bisherigen Kurse abdrehen. Wir stehen jetzt in der Nähe eines vielbefahrenen Schiffahrtsweges. Wenn es hier nicht gelingt, innerhalb der nächsten 48 Stunden mindestens einen kapitalen Frachter zu fangen, dann gibt es auf dem ganzen Atlantik einfach keine Dampfer mehr.

Zusammen mit dem Leitenden tragen die beiden Maschinisten, Gärtner und Kleinschmidt, die Verantwortung dafür, daß kein Tropfen Brennstoff verlorengeht und daß die „Böcke" so sparsam wie möglich arbeiten. Sie haben jetzt bei ihrem abwechselnden Wachtörn ein scharfes Auge für alle Unregelmäßigkeiten in den Maschinen. Jeder Liter Brennstoff, der zuviel verbraucht wird, kann uns später zum Nachteil gereichen. –

Wieder scheint ein Tag in gleicher Erfolglosigkeit zu vergehen wie die übrigen. Ebenso gleichbleibend ist das Wetter. Leichter Wind, leichte See, gute Sicht und Sonne. Der Horizont bildet einen schnurgeraden Kreis um uns. Darüber wölbt sich, mal mehr, mal weniger bedeckt, ein blaßblauer Himmel. Vor uns galoppieren unermüdlich die Schweinsfische, hin und wieder läßt sich ein Tümmler sehen. Wenn ein Fliegender Fisch auf seinem Sprung übers Wasser auf unser Oberdeck klatscht, befördert ihn eine hilfreiche Hand sogleich in die Kombüse. Der Koch steht ständig mit der Pfanne bereit. Am Netzabweiser hängt unsere Siegestrophäe, die Schweinsfischflosse. Sie soll uns Glück bringen, hat aber ihre Pflicht bisher stark vernachlässigt. Kaffee getrunken wird wieder zwischen Turmwand und Reling. Hinzpeter bringt wieder die gereinigten Kekse, gießt den Kaffee ein und sorgt auf seine Hamburger Art dafür, daß bei dem einen oder anderen von uns hin und wieder noch ein Lächeln zum Vorschein kommt.

Es ist also ein wahres Südatlantikidyll, das wir alle Tage genießen. Aber darum sind wir ja gerade so böse. Läge solch ein Tag zwischen zwei anständigen Versenkungen, dann wäre er eine Erholung. So aber sind diese Tage eine Qual. Es ist eben nichts schwerer zu ertragen als eine Reihe von guten Tagen.

Wir sind aber keine Weltenbummler, die ihre Zeit nicht besser totzuschlagen wissen, sondern U-Boot-Fahrer, also Männer, die nicht nur etwas erleben, sondern auch Leben unter die Geleitzüge bringen wollen.

Ich will meinen beiden Wachoffizieren gerade eine Partie Skat vorschlagen, weil wir eine andere Art, über die Langeweile hinwegzukommen, nicht mehr wissen. Da werde ich von der Brücke aus, wo unser Obersteuermann Marienfeld als Wachhabender steht, angerufen.

„Herr Kapitänleutnant, ich will nicht vorspuken, aber ich kann beim besten Willen nicht erkennen, ob das, was wir dort hinten sehen, eine Rauchwolke ist!"

Schon der Gedanke, es könnte irgendwo eine Rauchwolke auftauchen, läßt alle Skatabsichten vergessen. Ich steige sofort auf die Brücke und richte mein Glas auf die Stelle, die mir der Obersteuermann bezeichnet.

Auch ich muß sehr lange hinsehen, ehe ich etwas erkennen kann. Ein kleiner, hauchdünner Rauchkringel steht dort hinten eben über dem Horizont. Ist das nun eine etwas absonderlich geformte Wolke oder wirklich ein Rauchfetzen? Die glasige, von der Wärme und der

Spiegelung flimmernde Luft läßt einfach nicht mehr erkennen.

Wir drehen also noch ein paar Striche mehr nach Backbord und laufen auf dieses Rauchgebilde zu. Eigentlich müßten wir jetzt etwas mehr aufdrehen, damit uns der Bursche, der sich eventuell doch unter dem Rauchkringel befindet, nicht entwischt. Dazu langt es aber nicht mehr. Bescheiden, wie wir nun einmal geworden sind, begnügen wir uns auch weiterhin mit kleiner Fahrt dem Phantom nachzujagen und im stillen zu hoffen, daß dieser abermalige Kurswechsel und damit vermehrte Brennstoffverbrauch nicht ganz umsonst geschieht.

Was tun wir bloß, wenn wir unseren ganzen „Schnaps" verfahren und dann plötzlich, etliche hundert Meilen vor dem Stützpunkthafen mit trockenen Tanks liegenbleiben? –

Aussteigen und zu Fuß nach Hause gehen, würde Bade jetzt sagen, wenn er diese nur gedachte Frage hören würde.

Man tut am besten, daran überhaupt noch nicht zu denken. –

Plötzlich schreit ein Ausguck hinter mir: „Es ist doch eine Rauchfahne, Herr Kapitänleutnant!"

Der Mann hat recht. Unter dem ersten Rauchkringel steigt jetzt ein zweiter auf, der sich langsam vergrößert.

Endlich einmal wieder ein Schiff in der Nähe.

„Hoffentlich ist es nicht wieder ein Spanier!"

„Wenn aller guten Dinge wirklich drei sind, dann muß es einer sein!"

Niemand lacht über diesen Witz, der keiner ist. Auf der Brücke herrscht Schweigen und angestrengtes In-die-Ferne-Schauen.

„Er scheint vor uns abzulaufen!" läßt sich Auffermann nach einer Weile vernehmen.

Dann wieder Schweigen. Jeder hängt seinen Gedanken und Wünschen nach, während die Blicke unausgesetzt den Horizont beobachten.

Bade hat sich auf die Schanzverkleidung gestellt und blickt ebenfalls durch sein Glas.

Plötzlich ruft er, nachdem er sich so hoch wie nur möglich gestellt hat: „Zwei Mastspitzen! – Dampfer zackt sehr stark!"

Das ist das, was wir hören wollen. – Der Dampfer zackt. – Also hat er Angst vor U-Booten. – Und wer vor uns Angst hat, gehört zu unseren Feinden. – Also Brite! –

„Ran, Kameraden! Jetzt oder nie!"

Nach diesem Schlachtruf schnellt die Stimmung an Bord schlagartig in die Höhe. – Alles lacht wieder. Sogar unsere Kuh am Turm verzieht das Maul zu einem noch breiteren Grinsen.

„La vache que rit!" –

„L. I. auf die Brücke!"

Der Leitende kommt nach oben geturnt.

„Rohweder, sehen Sie sich das an. – Ein Dampfer! – Ein prachtvolles Dampferchen! – Zwei Masten, sechs Ladeluken, hundertachtzig Meter lang, bis zum Stehkragen mit Munition und Kriegsgerät für Old England beladen! – Sehen Sie ihn?"

Obgleich er von ihm auch nur die Mastspitzen sehen kann, genau wie ich, sagt er zu allem, was ich ihm vorschwindele, ja und amen.

„Können wir diesen Dampfer kriegen, Rohweder?"

„Müssen sogar, Herr Kapitänleutnant!"

„Gut, Rohweder!" Ich klopfe ihm erneut auf die Schulter. „Und nun runter in den Keller und aufgepaßt, daß alles klar geht. – Wir greifen an!"

Mit reichlich gemischten Gefühlen verschwindet der Leitende von der Brücke. Er ist der Mann, dem jetzt am meisten der Kopf raucht.

Wir aber reiben uns schon im stillen die Hände, denn wir sind wieder in unserem Element. Als dann gar noch nach Ablauf einer weiteren Stunde der Ausguck eine zweite Rauchfahne entdeckt, die unweit der ersten steht und von einem Dampfer zu stammen scheint, der neben dem anderen mit gleichem Kurs fährt, herrscht allgemeine Freude an Bord. Vergessen sind die qualvollen Tage der letzten Wochen und die halben Rationen zu den Mahlzeiten. Jetzt hat die Langeweile ein Ende. – Wir greifen endlich wieder einmal an! –

Zum Glück ist es schon Spätnachmittag, so daß wir keine unnütze Zeit mehr verlieren brauchen, um an die Dampfer heranzugehen. Langsam aber sicher holen wir auf. Unsere Befürchtungen, daß es sich hierbei vielleicht nur um Vorpostenboote oder Bewachungsfahrzeuge handeln könne, die sich aus irgendwelchen unerfindlichen Gründen allein hier auf dem Atlantik herumtreiben, bestätigen sich glücklicherweise nicht. Kurz vor Einbruch der Dunkelheit können wir sicher ausmachen, daß es sich tatsächlich um mindestens einen Frachtdampfer handelt.

In der Dämmerung verlieren wir jedoch das Fahrzeug außer Sicht. Da es aber bisher um einen gleichbleibenden Generalkurs gezackt ist, behalten auch wir diesen Kurs weiterhin bei. Wir werden diesen Burschen schon wiederfinden. Trotz unserer halben Fahrt holen wir langsam weiter auf, denn durch das ständige Hin- und Herzacken verliert der Frachter sehr viel von seiner Marschgeschwindigkeit.

Tatsächlich finden wir ihn eine Stunde später wieder. Jetzt nur noch als Schatten erkennbar, läuft der Dampfer, ohne unser Vorhandensein zu ahnen, mit gleichbleibender Geschwindigkeit weiter.

„Achtung! – Alles auf Gefechtsstation! – Wir greifen an!"

Auf der Brücke stehen jetzt nur noch die beiden Wachoffiziere, der Obersteuermann, die beiden Ausguckposten und ich. Alles andere steht auf den Gefechtsstationen im Innern des Bootes.

„Rohr eins und zwo – klar!"

Endlich sind wir wieder einmal so weit. Diese Kommandos haben wir lange nicht mehr gegeben. Ich tue es daher mit einer wahren Begeisterung. Und mit der gleichen Begeisterung werden im Bugtorpedoraum die letzten Vorbereitungen getroffen.

Dann kommt die Meldung von unten: „Rohr eins und zwo sind klar!"

Die Spannung steigt, soweit dies überhaupt noch möglich ist. Alles, was auf der Brücke steht und ein Glas hat, blickt auf den Schatten.

„Wir greifen an Steuerbord an!" sage ich und gehe ausnahmsweise einmal mit der Fahrstufe etwas höher, um das Boot in die richtige Schußposition zu bringen.

Da ruft jemand plötzlich: „Schatten am Steuerbord!"

Kaum haben wir diesen Schatten durch das Glas betrachtet, als ein neuer Ruf ertönt:

„Schatten an Backbord achteraus!"

„Heiliger Bimbam!"

Die Gläser fliegen herum. Tatsächlich taucht auch dort der Umriß eines Frachters in der Dunkelheit auf.

„Wir stehen mitten in einem Geleitzug, Herr Kapitänleutnant!"

„Nun wird der Hund in der Pfanne verrückt!"

Ich möchte vor Freude über dieses unerwartete Glück am liebsten laut Hurra schreien.

„Alle Rohre – klar!" rufe ich durch das Sprachrohr nach unten. Jetzt werden wir einmal mit Gebrüll auf die Tube hauen. Mal sehen, ob hier noch mehr von diesen Dampferchen herumschwimmen. Die vier dicksten werden wir uns herausfischen.

„Beide Maschinen – große Fahrt voraus!"

Dem Leitenden stehen, als er das Kommando hört, die Haare zu Berge.

„Frage an L. I.: Wie lange können wir große Fahrt laufen?"

Ich will den guten Rohweder nicht allzu sehr in Verlegenheit bringen, sonst kann es uns tatsächlich passieren, daß wir beim Rückmarsch auf halbem Wege liegenbleiben und keinen Tropfen mehr im Becher haben.

Da kommt eine Antwort von unten, die mich begeistert.

„An Kommandant: Große Fahrt höchstens dreißig Minuten!"

„Prima!" rufe ich und drücke meinem Leitenden in Gedanken herzlich die Hand. Der Mann ist in Ordnung. Er hat also, ohne uns etwas davon zu verraten, noch eine kleine Reserve gehabt, die er nun aber, wo es darauf ankommt, herausrückt.

Daß in der Befehlsübermittlung jedoch großer Bockmist entstanden sein kann, dieser Gedanke kommt mir gar nicht. Es soll nämlich nicht dreißig, sondern nur drei Minuten heißen.

Ich lasse nun also die Maschinen unbekümmert laufen und gebe dem W. O. Befehl, nach der Uhr zu sehen und mich zu Wahrschauen, wenn wir länger als zwanzig Minuten mit großer Fahrt laufen. Ganz will ich dem Leitenden die Reserve nicht herauspumpen.

Wir setzen uns also vor den Geleitzug, um ihn dann an uns verbeidefilieren zu lassen. Wir werden uns dabei unsere Schäfchen genauer ansehen.

Ich bin noch nicht ganz mit dem Boot voraus, als Rohweder im Luk erscheint.

„Melde Herrn Kapitänleutnant, daß unsere Ölreserve restlos erschöpft ist. Wenn wir noch länger große Fahrt laufen, kommen wir nicht mehr nach Hause."

„Nanu? – Wie lange laufen wir denn jetzt?"

„Dreizehn Minuten, Herr Kapitänleutnant!"

„Na also! Außerdem habe ich jetzt keine Zeit für solche Dinge. Reden wir nach dem Angriff weiter darüber, Rohweder!"

Da zieht es der Leitende vor, wieder zu verschwinden und mit der Welt im allgemeinen und mit mir im besonderen sehr unzufrieden zu sein.

Wir aber stoßen weiter vor und erreichen nun die erste Dwarslinie des aus ungefähr dreißig Fahrzeugen bestehenden Geleitzuges.

Hier fahren die vier dicksten Dampfer, und zwar so prachtvoll nebeneinander, als hätten sie sich extra für uns aufgestellt.

Nun gibt es einfach kein Halten mehr.

„Alle Rohre sind klar!" kommt es von unten.

„Achtung! – Boot greift an!"

Noch einmal eine kleine Kursänderung, dann liegen wir richtig.

„Gut so!"

Wir stehen jetzt auf einer Position, von der aus wir alle vier Dampfer der vorderen Dwarslinie so sehen, als liefen sie dicht beieinander.

„Beide Maschinen kleine Fahrt!"

Unter Deck atmet der L. I. erleichtert auf. Seine beiden Maschinisten tun es ihm nach.

Tiefes Schweigen auf der Brücke. Nur die Diesel brummen.

Jetzt kommt der große Augenblick!

„Ruder – Backbord zehn!"
Der Rudergänger wiederholt.
Langsam schwenkt der Bug des Bootes herum.
Auffermann steht am Zielgerät. – Jetzt muß durch die Drehung des Bootes gleich das erste der vier Schiffe in das Zielgerät einwandern. –
Ich gebe Feuererlaubnis.
Da – Numero eins!
„Rohr eins – los!"
Der erste Aal verläßt das Rohr und haut schnurgerade ab.
Weiter dreht das Boot. – Jetzt kommt der zweite Dampfer ins Visier.
„Rohr zwei – los!"
Wieder zischt es ins Wasser. Wieder rast der Tod mit hoher Geschwindigkeit davon.
Der dritte Frachter folgt.
„Rohr drei – los!"
Ein Massensterben unter dem Geleitzug soll beginnen. England wollte uns aushungern. Jetzt werden wir den Spieß umdrehen.
Und nun kommt der letzte Aal an die Reihe. –
„Rohr vier – –"
Ruhig Blut! – Zielen! – Genau mittschiffs! – So!
„Los!"
Fauchend geht auch der vierte und letzte Torpedo auf die Reise.
„Ruder hart Backbord! – Steuerbordmaschine – große Fahrt voraus! – Backbordmaschine – stopp!"
Hart drehen wir ab, während die Stoppuhren laufen. Auf allen Gesichtern steht die gleiche Spannung geschrieben. In wenigen Sekunden muß es sich entscheiden, was wir können.

Jetzt heißt es doppelt aufpassen. In den nächsten Minuten wird ein Hexentanz losgehen.

Da – der erste Treffer!

Eine riesige Stichflamme – eine steile Feuersäule – ein irrsinniger Krach – und von dem Frachter Numero eins ist nichts mehr zu sehen. In noch nicht zwanzig Sekunden ist ein 6.000 Tonner spurlos von der Bildfläche verschwunden.

Dieser Schlag alarmiert natürlich den ganzen Verein. Wie auf Kommando werfen plötzlich sämtliche Frachter das Ruder herum, drehen die Maschinen bis zur Höchstleistung auf und rasen, wild durcheinanderzackend, auf und davon.

Und jetzt – Treffer Numero zwei!

Wieder kracht es ohrenbetäubend. Wieder schießt eine grelle Flamme zum Himmel empor. Und wieder sackt ein 7.000 BRT großer Frachter, in zwei Teile zerbrochen, innerhalb kürzester Zeit in die Tiefe.

Und nun beginnt ein Höllenspektakel. Fast sämtliche Dampfer dieses Geleitzuges sind bewaffnet. An alle Geschütze rasen die Bedienungsmannschaften und schwenken die Rohre aus. Leuchtgranaten steigen gleich dutzendweise auf. Ihr gelbrotes Licht erhellt die ganze Umgebung.

Und wir stehen mitten drin.

Noch hat man uns nicht gesehen. – Dort drüben ist eine dunkle Ecke. Dort müssen wir hinein.

„Beide Maschinen – dreimal äußerste Kraft voraus!"

Mit hochaufschäumender Bugwelle jagen wir davon. Vom Himmel sinken die Leuchtgranaten immer tiefer. Immer heller wird es um uns.

Haben sie uns noch immer nicht gesehen?

„Achtung! – Bewacher von achtern!"

Da geht es schon los! – Wie ein Hund, der ein Wild erspäht hat, jagt der Bewacher, eine britische Korvette, hinter uns her.

Plötzlich hören wir eine mächtige Detonation. Schiff Numero drei steht Sekunden darauf in hellen Flammen. Es ist ein moderner, mindestens 8.000 BRT großer Frachter.

Die Wut der Briten mag nicht gering sein. Sie jagen uns jetzt, wo sie nur können. Die Korvette dreht alle Löcher auf, die sie hat. Sie scheint uns regelrecht überrennen zu wollen.

Warum schießt sie eigentlich noch nicht? – –

Da schreit jemand: „Schatten an Backbord querab!"

Die Köpfe schnellen herum. Die Blicke fliegen hoch hinauf zu dem Frachter, dessen Bug mit affenartiger Geschwindigkeit auf uns zugestoßen kommt.

Will der Kerl uns rammen? –

Tauchen? – Nein, zu spät! –

Vom Himmel fällt es rotglühend herab. Eine Leuchtgranate zischt ins Meer – und erlischt.

Dunkelheit um uns. Und immer näher kommt der riesenhafte Schatten.

Plötzlich dreht er von uns weg.

Hinter uns kracht es auf. Die Korvette schießt.

Doch zu spät. – Der große Frachter schiebt sich zwischen sie und uns. Er zackt wild und kopflos durch die Gegend.

Wir aber sind gerettet.

„Ruder hart Steuerbord!"

Abermals kurven wir herum. Hinein in die Dunkelheit. – Dann noch einmal – und verschwunden sind wir!

Weitab von uns knallt die Korvette ins Endlose hinein. Von einigen Dampfern bellt es aus Maschinenkanonen. Sie schießen sich selbst Mut zu.

In der Ferne steht eine Flammenwand. Unser dritter Frachter. Er brennt jetzt lichterloh.

Und der vierte?

„Ist vierter Treffer beobachtet worden?"

Niemand hat etwas gesehen und gehört.

Vorbeigeschossen? – Oder ist die Detonation im Geknatter der Geschütze und Leuchtgranaten und in der Aufregung der Verfolgung nur nicht wahrgenommen worden? –

Niemand weiß etwas. – Schade! – Na, drei Dampfer sind auch schon ein schöner Erfolg.

Jetzt erlischt das Feuer dort drüben. Der Dampfer scheint zu sinken. Genaues ist nicht zu erkennen. Die Dunkelheit verdeckt ihn. Einige Bewacher umkurven ihn. Sie fischen die Überlebenden heraus.

Von unserer Korvette ist nichts mehr zu sehen. Ein letzter dunkler Schatten huscht an uns vorbei. Irgendwo steigt noch ein Sternsignal auf. In seinem Widerschein erkennen wir die Reste des auseinanderstiebenden Geleitzuges. Vergebens versuchen die Bewacher, ihre Schäfchen zusammenzuhalten. Die Kapitäne wollen aber ihre Köpfe nicht länger für Albions Magen hinhalten.

Dann sehen wir nichts mehr von alledem. Tief und schwarz liegt die Nacht um uns. Schweigen lastet auf dem Wasser. Nur in der Ferne glimmen Wrackteile, die im Wasser treiben.

Da atmen auch wir auf. – Unsere Arbeit ist getan. – Jetzt können auch wir den endgültigen Rückmarsch antreten. Wir haben nun keinen einzigen Torpedo mehr an Bord.

Der letzten Flasche Weinbrand wird der Hals gebrochen. Jeder Mann ein halbes Glas. Ein einziger Schluck. Er tut aber gut.

Dann gehe ich hinunter an meinen Schreibtisch und greife nach dem Kriegstagebuch.

„Zwei Dampfer mit zusammen 17.500 BRT versenkt. Ein dritter Frachter getroffen und in Flammen aufgegangen. Untergang wahrscheinlich. Vierter Treffer nicht beobachtet. – Torpedos verschossen. – Breche wegen Brennstoffmangel die Verfolgung ab und trete den Rückmarsch an."

Als Bade und Auffermann nach unten kommen, drücken sie mir stumm die Hand. Mit einem kleinen Drink aus einer Feldpostflasche, die Auffermann aus einem Versteck hervorholt, wird dieser ereignisreiche Tag beschlossen.

Das Oberkommando der Wehrmacht gibt bekannt

Seit der denkwürdigen Geleitzug-Nacht sind wieder einige Tage vergangen. Langsam, wegen des Brennstoffmangels sogar sehr langsam aber sicher, steuert unser U-Boot nordwärts. Irgendwo, weit in der Ferne liegt unser Stützpunkthafen. Dort werden wir endlich wieder einmal Land unter die Füße bekommen.

Wie lange sind wir schon nicht mehr von unserem Boot heruntergekommen? Es sind zwar erst einige Wochen, sie kommen uns jedoch schon wie Monate vor. Immer nur die wenigen Quadratmeter Linoleumbelag unten und den halben Quadratmeter Holzplatten hier oben auf der Brücke wochenlang unter den Füßen zu haben, ist nicht so einfach. Wären wir nicht an der westafrikanischen Küste gewesen, hätten wir wochenlang keinen Baum, keinen Strauch, kein grünes Blatt, überhaupt nichts anderes als Himmel und Wasser und Wasser und Himmel gesehen. – Es wird also höchste Zeit, daß wir uns wieder einmal die Beine richtig vertreten können.

Ebenso lange haben wir keine einzige Zeile von unseren Lieben daheim erhalten und selbst auch keine Nachricht, nicht einmal einen flüchtigen Kartengruß, schreiben können. Niemand in der Heimat weiß, ob wir noch leben, ob wir gesund sind, oder ob wir nicht schon längst dort unten in dem tiefen Gotteskeller liegen, aus dem es keinen Aufstieg mehr gibt.

Dennoch erfährt plötzlich die ganze Welt, daß wir uns auf dem Atlantik erfolgreich herumgeschlagen haben.

Auf unserem einzigen an Bord befindlichen Kalender steht der 27. Juni 1941.

Die Mittagszeit ist vorbei. Die Freiwache schläft unter Deck oder vertreibt sich die Zeit mit anderen Dingen. Einige spielen Schach, andere lesen. Ein ganz großer Optimist schreibt sogar schon den ersten Brief. Anscheinend will er ihn sofort in den Kasten stecken, sobald wir im nächsten Hafen festmachen. Aus den Lautsprechern ertönt leise Musik.

Das Boot aber fährt unentwegt nach Norden.

Plötzlich wird die Musik stärker. Die Schlußtakte eines Marsches dröhnen auf.

Dann ist der Radau vorbei.

„Wir beenden hiermit unser Mittagskonzert und bringen den Nachrichtendienst!"

Sofort wird im Boot alles munter. Seit im Osten unsere feldgrauen Kameraden gegen einen mächtigen Feind angetreten sind, warten wir täglich mit Spannung auf die ersten Meldungen vom östlichen Kriegsschauplatz.

„Der Nachrichtendienst! – Mit dem Gongschlage ist es vierzehn Uhr und eine Minute!"

„Ob wir heute endlich mal etwas über die Dresche erfahren, die die Bolschewiken kriegen?" fragt einer.

„Ruhe!" tönt es ihm statt einer Antwort entgegen.

„Der Wehrmachtsbericht!"

Der Mann in der Funkbude dreht die Lautsprecher auf volle Kraft. Nun wird auch der letzte müde Schläfer aus seiner Ruhe gerissen.

„Das Oberkommando der Wehrmacht gibt bekannt!"

Irgendwo poltert, von einem aufgeschreckten Schläfer heruntergerissen, ein Gegenstand zu Boden.

„Pssst!" zischt es ihm wütend entgegen.

Dann lauscht alles der Stimme des Rundfunksprechers, der die neuesten Meldungen des drahtlosen Dienstes verliest.

Die Männer im Boot werden jedoch enttäuscht. Außer der Vorankündigung einer für den kommenden Sonntag zu erwartenden Sondermeldung wird nichts Wesentliches über die Lage an der Ostfront bekanntgegeben. Man will dem Gegner, der anscheinend selbst nur sehr schlecht über seine Frontlage, unterrichtet ist, keinerlei Fingerzeige geben.

Dann aber kommt etwas, was die Besatzung im Boot aufhorchen läßt.

„Ein deutsches Unterseeboot – – –"

„Aha, jetzt kommt die Kriegsmarine an die Reihe!"

„Ruhe!"

„– – unter Führung des Kapitänleutnants Metzler – –"

Atemlose Spannung. In diesem Augenblick hätte man einen Wattebausch zur Erde fallen hören können.

„– – versenkte auf seiner letzten Feindfahrt im Atlantik – –"

Ich bedaure Bade und alle übrigen Männer, die jetzt auf der Brücke Wache halten und nichts davon hören können.

„– – fünf feindliche Handelsschiffe mit insgesamt einunddreißigtausendeinhundert Bruttoregistertonnen!"

Tiefes Schweigen. Alles wartet noch auf weitere Einzelheiten.

Der Rundfunksprecher aber geht zum nächsten Thema über.

Da setzt plötzlich ein Freudengebrüll im Boot ein. Wie die Wilden kommt die halbe Bootsbesatzung zu mir in den Raum gestürmt und jeder fragt: „Herr Kapitänleutnant, haben Sie eben gehört?" Die Freude über diese Auszeichnung, im Wehrmachtsbericht genannt worden zu sein, leuchtet aus allen Gesichtern.

Ich habe Mühe, mich des Ansturmes zu erwehren und den ausbrechenden Übermut zu dämmen Ein jeder will mir die Hand drücken und ein jeder will mir seinen Dank dafür aussprechen.

Als ich dann wenig später auf die Brücke steige, um mich mit Bade über diese Neuigkeit zu unterhalten, da sagt dieser nur:

„Also doch ein Denkmal, Herr Kapitänleutnant!"

Unser tollstes Stück

Jedesmal, wenn die Sonne hinter dem Horizont aufsteigt, stehen wir viele Meilen nördlicher. Aber noch immer trennen uns etliche hundert Seemeilen von unserem Stützpunkthafen.

Zwei Fragen sind es, die uns nun immerfort beschäftigen.

Werden wir mit unserem mehr als knappen Brennstoff noch hinkommen?

Dreimal täglich rechnet der Leitende den noch vorhandenen „Sprit" und die noch zurückliegenden Seemeilen aus und dreimal täglich schüttelt er sorgenvoll sein Haupt

„Herr Kapitänleutnant! Nie mehr als höchstens langsame Fahrt! Sonst bleiben wir unweigerlich unterwegs Liegen!"

„Ich schwöre es Ihnen. Rohweder!"

Man soll jedoch nie leichtsinnigerweise schwören. So etwas rächt sieht bitter.

Die zweite Frage ist: Was tun wir, wenn uns nun noch ein britischer Frachter in den Weg läuft? –

Wir haben nicht einen einzigen Torpedo mehr an Bord. Alles restlos verschossen. – Aber etwas anderes ist noch reichlich vorhanden: Artillerie- und MG-Munition. Auf unserem Boot stehen immerhin ein 8,8 cm-Geschütz modernster Konstruktion, eine 2 cm-Maschinenkanone und ein leichtes Maschinengewehr.

Diese Waffen müßten eigentlich dazu ausreichen, einen britischen Frachter zu versenken. Auch wenn er selbst bewaffnet ist, das heißt, wenn er ein Geschütz an Bord hat. Zwar müssen wir dann ganz höllisch auf Draht sein, damit er nicht den Spieß umdreht und unser Boot mit seinen Granaten durchlöchert. Es ist aber sehr gut möglich, ihm zuvorzukommen.

„Was meinen Sie dazu, Bade und Auffermann?"

Beide Wachoffiziere sind natürlich der gleichen Meinung.

„Selbstverständlich, Herr Kapitänleutnant! – Solange wir Munition an Bord haben, solange können wir auch noch versenken. – Unsere Acht-Kommaacht ist nicht von Pappe!"

„Gut! – Wenn wir also das Glück haben sollten, daß uns noch ein Brite in die Quere läuft, dann werden wir ihm mit Artillerie an den Kragen gehen. – Kontrollieren Sie noch einmal die Munitionsbestände und legen Sie die Granaten bereit!"

Die beiden Wachoffiziere gehen sogleich an die Arbeit, während der Obersteuermann als Wachhabender auf der Brücke steht.

Der Tag vergeht ohne Zwischenfall. Nur der Steuerborddiesel muß für einige Stunden ausfallen, weil an der Kupplung etwas unklar geworden ist. Der Schaden ist aber bald wieder behoben.

Als die Sonne sich neigt, geht es mit aller Marschgeschwindigkeit weiter. Nirgendwo ist eine Mastspitze zu sehen.

„Wieviel Tage brauchen wir noch bis zum Hafen?"

„Fünf!"

„Wenn wir bis dahin noch einen Briten finden wollen, muß es bald sein!'

Mit dieser stillen Hoffnung beschließen wir diesen Tag.

Die Nacht vergeht ruhig und ohne Unterbrechung. Die Wache steht auf ihrem Posten, die übrigen Männer schlafen.

Nur die Diesel arbeiten seit Wochen unermüdlich. Man muß nur staunen, wie zähe dieses Material ist. Wieviel Millionen Umdrehungen mögen die Kurbelwellen schon hinter sich haben! Ebenso oft sind die Kolben in den Zylindern auf- und abgefahren. Mal langsamer, mal schneller. Stets aber mit der gleichen Präzision. Nicht der geringste Versager ist auf dieser Reise vorgekommen. Die Erbauer dieser Motoren, angefangen vom Konstrukteur bis hinunter zum Motorenschlosser, verdienen höchstes Lob. Ohne ihre Wertarbeit, die im wahrsten Sinne des Wortes eine Spitzenleistung darstellt, wären wir kaum in der Lage gewesen, derartige Strecken zu bewältigen und diese Leistungen zu vollbringen. –

Auch der folgende Tag vergeht und neigt sich seinem Ende zu, ohne daß etwas Besonderes geschieht. Der Horizont ist und bleibt wie reingefegt.

Dann aber geschieht doch das noch kaum erhoffte Wunder. Die Mastspitzen eines sehr stark zackenden, mittelgroßen Dampfers werden gesichtet. Dieser Dampfer kommt sogar noch auf uns zu. Mehr können wir wirklich nicht verlangen.

Daß es einer ist, der sich vor uns fürchtet, erkennen wir an seinen unruhigen Kursänderungen.

In längstens zwei Stunden ist er bei uns. Dann ist es dunkel. Die Dunkelheit aber gebrauchen wir, um ihn mit Artillerie angreifen zu können. Bei Tage würden wir, sobald er auch nur ein Geschütz an Bord hat, unweigerlich den kürzeren ziehen.

Wir können also sogar mit Sprit noch sparen, indem wir fast gestoppt liegenbleiben und den Briten an uns herankommen lassen.

Hoffentlich macht uns der Himmel keinen Strich durch die Rechnung und bleibt weiterhin bedeckt, denn es ist beinahe Vollmond. Kritisch beobachten wir die

Wolkendecke. Sie sieht sehr dauerhaft aus. Also bereiten wir uns auf den Angriff vor.

Bei allen bisherigen Angriffen, die wir gefahren haben, herrschte auf dem Boot große Begeisterung der Männer. Ihren jetzigen freudigen Erregungszustand zu schildern, dazu fehlen einfach die richtigen Worte. Bei den Torpedoangriffen war es ja bisher so, daß nur die Wache auf der Brücke etwas von dem sah, was um uns her vorging. Der weitaus größte Teil der Besatzung stand dagegen unter Deck. Er sah nicht den Gegner, sah nicht seinen Abwehrkampf, er sah nicht den Torpedo durchs Wasser jagen und er sah auch nicht den getroffenen Dampfer in die Luft fliegen. Das einzige, was er überhaupt von dem Kampf verspürte, war die Detonation des treffenden Aales.

Nun aber sollen die Jungs, die am Geschütz und an der Maschinenkanone ausgebildet sind, an Deck stehen, ihre Granaten in das Rohr stoßen und den Gegner im direkten Beschuß unter Feuer nehmen. Zum ersten Male also werden sie mit eigenen Augen den Kampf ihres Unterseebootes mit einem großen Gegner verfolgen.

Diese Vorfreude bringt die Männer rein aus dem Häuschen. Sie sind mit einer derartigen Liebe bei der Sache, daß sie dem Frachter am liebsten schon aus zehn Kilometer Entfernung ihre Granaten entgegenschicken möchten. Sie können kaum noch die Zeit abwarten, bis ich die Feuererlaubnis gebe. Immer öfter werde ich von unten her, wo die Männer an ihrem Geschütz stehen, erwartungsvoll angesehen. Man zieht mir das Wort „Feuererlaubnis" mit den Blicken aus dem Mund.

Ich bleibe aber ungerührt. Erst müssen wir die günstige Angriffsposition abwarten. Sie ist aber noch nicht gekommen.

Die Nacht ist inzwischen längst hereingebrochen. Wie vorausberechnet, hat sich der Dampfer auch weiterhin auf gleichem Kurse bewegt. Jetzt steht er nur noch etwa dreitausend Meter von uns entfernt. Endlich ist es so weit.

„Alle Mann auf Gefechtsstation!"

Es ist ein schon überflüssiges Kommando. Die Jungs warten ja schon seit Stunden auf den Angriff.

Der Dampfer zackt jetzt wieder. Damit steht er fast querab von uns. Jetzt erkennen wir endlich, was wir schon lange haben sehen wollen: Auf dem Heck befindet sich ein Geschütz.

Also bewaffnet! –

Doppelte Vorsicht und Überlegung ist nun geboten. Die Besatzung des Frachters darf unter keinen Umständen dazu kommen, ihr Geschütz auf uns zu richten. Wir werden es also zuerst unter Feuer nehmen.

Auffermann, der an Bord gleichzeitig Artillerieoffizier ist, nickt dazu. Er hat den gleichen Gedanken.

„Beide Maschinen halbe Fahrt voraus!"

In kürzester Zeit nimmt das Boot Fahrt auf und stößt auf den noch völlig ahnungslosen Briten zu. Der Abstand verringert sich zusehends.

Jetzt beträgt er nur noch zweitausend Meter. Ich will aber noch näher herangehen. Wir müssen dem Burschen so dicht auf den Pelz rücken, daß einfach kein Schuß danebengehen kann. Spätestens die dritte Granate muß die Kanone auf seinem Heck außer Gefecht setzen.

Die Männer an unserer 8,8-cm-Kanone stehen sprungbereit. Die erste Sprenggranate ruht bereits im Rohr. Der Geschützführer hat den Abzugsbügel in der Hand. Im Fadenkreuz seines Zielfernrohrs steht die Kanone des Frachters. Er läßt sie nicht mehr aus den Augen. Sein Ehrgeiz ist, dieses Geschütz schon mit der ersten Granate zu zertrümmern.

Währenddessen stiebt unser Boot durch die aufspritzenden Wellen dem querlaufenden Gegner entgegen. Jetzt trennen uns etwa nur noch 1.500 Meter. Genaue Zahlen können ja nie genannt werden. Auf einem U-Boot gibt es keine artilleristischen Hilfsmittel. Die Entfernungen und auch die Seitenvorhalte, also jene Zielverschiebungen, die durch die Fahrt des Gegners und die eigene Geschwindigkeit und die dadurch hervorgerufenen Standortveränderung während der Flugzeit des Geschosses entstehen, müssen geschätzt werden.

Wie oft man dabei trotz aller praktischen Erfahrungen, die wir noch nicht einmal haben, danebenhaut, kann nur ein alter Artillerist ermessen. Außer den genannten Dingen spielen die Windrichtung und -stärke, die Luftfeuchtigkeit als auch Temperatur- und Luftdichte eine große Rolle. Je kürzer daher die Entfernung ist, um so weniger kommen diese Einflüsse zur Geltung.

Wir müssen also an den Burschen ganz heran. Es soll ja nicht nur unsere Kanone, sondern auch gleichzeitig unsere Maschinenwaffen in Aktion treten.

Diese aber sind nur auf relativ kurze Entfernungen wirksam.

Die Geduldsprobe der Männer an den Waffen wird daher auf eine harte Probe gestellt. Sie haben dabei immer die Befürchtung, daß uns der Brite vorzeitig entdeckt, nun seinerseits das Geschütz ausschwenkt und uns dadurch zum Abdrehen oder gar zum Tauchen zwingt. Sie wollen aber endlich auch einmal schießen und dem Engländer zeigen, daß ein U-Boot einen Frachter auch mit seiner Artillerie in den Grund bohren kann.

„Noch fünfhundert Meter, dann kann der Zauber losgehen!" sage ich zu meinem I. W. O., wobei ich meine Stimme unwillkürlich bis zum Flüsterton herabdämpfe.

Tatsächlich ist es ja so, daß der Wind wenn er entsprechend ungünstig steht, unter Umständen ein laut gesprochenes Wort bis zum Dampfer hinübertragen kann.

Aber schon die unmittelbare Nähe des wuchtigen Dampfers bringt uns dazu, leise zu sprechen.

Bisher war es so dunkel, daß wir nur die Umrisse des Frachters sehen konnten. Diese allerdings deutlich genug.

Plötzlich wird es jedoch zusehends heller. Als wir einen erschrockenen Blick zum Himmel hinaufschicken, entfährt uns eine gräßliche Verwünschung Ausgerechnet muß in dieser Stunde die Wolkendecke, die den ganzen Tag und die halbe Nacht hindurch dichtgehalten hat, aufreißen und dem vorwitzigen Mond freien Ausblick auf das Meer lassen.

Innerhalb weniger Minuten ist das Meer so hell erleuchtet, daß wir schleunigst kehrtmachen müssen, um in einem Wolkenschatten unterzutauchen.

Die Verwünschungen, die der sonst so unschuldige Mond jetzt von uns angehängt bekommt, würden ihn vor Scham dunkelrot werden lassen, wenn er sie hören könnte. Zum Glück hört er sie aber nicht. Wir haben nämlich auch alle Ursache, ihm andererseits dankbar zu sein. In seinem hellen Licht haben wir nämlich erkannt, daß der britische Frachter nicht nur ein Geschütz am Heck, sondern auch noch eine zweite Kanone auf der Back stehen hat.

Diese Entdeckung ist ungeheuer wichtig. Jetzt werden wir nicht mehr das Heckgeschütz unter Feuer nehmen, sondern zuerst die Kommandobrücke. In ihr befindet sich höchstwahrscheinlich die Feuerleitanlage für beide Geschütze. Ist die erst in den Grund geschossen, dann sind damit die Kanonen zwar noch nicht kampfunfähig, sie sind aber doch völlig auf sich selbst gestellt Dabei geht dann nach alter Erfahrung an Stelle eines geleiteten

Zielfeuers eine wilde Knallerei vor sich, die sich zwar sehr imposant anhört, aber keinerlei taktische Wirkungen hat.

Während wir nun ablaufen, beobachten wir sowohl den Mond als auch den Briten. Bei dem einen warten wir darauf, daß er wieder verschwindet, und bei dem anderen, daß wir ihn nicht aus den Augen verlieren.

Die größte Gefahr, daß uns der Frachter auch gesehen hat, scheint vorüber zu sein. Es rührt sich bei ihm nichts Verdächtiges. Geradezu prachtvoll können wir jetzt durch das Glas alle seine Einzelheiten erkennen.

„Steht da nicht auf dem Bootsdeck eine Flugabwehrwaffe?"

Ehe ich jedoch die Frage ausgesprochen habe und ehe Auffermann genauer hinsehen kann, werden erst der Dampfer und dann wir in Dunkelheit gehüllt. Eine mächtige schwarze Wolke hat sich vor den blassen Himmelswächter geschoben. Diese Wolke ist groß genug, ihn für längere Zeit unsichtbar zu machen.

„Neuer Anlauf!" befehle ich daher. Ich will die Zeit nützen. Wenn es möglicherweise noch weiter aufklart, kommen wir überhaupt nicht mehr zum Angriff.

Abermals stoßen wir vor. Wiederum warten die Männer an den Waffen auf meinen Feuerbefehl. Mein Obermaschinist steht mit seinem leichten Maschinengewehr direkt neben mir. Auch er kneift schon dauernd ein Auge zu und zielt.

„Sie wollen doch nicht etwa den Dampfer ganz allein versenken, Kleinschmidt?"

„Wenn ich das könnte, sogar gern, Herr Kapitänleutnant!"

Das kann ich mir denken. Aber dazu dürfte ein leichtes Maschinengewehr nun wohl doch nicht ganz ausreichen.

„Auffermann, haben Sie erkannt, ob das eine Flakkanone war?"

„Nein, Herr Kapitänleutnant!"

„Vielleicht habe ich mich auch geirrt!"

Während wir nun mit einem Auge immer nach dem Himmel schielen, nähern wir uns zum zweiten Male dem dicken Frachter. Er zackt auffallend oft hin und her. Sonst aber macht er – von seinen Kanonen abgesehen – einen sehr friedlichen Eindruck.

Wiederum beträgt nach einer Weile der Jagd der Abstand zwischen ihm und uns nur noch tausend Meter.

Noch höchstens fünf Minuten, dann kracht es bei uns aus allen Knopflöchern.

Die Spannung steigt bis zum Siedepunkt. Die Männes fiebern förmlich den Ereignissen entgegen.

900 Meter – – – 800 Meter – – –!

Noch einhundert Meter weniger, dann – – –

Ich blicke noch einmal rasch zum Himmel hinauf und – –

„Verfluchter Scheißdreck!"

Weiß Gott, ich kann nicht anders. Dieser Fluch mußte heraus, sonst wäre ich geplatzt.

Als hätte sich der Himmel mit dem Tommy verbündet, zieht in diesem Augenblick die Wolke vorbei und jener verwünschte Himmelskörper tritt mit seinem hellen Schein wieder auf die Bildfläche.

„Ruder hart Steuerbord! – Backbordmaschine große Fahrt!"

Was die Männer an den Geschützen in diesem Augenblick alles an Verwünschungen vom Stapel lassen, kann man nicht mehr zu Papier bringen. Die Wut und Enttäuschung ist jedenfalls riesengroß.

Es hilft aber alles nichts. Wir können es uns nicht leisten, wie ein Bühnenstar im Rampenlicht zu erscheinen und zu glänzen. Wir sind schließlich kein Schlachtschiff, sondern ein ganz bescheidenes Unterseeboot mit einer ebenso bescheidenen Kanone. Außerdem besitzen wir keine Panzerplatten, sondern nur ein paar dünne Blechwände, die man selbst mit Maschinengewehrgarben demolieren kann. Wir wollen wohl schießen, können es uns aber nicht leisten, selbst beschossen zu werden. Das ist nun einmal die große Schattenseite eines Unterseebootes, die man auch nicht beheben kann.

Wir müssen also, so leid es uns allen auch ist, den Angriff abermals abbrechen und in die Dunkelheit zu verschwinden trachten.

Natürlich denken wir gar nicht daran, die Verfolgung aufzugeben. Dazu kann mich jetzt selbst mein Leitender Ingenieur nicht bewegen, der mir mit kummervollem Gesicht mitteilt, daß sein Brennstoffvorrat rapide abnimmt und er, wenn wir noch länger hinter dem Briten herjagen, keine Garantie mehr für eine glückliche Heimreise geben kann.

„Mann, Rohweder, Sie wollen uns doch nicht etwa jetzt diese Partie vermiesen?"

„Nein, Herr Kapitänleutnant! – Aber – – –"

„Ach was, aber! – Wir werden schon nach Hause kommen. – Sie wissen doch, Unkraut vergeht nicht! Unser Glücksstern wird uns schon nicht im Stich lassen. Auf diesen Dampfer hier verzichte ich jedenfalls nicht. – Der Bursche hat mich durch seinen blödsinnigen Mond wütend gemacht. Jetzt lasse ich nicht eher locker, bis er unten schwimmt!"

Nach einer halben Stunde verschwindet der Mond zum dritten Male. Und zum dritten Male tragen wir den Angriff vor. Zum dritten Male holen wir den Frachter ein und gehen dicht heran. Und zum dritten Male müssen wir den Angriff abbrechen, noch ehe ein Schuß gefallen ist. Denn abermals steckt der Mond seine Nase durch die Wolken und grinst uns niederträchtig an.

Langsam gewöhnen wir uns an diesen Zustand Das Schimpfen wird schon weniger. Es hat doch keinen Zweck.

Statt dessen verlegen wir uns darauf, eine Bierruhe zu zeigen, die entschieden ihre Vorteile hat.

Als es uns dann gar noch zum vierten Male passiert, daß wir mitten im Anlauf den Angriff abbrechen müssen, da kommt bei uns schon der Galgenhumor zum Durchbruch.

„Ein Glück, daß der Mond nicht angenagelt ist!" meint jemand.

Ein anderer versteigt sich zu der bissigen Bemerkung, daß der Mond es verdient habe, zum englischen General erhoben zu werden. Er ist der einzige, der uns bisher wirklich in die Flucht geschlagen hat.

Zum Glück wissen wir, daß dieser General in wenigen Stunden das Zeitliche segnen wird. Bis dahin, so beschließe ich, müssen wir uns in Geduld fassen und dem Briten auf den Fersen bleiben.

Komischerweise hat uns auf dem Frachter noch immer niemand bemerkt, obgleich wir nun schon wirklich mehr als einmal im schönsten Mond-Scheinwerferlicht standen. So klein sind wir, wenn wir über Wasser fahren, nun auch wieder nicht, daß man uns ständig übersehen kann. Unser Boot ist immerhin etliche hundert Tonnen dick, rechnet also keineswegs mehr zu den Westentaschenformaten.

Die Zeit bis zum völligen Monduntergang wird uns natürlich sehr lang, denn die Spannung läßt keineswegs nach. Im Gegenteil. Je länger wir warten müssen, um so unruhiger wird die Besatzung. Sie befürchtet – und hat dabei gar nicht so unrecht –, daß uns zu guter Letzt doch noch etwas in die Quere kommen könnte, das uns zwingt, die Jagd aufzugeben und unverrichteterdinge umzukehren. Sie haben sich aber schon derart in die Idee verrannt, diesem Frachter mit seinen Kanonen den Garaus zu machen, daß sie von etwas anderem einfach nichts mehr wissen wollen.

Der Dampfer soll und wird sinken! –

Daß sich das Blatt dabei aber auch wenden könnte und statt dessen wir nach ein paar wohlgezielten Schüssen in die Tiefe sinken können, daran denkt nicht ein einziger der Männer. Wohl wissen sie, daß ein Volltreffer einer 10,7-cm-Granate genügt, unserem Boot das Lebenslicht auszublasen. Es fällt aber keinem ein, diese Möglichkeit überhaupt in seine Gedankengänge mit einzuschalten. Sie sind derart sicher, daß nicht wir, sondern der Brite auf Tiefe gehen wird, daß sie sehr erstaunt aufgeblickt hätten, wenn jemand auch nur daran zu zweifeln gewagt hätte.

Diese Siegeszuversicht ist einfach nicht mit Gold aufzuwiegen. Sie gibt der Besatzung eine derartige Kampfkraft und einen derartigen moralischen Rückhalt, daß man mit ihr die tollsten Husarenstückchen vollbringen kann.

Endlich zeigt die Uhr die vierte Morgenstunde, in der nach dem Kalender der Mond untergeht. Diesmal verschwindet er wirklich von der Bildfläche, ohne in der nächsten halben Stunde seine Nase wieder vorwitzig in unsere Angelegenheiten zu stecken.

Der General Mond ist gestorben. – Jetzt kommt der General „Gib ihm Saures".

Zum fünften Male gehen unsere Maschinen auf hohe Umdrehungszahlen. Zum fünften Male stoßen wir vor und setzen zum Angriff an. Diesmal – das wissen wir nun genau – gibt es kein Zurück mehr. Diesmal wird 'rangegangen und gefeuert, was aus den Rohren heraus will. Denn wenn wir noch eine Stunde warten, dann kommt Frau General Sonne. Dann aber ist der Traum vom versenkten Schiff endgültig aus.

Wieder stehen wir so, daß der Frachter querab von uns durch die Gegend zackt. Der Abstand zu ihm beträgt nur noch achthundert Meter. Auf dieser Entfernung muß jeder Schuß ein Treffer sein.

Noch einmal suchen die Gläser das Deck des Dampfers ab, der nun wieder als Schatten neben uns durch die Nacht geistert. Es ist nichts Verdächtiges zu sehen. Seine Ausgucks haben anscheinend einen sehr gesunden Schlaf.

Um so besser!

Jetzt kommt der große Augenblick unserer Artilleristen. Wenn ich jetzt nicht die Feuererlaubnis gebe, dann kann es passieren, daß sie von selbst den Abzug zurückziehen. So sehr sind ihre Nerven angespannt. Sie stehen wie sprungbereite Wildkatzen, die ihre Muskelanspannung auch nur eine gewisse Zeit hindurch anhalten können. Entweder sie springen – oder erlahmen.

„Alles klar?"

„Jawohl, Herr Kapitänleutnant!"

Da stoße ich meinen I. W. O. leicht mit dem Ellbogen an.

„Feuererlaubnis!"

Und nun geschieht das, worauf die Männer seit Stunden warten. Noch ein paar kurze Kommandos des Wachoffiziers, dann geht der Höllentanz los.

„Salve – Feuer!"

Mit peitschendem Knall verläßt die erste Granate das Rohr. Wimmernd jagt sie in flachem Bogen durch die Luft. Im nächsten Augenblick gibt es drüben auf der Kommandobrücke einen kurzen, grellen Feuerkreis. Dann fliegen Brocken durch die Luft.

Der erste Schuß hat mitten im Ziel gesessen.

Die Männer an der Kanone brüllen vor Begeisterung.

„Geladen!"

„Salve – Feuer!"

Der zweite Schuß kracht. Greller, gelbroter Feuerschein blitzt auf und blendet uns. Als wir wieder in die Dunkelheit starren, zuckt es drüben an der gleichen Stelle zum zweiten Male auf. Auch diese Granate verschwindet in der

Kommandobrücke. Mit ihrer Detonation zerreißt sie alles, was sich ihr in den Weg stellt.

Aber noch immer fährt der Frachter mit gleicher Geschwindigkeit weiter.

Der dritte Schuß folgt. Auch er sitzt haargenau am Ziel. Ein großer Teil der Kommandobrücke bricht nunmehr in sich zusammen. Noch ein paar von diesen Dingern und die ganze Brücke ist weggefegt.

Mit einer wahren Wut der Begeisterung arbeiten die Männer am Geschütz. Die Ladenummer, jener Mann, der die Geschoßpatronen in das Bodenstück des Geschützes zu schieben hat, stößt sie mit einer Wucht hinein, als wollte er sie gleich am anderen Ende wieder hinausjagen.

Noch wütender aber als jener sind die Männer an der Maschinenkanone. Sie dürfen vorläufig noch nicht schießen, sondern nur zusehen. Sie müssen dabei aufpassen, wo sich an Bord des Frachters der erste Widerstand zeigt. Denn daß man jetzt drüben langsam munter wird, darin dürfte kaum noch ein Zweifel bestehen. Trotzdem wundern wir uns, daß die Männer auf dem Frachter nicht schon längst an ihre Kanone gesaust sind und das Feuer erwidern. Anscheinend haben wir mit den Brückentreffern gleich alle Befehlsgeräte derart demoliert, daß kein Alarm mehr gegeben werden kann und die Schläfer einzeln aus den Kojen geholt werden müssen. Das kann uns natürlich nur angenehm sein.

Der vierte Schuß kracht und der fünfte folgt. Ob sie aber noch am gleichen Ziel sitzen, können wir im Augenblick nicht mehr sehen, denn der Pulverdampf, der an uns vorbeizieht, verdeckt jede Sicht. Wir müssen also erst einmal abdrehen und von neuem anlaufen.

Während dieser Zeit hat der Brite Muße, sich auf seinen Abwehrkampf zu besinnen. Und das tut er nun auch.

Als wir den zweiten Anlauf fahren und die 8,8-cm-Kanone das Heck des Frachters mit dem darauf stehenden Geschütz ins Visier nimmt, beginnt es drüben zu ballern. Anscheinend handelt es sich hierbei um eine Kanone ähnlich unserer 2 cm. Also habe ich vorhin doch recht gehabt, als ich auf seinem Deck eine solche Flakwaffe zu sehen glaubte.

Seine Schüsse liegen aber derart wahllos in die Gegend gestreut, daß sie uns nicht im geringsten gefährlich werden können. Es müßte schon ein Zufallstreffer sein. Damit beweist der Brite, daß er uns noch immer nicht gesehen hat.

Nun aber kommen auch unsere Fla. M. W.-Schützen zu Wort. Kaum, daß sie die Feuererlaubnis bekommen, prasseln sie dem Briten auch schon ein ganzes Magazin ihrer 2-cm-Granaten entgegen, daß dem dort drüben Hören und Sehen vergeht und er innerhalb ganz kurzer Zeit das Feuer wieder einstellt.

Nun tritt auch wieder unser Geschütz in Tätigkeit. Die ersten beiden Schüsse zerfetzen das Achterschiff des Frachters. Die dritte Granate liegt so haargenau gezielt, daß das Heckgeschütz des Engländers aus dem Fundament gehoben wird und steil in die Höhe ragt.

Aus! –

„Zielwechsel links!"

Jetzt kommt das vordere Geschütz an die Reihe. Dort ist man anscheinend endlich so weit, die ersten Granaten herauszujagen. Es blitzt drüben auf. Jaulend jagt ein kleiner „Koffer" über unsere Köpfe hinweg. Irgendwo hinter uns versinkt er aufklatschend ins Meer. Der zweite Schuß des Briten macht es ebenso.

Jetzt aber kann ich meinen Obermaschinist, dem einzigen, der bisher noch nicht auf die „Tube" gedrückt hat, nicht mehr länger halten. Ich gebe ihm die Feuererlaubnis.

Aber schon in nächster Sekunde bereue ich es. Mein Obermaschinist klemmt sich nämlich den Schaft des Maschinengewehrs in die Schulter, legt den Kopf zur Seite, krümmt den Finger und prasselt nun mit einer Beharrlichkeit den Briten drüben seine Stahlmantelgeschosse mitten unter die Geschützbedienung, daß man annehmen könnte, er wollte mit seinem MG. die ganzen Aufbauten des Dampfers abrasieren.

Schon nach den ersten zwanzig Schüssen stellt der Brite das Feuer ein. Von der Bedienungsmannschaft des zweiten Geschützes scheint kein Mann mehr auf den Beinen zu stehen. Trotzdem verhagelt der Obermaschinist ohne Unterbrechung und ohne sich um etwas anderes zu kümmern, dem Engländer aus seinem Gewehr die Back voller Eisen.

Infolge dieses irrsinnigen Geratters des dicht neben mir stehenden Maschinengewehres kann ich kein Wort mehr verstehen. Und kein Befehl, den ich gebe, wird mehr verstanden. Das ohrenbetäubende Geprassel des Maschinengewehrs übertönt einfach alles.

Und Kleinschmidt schießt immer weiter.

Drüben flackert plötzlich an anderer Stelle das Mündungsfeuer einer Maschinenkanone auf. Ohne den Finger vom Abzugsbügel zu nehmen, macht Kleinschmidt Zielwechsel und nimmt diesen Angreifer aufs Korn.

Jetzt wird mir die Geschichte nun doch zu bunt. Der Dampfer dreht ab und versucht mit hoher Fahrt zu entkommen. Ich muß also einige Befehle geben, um beizudrehen und ihm zu folgen. Das ist aber einfach unmöglich, solange das Maschinengewehr neben mir rattert und alle meine Worte übertönt.

Ich klopfe also meinem Obermaschinisten zum Zeichen, daß er sein Feuer unterbrechen soll, auf die Schulter. Er denkt aber gar nicht daran. Anscheinend ist er von einer derartigen Schießwut besessen, daß er nichts mehr hört und sieht. Er hat nur noch den einen Gedanken, aus seinem MG. herauszujagen, was herausgeht.

Die Folge davon ist, daß auch die zweite Maschinenkanone dort drüben nach einigen Schüssen, die irgendwo in der Gegend liegen, für immer verstummt. Trotzdem knallt Kleinschmidt weiter drauflos. Da nützt kein Schreien und kein Klopfen etwas. Mit der Faust gehe ich schon auf ihn los und trommle ihn ins Kreuz. Mein Obermaschinist aber schießt – – schießt – – schießt! – Wir sind einfach machtlos dagegen.

Endlich ist der lange Gurt zu Ende und der letzte Schuß gefallen. Nun kann ich auch meine Befehle zur harten Kursänderung und zum Nachlaufen geben.

Als das Boot erneut Fahrt aufnimmt, hinter dem Frachter herumgeht, um den Angriff von der anderen Seite fortzusetzen, drehe ich mich nach meinem Obermaschinisten um.

„Menschenskind, Kleinschmidt, Sie sind ja wohl des Teufels! – Warum haben Sie denn nicht mit dem Schießen aufgehört, als ich Sie auf den Rücken klopfte?"

„Aufgehört?"

Er sieht mich ganz verdutzt an. Anscheinend weiß er nicht recht, ob ich meine Frage ernst meine oder nur einen Spaß mache.

„Ich habe gedacht, Herr Kapitänleutnant meinten, ich soll noch schneller schießen!"

„Na, das haben Sie ja gründlich besorgt! – Haben Sie noch mehr Munition?"

„Jawohl, noch drei Gurte!"

„Heiliges Jerusalem!"

Wenn er die alle verschießen will, dann können wir uns noch auf eine nette Knallerei gefaßt machen.

Jetzt muß ich aber meine Aufmerksamkeit wieder dem Briten zuwenden, der mit Höchstfahrt durch die See stiebt.

„Auffermann, jetzt in die Maschine, was hineingeht!"

Nun zeigt uns unsere 8,8, was sie leisten kann. Mit einem Salventakt, der wahrscheinlich alle Weltrekorde bricht, jagen die Männer Schuß um Schuß aus dem Rohr. Jeder Schuß ist ein Treffer. Mit kurzem Aufblitzen verschwindet Granate auf Granate in dem Bauch des Schiffes. Währenddessen suchen sich die 2-cm-Kanone und mein Obermaschinist die Decks des Frachters zu einer Feuerorgie aus. Es herrscht jetzt bei uns auf dem Boot ein Höllenlärm und ein Feuerwerk, daß einem ganz benommen im Kopf wird und man einfach nichts mehr wahrnehmen kann.

Dennoch schreit einer der Ausguck, der sich vorsorglich etwas in den Schlagschatten der Mündungsfeuer gestellt hat:

„Gegner dreht auf uns zu!"

Das haben wir eigentlich schon lange erwartet. Wenn die Artillerie versagt, dann gibt es für einen solchen Frachter nur noch ein Mittel, das angreifende U-Boot abzuwehren. Rammen!

Wir machen nun aber das Manöver mit, so daß wir wieder auf seine andere Seite gelangen und ihn von hier aus erneut den Bauch voller Granaten spicken.

Diese Art der etwas groben aber einzig richtigen Behandlung scheint der Frachter nicht mehr lange vertragen zu können. Er läßt nämlich – was in der nun schon langsam hereinbrechenden Morgendämmerung deutlich zu sehen ist – Dampf ab und vermindert seine Fahrt. Das ist ein sicheres Zeichen dafür, daß er einige Treffer in der Maschine erhalten hat.

Da machen wir eine kleine Feuerpause. Neue Munition muß an die Waffen herangebracht werden.

Währenddessen suchen wir uns in aller Ruhe jene Stellen des Dampfers aus, an denen er am verwundbarsten ist.

Dabei beobachten wir, daß bereits aus einigen Bulleys Flammen lecken. Der Dampfer hat also schon Feuer gefangen.

„Weiterschießen!" befehle ich. Abermals bellt unsere 8,8-cm-Kanone in schneller Reihenfolge. Auch nicht ein einziger Schuß geht daneben. Jede Granate reißt ein ansehnliches Loch in die Bordwand. Sie detoniert im Innern des Schiffes und zertrümmert hier alles zu Kleinholz.

Da stoppt der Gegner vollends und läßt einige Boote zu Wasser.

„Aha! – Der Bursche gibt den Kampf auf!"

Abermals kurven wir um den Frachter. Wir wollen die Rettungsboote auf dieser Seite in Ruhe zu Wasser gehen lassen. Dafür aber nehmen wir abermals die andere Seite unter Feuer. Diesmal lasse ich auf die Wasserlinie halten.

Und nun gibt es Zunder! – Immer hinein, Onkel Otto! – Die Freude der Männer, daß der Brite bereits kapituliert hat und sein Schiff verläßt, kennt keine Grenzen mehr. Die Kanone kommt jetzt keine Sekunde mehr zur Ruhe. Schuß um Schuß kracht. Immer größer werden die Löcher in der Bordwand, durch die jetzt das Wasser in Massen hineinströmt.

Langsam bekommt der Dampfer Schlagseite.

Das ist der Anfang vom Ende.

Plötzlich hört unser Feuer auf. Das Geschütz will nicht mehr. Durch die rasende Salvenfolge ist das Rohr derart heiß geworden, daß die Messinghülsen festbrennen und nicht mehr herauswollen.

Sofort werden Eimer und Pützen an Deck geholt und das Rohr emsig mit Wasser übergossen, damit es wieder abkühlt.

Während sich die Artilleristen auf diese Weise bemühen, ihre Kanone wieder schußklar zu bekommen und sowohl die Männer an der Maschinenkanone als auch mein Obermaschinist mit seinem leichten Maschinengewehr Feuerstöße zum Frachter hinüberjagen, sobald sich drüben an Deck irgend etwas bewegt, umkreisen wir abermals den Frachter, um ihn uns einmal näher anzusehen. Inzwischen ist es so hell geworden, daß wir jetzt bequem alle Einzelheiten erkennen können.

Dabei bekommen wir einen ganz gehörigen Schreck.

Anfangs haben wir nur ein Geschütz gesehen, und zwar das auf dem Heck. Der vorwitzige Mond verriet uns dann, daß sogar zwei Kanonen vorhanden sind. Ich glaubte außerdem noch eine Flugabwehr-Maschinenkanone gesehen zu haben.

Diese drei Waffen, die für einen solchen mittleren Frachter schon eine sehr starke Bestückung darstellen, hätten ohne weiteres genügt, uns mit einer einzigen, richtig geleiteten Salve in Grus und Mus zu schlagen.

Was wir nun aber zu sehen bekommen, läßt uns fast den Verstand stillstehen. Der Frachter hat nicht nur zwei, sondern vier Geschütze mittleren Kalibers und nicht nur eine oder zwei, sondern sechs Maschinenkanonen an Bord. Es ist also kein einfach bewaffneter Frachter, sondern ein ausgesprochener Hilfskreuzer mit einer sehr guten Armierung.

Einen solchen Dampfer mit zehnfacher artilleristischer Überlegenheit haben wir nicht nur angegriffen, sondern auch zur völligen Kapitulation gezwungen.

Uns stehen bei diesem Gedanken die Haare zu Berge. Ein U-Boot greift mit seinem einzigen Geschütz und seinen beiden kleinen, unscheinbaren Maschinenwaffen einen gut bewaffneten Hilfskreuzer an! Das ist so unglaublich, daß man das nie für möglich halten würde, wenn es uns ein anderer Mensch erzählt. Uns erzählt dies aber niemand, wir sehen es vielmehr mit eigenen Augen. Allerdings zu unserem Glück erst jetzt, nachdem die Gefahr vorüber ist.

Wenn wir das vorher auch nur geahnt hätten, würden wir uns sehr gehütet haben, auch nur den Versuch eines Angriffs zu wagen. Eine einzige Salve aus nur einer Breitseite seiner Artillerie hätte vollkommen genügt, uns für alle Zeiten unschädlich zu machen. Er hätte dabei noch nicht einmal seine Fahrt verringern oder sich sonstwie sonderlich um uns zu kümmern brauchen, sondern uns so gewissermaßen im Vorbeigehen „mitnehmen" können.

So etwas haben wir nicht nur zum Schweigen, sondern auch zum Verlassen des Schiffes gebracht!

Nachdem uns nun langsam klar wird, was wir angerichtet haben, holen wir einmal kräftig tief Luft und sagen aus ehrlichem Herzen: „Das ist noch einmal gut gegangen!"

Inzwischen hat sich auch unser Geschütz etwas erholt, so daß die Beschießung des Dampfers fortgesetzt werden kann. Es geht etwas schleppend, da nach jedem Schuß Wasser über das Rohr gegossen und die Hülse von vorn mit dem Rohrreiniger herausgestoßen werden muß. Es genügt aber doch, um den Hilfskreuzer immer mehr zum Sinken zu bringen.

Überdies schlagen jetzt an verschiedenen Stellen helle Flammen durch das Deck und durch die Bordwände, die dem sinkenden Schiff den letzten Rest geben.

Nachdem nun auch unser Vorrat an Artilleriemunition restlos verbraucht ist und der letzte Schuß das Rohr verlassen hat, stellen wir das Feuer ein. Der Frachter – oder richtiger gesagt – der Hilfskreuzer ist nun nicht mehr zu retten. Er sackt achtern immer tiefer. Langsam wird jetzt das Heck vom Meer überflutet, während sich das Feuer auf dem übrigen Teil des Schiffes mit rasender Schnelligkeit ausbreitet.

Da nun auch die Boote mit der Besatzung des Hilfskreuzers außer Reichweite sind, gebe ich den Männern, die bisher unter Deck in eiserner Ruhe und Pflichterfüllung ihren schweren Dienst versehen, ohne dabei auch nur das Geringste von dem großen Artilleriekampf gesehen zu haben, Gelegenheit, ganz kurz an Oberdeck zu kommen und sich das Schauspiel des jetzt hell brennenden und langsam sinkenden Dampfers anzusehen.

Als ihnen dann aber noch bekannt wird, daß es sich nicht um einen gewöhnlichen Frachter, sondern um einen gut ausgerüsteten Hilfskreuzer handelt, da reißen sie Mund und Nasen auf. Sie können es sich gar nicht vorstellen, daß wir diesen Kampf nicht nur gewagt, sondern auch gewonnen haben.

Einer von ihnen aber schiebt die Mütze ins Genick, kratzt sich den Kopf und sagt mit einem Gesicht, als befürchte er ein gehöriges Donnerwetter:

„Junge, Junge, wenn das der B. d. U. erfährt!"

Da ist der Bann gebrochen. Ein brüllendes Gelächter belohnt diesen Scherz. Dann steigen die Männer des Maschinenpersonals wieder unter Deck, nachdem sie noch einen letzten Blick auf den sinkenden Hilfskreuzer geworfen haben.

„Beide Maschinen langsame Fahrt voraus! – Kurs Heimat!"

Noch einmal – „Alarmtauchen!"

Am liebsten möchten wir jetzt mit vollen Maschinenumdrehungen nach Hause eilen, um neue Torpedos und neue Munition zu holen. Trotz der langen Fahrt, die wir hinter uns haben, ist unser Wille, die Briten zu schlagen, wo wir sie treffen, größer denn je. Das Erlebnis des Artilleriekampfes mit dem englischen Hilfskreuzer zittert noch in uns nach. Es hat die gesamte Besatzung zu einer Kampfbegeisterung entfacht, die durch nichts mehr überboten werden kann und die nur den einen Wunsch hat, recht schnell wieder an den Feind zu kommen.

Unser Leitende ist aber dagegen. Ich meine jetzt nicht gegen unsere Begeisterung und unseren Wunsch, schnellstens Torpedos zu holen, sondern gegen die „Dreimal große Fahrt voraus".

„Herr Kapitänleutnant, ich sehe schwarz! – Wir kommen nicht mehr heim!"

Das ist seit Tagen seine stereotype Erklärung zur Lage. Wir würden ihm das längst glauben, wenn wir nicht hin und wieder ein heimliches Grinsen bei ihm beobachtet hätten. Seitdem sind wir der Meinung, daß er noch einen heimlichen Vorrat besitzt, uns aber bis zum letzten Augenblick in tausend Ängsten schweben lassen will.

Daß diese eventuelle heimliche eiserne Ration des L. I. nicht allzugroß sein kann, wissen wir. Ein U-Boot ist kein Fuchsbau mit tausend Gängen und heimlichen Vorratskammern. Andererseits aber haben wir ihn stark in

Verdacht, daß er uns während der ganzen Rückfahrt ein X für ein U gemacht hat. Sein händeringendes Flehen um kleine Fahrt war wahrscheinlich nur ein Täuschungsmanöver, damit wir ja nicht auf die Idee kommen, vielleicht doch noch einmal mit „A. K." durch den Atlantik zu brausen. Als vorsichtiger Mann und verantwortlicher Ingenieur des Bootes muß er unter allen Umständen für ausreichenden Brennstoff oder für rechtzeitige Rückkehr des Bootes sorgen.

Wir hören uns deshalb sein Lamento um seine schwindenden Spritvorräte mit nur halb so ernsten Gesichtern an, während er uns immer wieder verspricht, graue Haare zu bekommen oder in den Bach zu springen.

Wir schleichen also förmlich durch den Atlantik und blicken alle naselang durch das Glas dorthin, wo die heimatliche Küste auftauchen soll. Dabei liegt sie noch viele hundert Seemeilen entfernt. Wenn uns dann der Obersteuermann am Schluß des Tages mitteilt, daß wir in den letzten 24 Stunden „nur" soundso viel Seemeilen zurückgelegt haben, raufen wir uns die Bärte und wünschen uns einen achterlichen Kuhsturm herbei, der uns mit der Geschwindigkeit eines Gespensterschiffes dem heimatlichen Hafen zujagen soll.

Trotzdem werden die Männer mit jeder Seemeile, die wir vorankommen, lebendiger. Die Stimmung an Bord ist trotz der „Langweiligkeit" unseres Bootes ausgezeichnet. Es wird sowohl auf als auch unter Deck den ganzen Tag erzählt, wobei zwei Themen weitaus vorherrschen.

Thema Numero eins ist: Der bevorstehende Urlaub. Nach einer fast einjährigen Abwesenheit von der heimatlichen Haustür und einer vierwöchigen Seereise, bei der wir außer den paar afrikanischen Palmen Tag um Tag nichts anderes als Himmel und Wasser gesehen haben, sind die Urlaubspläne der Seelords nahezu erschütternd großartig. Ich bin zwar auch der festen Überzeugung, daß uns allen ein solcher Urlaub sehr gut tun wird und daß wir ihn sicherlich auch erhalten werden. Dennoch kenne ich die Marine zu genau, um mit meinen Gedanken schon ganz zu Hause zu sein. Erst dann, wenn ich wirklich auf den Klingelknopf an meiner Wohnungstür drücken und meinen kleinen zweijährigen Strolch auf den Arm nehmen kann, weiß ich, daß ich wirklich Urlaub habe.

Thema Numero zwei ist: Der so glücklich überstandene Artilleriekampf mit dem englischen Hilfskreuzer. Noch immer können wir es uns gar nicht so richtig vorstellen, daß wir einen großen, wohlausgerüsteten und stark armierten englischen Hilfskreuzer mit unserer einen einzigen Kanone und den beiden winzigen Maschinenwaffen nicht nur einfach beschossen haben, was an sich schon eine glatte militärische Frechheit ist, sondern ihn auch noch auf den Grund des Meeres schickten.

Ein U-Boot torpediert einen Hilfskreuzer! – Solche Meldungen haben wir schon öfters gehört. Wir wären nicht schlecht stolz gewesen, wenn wir es den übrigen U-Booten hätten nachmachen und dem Engländer einen Torpedo in den Bauch hätten jagen können. Es ist wirklich keine Kleinigkeit, an einen solchen, meist sehr schnellen und wendigen Hilfskreuzer so heranzukommen, daß man ihn richtig vor den Rohren hat und ihm dann einen oder mehrere Aale in den Bauch zu pusten.

Einen Hilfskreuzer aber mit unserer „Artillerie" zu versenken, wobei diese Artillerie aus einer einzigen 8,8-cm-Kanone besteht, ist ein Ding, daß man auch dann nicht einmal recht glaubt, wenn man selbst dabeigewesen ist. Würde uns ein anderer Seemann die Geschichte erzählen, würden wir fluchtartig das Haus verlassen, weil wir Angst bekämen, die Balken könnten sich zu sehr biegen.

Dennoch ist alles vom ersten bis zum letzten Tipfelchen wahr. Jede einzelne Phase des Kampfes steht noch immer so deutlich vor unserm geistigen Auge, als sei es erst vor einigen Stunden gewesen. Es war – jetzt aus der Entfernung des Überstandenen betrachtet – ein gigantisches Bild, den brennenden Hilfskreuzer in die Tiefe gehen zu sehen. Ebenso unauslöschlich wird das eigentliche Artillerieduell in unserm Gedächtnis haftenbleiben.

Ich habe eigentlich nur ein einziges Mal ein ähnliches Feuerwerk von Geschützen erlebt. Es war damals bei einer friedensmäßigen Gefechtsübung unserer Flotte aus Anlaß des Staatsbesuches des Reichsverwesers von Ungarn, Admiral von Horthy. Neben dem eindrucksvollen Schauspiel eines Nachtgefechtes eines großen Flottenverbandes, das wir jungen Offiziere der Kriegsmarine in diesem Ausmaße zum ersten Male erlebten, hatte ich als damaliger Adjutant auf dem Aviso „Grille" die Gelegenheit, sowohl den Führer als auch Admiral von Horthy und die führenden Persönlichkeiten des Großdeutschen Reiches aus nächster Nähe kennenzulernen. Neben dem Oberbefehlshaber der Kriegsmarine, Großadmiral Raeder, und dem damaligen Oberbefehlshaber des Heeres, Generaloberst von Brauchitsch, bleibt mir die erfrischende Herzlichkeit des Reichsmarschalls Hermann Göring, der sich ganz besonders für unsere junge deutsche Kriegsmarine interessierte, in ständiger Erinnerung.

Überhaupt war die Dienstzeit auf dem Aviso „Grille" wohl die schönste der ganzen Friedenszeit, an die ich besonders wegen der außerordentlich guten Kameradschaft unter den Offizieren gern zurückdenke.

Wie gesagt, das überstandene Artilleriegefecht mit dem Hilfskreuzer bleibt neben dem bevorstehenden

Heimaturlaub das Hauptgesprächsthema während der ganzen Rückfahrt. Natürlich bedauern wir alle außerordentlich, daß niemand von uns Gelegenheit gehabt hat, diesen einmaligen Kampf mit einem Fotoapparat festzuhalten. Einmal war es nachts, und zum anderen hatten wir Besseres zu tun, als an Aufnahmen zu denken. Die Erinnerung an dieses Nachtgefecht wird aber ewig in uns wach bleiben.

Thema Numero drei aber verfolgt uns wie ein Schreckgespenst. Der Gedanke, daß einige zehn Seemeilen vor dem Hafen unsere Motoren stehenbleiben könnten, weil auch der letzte Tropfen Brennstoff verbraucht ist, bereitet uns nicht geringen Kummer. Wir denken aber so, wie der Seemann in solchen Lagen zu denken pflegt: Es wird schon klar gehen!

Uns fehlt zu unserem Glück eigentlich nur noch, daß uns jetzt ein prächtiger Britenfrachter über den Weg läuft. Das wäre angesichts unserer restlos leergeschossenen Munitionskammern eine ausgesprochene Gemeinheit des Schicksals.

Es ist jedoch einsichtig genug, unsere ohnmächtige Wut nicht herauszufordern. Die See bleibt weit und breit wie reingefegt. Man könnte also meinen, uns kann eigentlich nichts mehr passieren.

Dennoch sieht es beinahe so aus, als sollten wir – nur noch ein paar Dutzend Seemeilen vom langersehnten Stützpunkthafen entfernt – diesen nie mehr erreichen. Ob es an einer Unaufmerksamkeit der Ausguckposten oder an einer gewissen Ermüdungserscheinung der Sehnerven liegt, weiß niemand mehr zu sagen. Die Tatsache ist jedenfalls, daß wir plötzlich ein feindliches Flugzeug, durch das Motorengeräusch aufmerksam geworden, erst entdecken, als es schon fast über uns steht.

Ich glaube, wir sind noch nie so schnell in den „Keller" gekommen, wie in diesen Augenblicken der höchsten Gefahr. Zur gleichen Zeit scheint uns auch der Tommy entdeckt zu haben, denn er setzt sofort zum Sturzfluge an.

Was jetzt kommt, ist ein regelrechter Wettsturz in die Tiefe. Wer wird eher unten sein? Der Brite aus seiner glücklicherweise ziemlich großen Höhe, oder wir unter der schützenden Wasserdecke?

Ein guter Pilot ist in der Lage, seine Maschine innerhalb weniger Sekunden aus der horizontalen Lage in einem fast senkrechten Sturzflug nach unten zu bringen, um die für einen gezielten Bombenwurf notwendige Tiefe zu erreichen. Ein Unterseeboot dagegen braucht etliche Sekunden, ehe das Turmluk geschlossen ist, die verschiedensten Ventile geöffnet sind und das Boot in schräger Richtung von der Wasseroberfläche verschwindet und in die Tiefe geht.

Daß eine solche britische Kampfmaschine nicht im Sturzfluge herunterkommt, um uns nur einen kleinen Schreck einzujagen, ist uns allen klar. Ebenso klar ist es, daß diesmal die Rollen vertauscht sind, der Tommy also der Jäger ist und wir die Gejagten sind. Dabei hat der Jäger diesmal alle Vorteile auf seiner Seite. Wir sind ja, selbst dann, wenn wir es in unserer Verzweiflung wollten, nicht einmal in der Lage, an Gegenwehr zu denken, denn selbst für unser leichtes Maschinengewehr haben wir nicht einen einzigen Schuß mehr an Bord. Wir sind also diesmal das Karnickel, das sich vor dem jagenden Fuchs schleunigst in seinen Bau verkriechen muß.

Trotz der rasenden Geschwindigkeit der auf uns herabstoßenden feindlichen Maschine scheint der Wettlauf mit den Sekunden noch einmal zu unseren Gunsten auszufallen. Es gelingt uns – und wir halten es für ein wahres Wunder – eine größere Tiefe zu erreichen, in der wir vor der Feindsicht und vor seinen Bombenwürfen sicher zu sein glauben.

Dennoch krachen wenige Sekunden später die britischen Bomben derart gut gezielt in unserer Nähe, daß wir es als ein zweites Wunder bezeichnen, nicht getroffen zu werden. Mit einem Höllenlärm detonieren die Bomben in unserer unmittelbaren Nähe und werfen das Boot derart auf die Seite, daß wir zu kentern glauben. Alles purzelt durcheinander.

Nach einigen Augenblicken der tiefsten Ruhe und atemlosesten Spannung kommt ein zweiter Bombensegen von oben. Er liegt wiederum so dicht um unser Boot, daß wir in dem ohrenbetäubenden Krachen der Detonationen unser Boot schon in tausend Stücke gerissen wähnen.

Diesmal gibt es, durch die ungeheuren Erschütterungen hervorgerufen, allerhand Kleinholz im Boot. Mehr als ein Dutzend Manometergläser zerspringen, Kabel zerreißen, Lampen erlöschen, Gegenstände aller Art fallen krachend zu Boden, und die Bordwände dröhnen, als säßen wir im Innern einer Riesentrommel, gegen die tausend Teufel schlügen.

Der Tommy hat sehr gut gezielt. Das aber bleibt uns, die wir zwar auf allen U-Boot-Tiefen zu Hause sind, aber noch nie in einem Flugzeug gesessen haben, ein Rätsel. Woran erkennt der Engländer, daß wir an dieser Stelle des Meeres liegen oder – richtiger gesagt – diesen Kurs unter Wasser eingeschlagen haben, um ihm zu entgehen? Leckt ein Ölbunker, aus dem eine buntschillernde Ölspur an die Oberfläche gelangt? Sehen kann uns der Tommy doch unmöglich.

„Was meinen Sie dazu, Auffermann? – Sie sind doch ein alter Flieger?"

„Es erscheint zwar etwas merkwürdig, Herr Kapitänleutnant, dennoch ist es so, daß uns der Brite sehen kann. Sobald die See einigermaßen glatt ist, das heißt, sobald der Wasserspiegel durch keine Schaumkronenbildung unterbrochen wird, wobei eine lange, glatte Dünung völlig wesenlos bleibt, sind wir in der Tiefe, in der wir uns augenblicklich befinden, vom Flugzeug aus noch deutlich zu erkennen."

„Mann, und das sagen Sie jetzt erst? – Also runter in den Keller. Noch zwanzig Meter mehr!"

Nicht alle U-Boote sind so glücklich, einen ehemaligen bewährten Kampfflieger aus dem Spanienfeldzug als Wachoffizier an Bord zu haben, der ihnen seine Erfahrung zugute kommen lassen kann. Wir verstehen dieses Glück aber zu nutzen und machen es dem Tommy schwer, uns zu finden und zu treffen.

Diesmal sind wir noch um Haaresbreite am Himmelstor vorbeigerutscht. Als wir nach einiger Zeit wieder auftauchen, ist von dem Engländer nichts mehr zu sehen. Wir können also unseren Heimmarsch fortsetzen und uns erneut auf das Wiedersehen daheim freuen.

Als dann endlich nach vielen langen Wochen der Reise die Küste mit unserem Stützpunkthafen als feiner Strich am Horizont auftaucht und unser L. I. uns erklärt, daß er „gerade noch" so viel Sprit habe, um den Hafen zu erreichen, werden am ausgefahrenen Sehrohr die Siegeswimpel und auf den von der afrikanischen Sonne tiefgebräunten Gesichtern die strahlendsten Lächeln aufgesetzt.

Signalsprüche fliegen hin und her. An der Hafenmole stauen sich die Menschen, denn – – – ein U-Boot kehrt erfolgreich heim.

In der Heimat, in der Heimat – – –

„U-Boot-Besatzung – stillgestanden! – Augen rechts!"
Der Befehlshaber der Unterseeboote schreitet grüßend die Front der angetretenen U-Boot-Männer ab. Alle Augen strahlen ihm hell entgegen. Dann tritt er vor die Mitte der Front und hält eine kurze, kernige Ansprache. In ihr dankt er den Männern unseres Bootes für die außerordentlichen Leistungen und für ihre bis zum Letzten entschlossene Pflichterfüllung. Zum Schluß aber spricht er die Worte, die das ganze Boot mit einmütigem Stolz erfüllen:

„Im Namen des Führers und Obersten Befehlshabers der deutschen Wehrmacht überreiche ich dem Kommandanten Ihres Bootes, Kapitänleutnant Metzler, das Ritterkreuz zum Eisernen Kreuz."

Diese Auszeichnung des Führers trifft mich völlig unerwartet. Ebenso unerwartet wird die ganze Besatzung meines Bootes mit dem E. K. II und die Bewährtesten unter ihnen, die es bereits besitzen, mit dem E. K. I. ausgezeichnet.

Daß wir an diesem Abend eine kleine Feier veranstalten, in der wir restlos vergnügt sind und für Stunden gänzlich außer acht lassen, daß wir uns mitten im Kriege und im besetzten Gebiet befinden, kann sich jeder denken, der die Marine und besonders die U-Boot-Waffe kennt. An diesem Abend vergessen wir alle Strapazen der letzten Fahrt, vergessen die irrsinnige Hitze, die aufregenden Minuten während der Einfahrt in die feindlichen Häfen und die mannigfachen Gefahren, in denen wir uns befunden haben. An diesem Abend sind wir alle ohne Ausnahme restlos zufrieden und begeistert und geloben uns feierlich, auch weiterhin eisern zusammenzuhalten und auf den nächsten Feindfahrten nach Möglichkeit noch „tollere Bolzen zu drehen", wie der Seemann sich ausdrückt. Je waghalsiger und unmöglicher ein Unternehmen aussieht, um so begeisterter sind die Männer.

Vorerst aber wollen wir alle, während unser Boot zur Generalüberholung in die Werft geht, unsere Koffer packen und mit dem nächsten Fronturlauberzug dorthin dampfen, wo liebevolle Hände und strahlende Augen schon lange auf uns warten.

Damit ist unsere bisher größte und erfolgreichste Feindfahrt gegen England beendet. Sie wird aber noch lange nicht die letzte sein. Solange der Endsieg nicht errungen und solange nicht der endgültige Friede Europas sichergestellt ist, solange in London, Moskau und Washington Männer die Schicksale ihrer Völker leiten, die nicht um das Wohl und Wehe ihrer Völker besorgt sind, sondern nur aus weltpolitischen Machtgelüsten diesen zweiten Weltkrieg zu führen gedenken, solange es noch ein Churchill wagt, uns Nazihorden und Barbaren zu nennen, solange werden wir den Krieg führen und solange werden unsere Unterseeboote ihre Torpedos auf die Gegner abschießen.

Unter ihnen wird unsere U-Boots-Gemeinschaft immer vorn zu finden sein, denn unser Leben heißt Kampf und unser Ziel der Sieg über England.

Wir werden fahren, kämpfen und – wenn es sein muß – unser Leben für das Vaterland lassen.

Denn wir fahren – gegen England!

ENDE

Kapitänleutnant Jost Metzler

Auf einem Segler beim Guano-Laden auf den Galapagos-Inseln. × Metzler.

Besatzung des Segelschulschiffes „Oldenburg".
× Prien,
×× Metzler.

Proviantübernahme im Stützpunkthafen

n letzter Händedruck, dann geht es hinaus zur ersten Feindfahrt

Eine geschickte Hand malt an unseren Turm unser künftiges Zeichen.

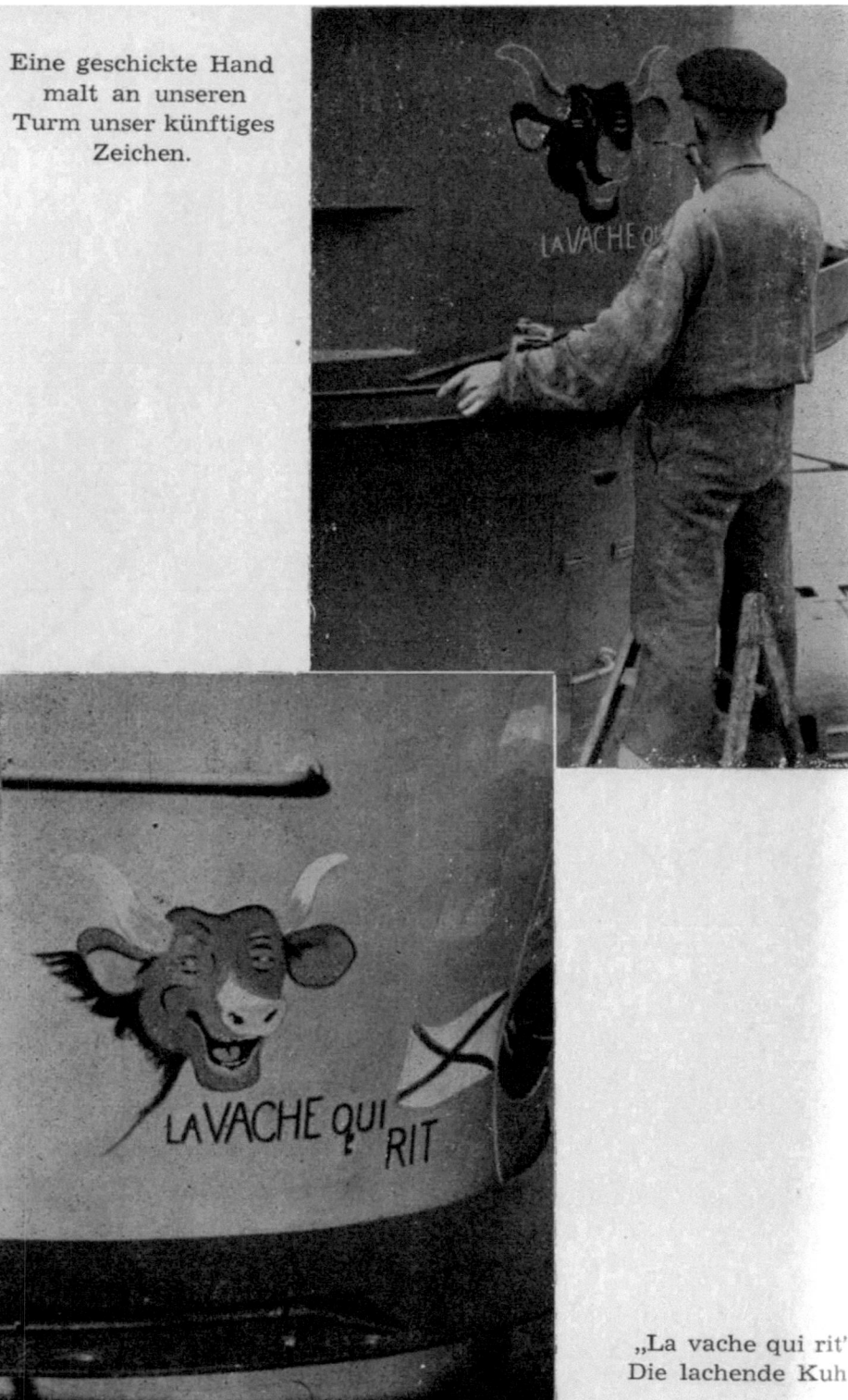

„La vache qui rit"
Die lachende Kuh.

Auf der Brücke. Wann kommt die erste Rauchfahne in Sicht?

Der Atlantik zeigt sich uns von einer unangenehmen Seite

Je länger die Fahrt, um so länger der Bart

Der Atlantik flimmert wie gleißendes Gold

ie ein riesiger, mit dickem Zuckerguß überzogener Baumkuchen mu-
 der auf winterlicher Atlantikfahrt völlig vereiste U-Bootsturm an

Eine gelungene Serienaufnahme von der Torpedierung

eines feindlichen Frachters im Atlantik

Erste siegreiche Heimkehr

Kommandant mit seinen beiden Wachoffizieren auf der Brücke

Die letzte Musterung vor der großen Fahrt nach dem Süden

U-Boot-Männer unterm Panamahut

Ausfahrt zum großen Unternehmen

Der Kapitän des USA-Frachters „Robin Moor" verabschiedet sich von uns mit dem deutschen Gruß

Proviant und Brennstoffaustausch mitten auf dem Atlantik

Der Kommandant

Der Bart sieht schon manierlich aus

Der L. I.

Beim „Sonnenschießen"

er immer schmunzelnde Bade   Der I. W. O.

„Hinzepeter, der Keksklopfer"

Der Zentralemaat mit seinem Schweinsfisch

Unsere Kaffeetafel zwischen Turm und Reling

Der Tropen-U-Boots-Schlips

Beim Frischluft-Barbier

Morgengymnastik im Atlantik

Ein kühles Brausebad unter heißer Tropensonne

Beim Schweinsfischschlachten

Außenbords ist etwas unklar

Fröhliche Heimreise nach erfolgreicher Fernfahrt

Die glückbringende Schweinsfischflosse hängt als Siegestrophäe am Netzabweiser

Das Laden der Baumwolle durch das enge Kombüsenluk ist keine Kleinigkeit

Selbst unter den Kojen der Besatzung muß der Baumwollsegen verstaut werden

Einfahrt in den Stützpunkthafen

Herzliche Begrüßung durch die Kameraden, die einem neidlos die Hände schütteln

Der Blumenstrauß aus zarter Hand ist der erste Gruß der Heimat

Viel ist zu erzählen und viele Fragen sind zu beantworten

Baumwolle für das WHW

Empfang in der Heimat. Mutter und Gattin holen ihren Ritterkreuzträger von der Bahn ab

Der Reichsverweser von Ungarn, Admiral von Horthy, bei einer Flottenübung an Bord der „Grille"

Auf der „Grille". Generalfeldmarschall von Brauchitsch, der Reichsführer ⚡⚡ Himmler, Großadmiral Raeder, Admiral von Horthy und Oberleutnant und Adjutant Metzler

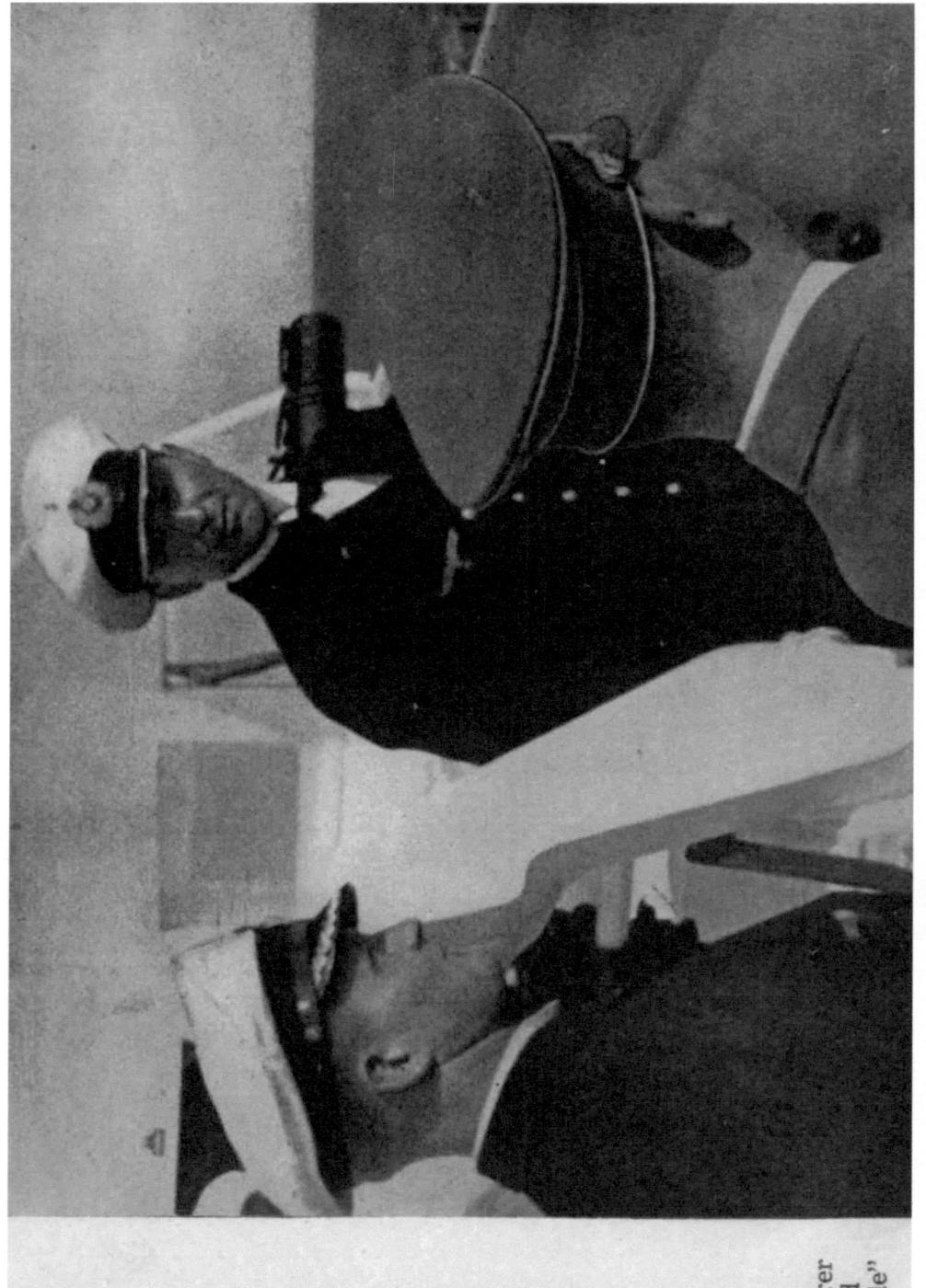

Der Führer an Bord der „Grille"